Andreas Flitner · Hans Scheuerl
(Hrsg.)

Einführung in pädagogisches Sehen und Denken

BELTZ
Taschenbuch

Besuchen Sie uns im Internet:
www.beltz.de

Beltz Taschenbuch 68
Aktualisierte Neuausgabe

© 2000 Beltz Verlag, Weinheim und Basel
Umschlaggestaltung: Federico Luci, Köln
Umschlagillustration: © Aenne Biermann, Kinderhände, 1928
Druck und Bindung: Druckhaus Beltz, Hemsbach
Printed in Germany

ISBN 3 407 22068 5

Inhalt

HELEN KELLER

Am Brunnen

Der wichtigste Tag, dessen ich mich zeit meines Lebens erinnern kann, ist der, an dem meine Lehrerin, Fräulein Anne Mansfield Sullivan, zu mir kam. Ich kann kaum Worte finden, um den unermeßlichen Gegensatz in meinem Leben vor und nach ihrer Ankunft zu schildern. Es war der 3. März 1887, drei Monate vor meinem siebenten Geburtstag.

Am Nachmittag jenes folgenreichen Tages stand ich in dumpfer Erwartung an der Haustür. Da ich aus dem Hin- und Herlaufen im Hause und aus den Zeichen meiner Mutter eine unbestimmte Ahnung von dem Bevorstehen eines außergewöhnlichen Ereignisses geschöpft hatte, ging ich vor die Türe und wartete auf der Treppe. Die Nachmittagssonne drang durch das dichte Geißblattgebüsch, das die Tür einrahmte, und fiel auf mein emporgerichtetes Gesicht. Meine Finger spielten fast unbewußt mit den wohlbekannten Blättern und Blüten, die eben hervorgekommen waren, um den holden, südlichen Lenz zu begrüßen. Ich wußte nicht, was für Wunder und Überraschungen die Zukunft für mich im Schoß barg. Zorn und Verbitterung waren seit Monaten unausgesetzt auf mich eingestürmt. Dieser verzweifelte Kampf hatte eine tiefe Ermattung in mir zurückgelassen.

Lieber Leser, hast du dich je bei einer Seefahrt in dichtem Nebel befunden, der dich wie eine greifbare, weiße Finsternis einzuschließen schien, während das große Schiff seinen Kurs längs der Küste mit Hilfe von Kompaß und Lotleine zagend und ängstlich verfolgt und du mit klopfendem Herzen irgendein Ereignis erwartest? Jenem Schiff glich ich vor Beginn meiner Erziehung, nur fehlten mir Kompaß und Lotleine, und ich hatte keine Ahnung davon, wie nahe der Hafen war. Licht! Gebt mir Licht! lautete der wortlose Schrei meiner Seele, und das Licht der Liebe erhellte bereits in dieser Stunde meinen Pfad.

Ich fühlte sich nähernde Schritte. Ich streckte meine Hand aus, wie ich glaubte, meiner Mutter entgegen. Irgend jemand ergriff sie, ich wurde emporgehoben und fest in die Arme geschlossen, die Arme der Frau, die gekommen war, den Schleier, der mir die Welt verbarg, zu lüften und, was noch viel mehr bedeutete, mich zu lieben.

Am Morgen nach ihrer Ankunft führte mich meine Lehrerin in ihr Zimmer und gab mir eine Puppe. Die kleinen, blinden Mädchen aus dem Perkinsschen Institut hatten sie mir geschickt, und Laura Bridgman hatte sie angezogen; dies erfuhr ich jedoch erst später. Als ich ein Weilchen mit ihr gespielt hatte, buchstabierte Fräulein Sullivan langsam das Wort »d-o-l-l« (= Puppe) in meine Hand. Dieses Fingerspiel interessierte mich sofort, und ich begann es nachzumachen. Als es mir endlich gelungen war, die Buchstaben genau nachzumachen, errötete ich vor kindlicher Freude und Stolz. Ich lief die Treppe hinunter zu meiner Mutter, streckte meine Hand aus und machte ihr die eben erlernten Buchstaben vor. Ich wußte damals noch nicht, daß ich ein Wort buchstabierte, ja nicht einmal, daß es Wörter gab; ich bewegte einfach meine Finger in affenartiger Nachahmung. Während der folgenden Tage lernte ich auf diese verständnislose Art eine große Menge Wörter buchstabieren, unter ihnen pin (Nadel), hat (Hut), cup (Tasse) und ein paar Verben wie sit (sitzen), stand (stehen) und walk (gehen). Aber meine Lehrerin war schon mehrere Wochen bei mir, als ich schließlich begriff, daß jedes Ding seine Bezeichnung hat. Als ich eines Tages mit meiner Puppe spielte, legte mir Fräulein Sullivan auch meine große, zerlumpte Puppe in den Schoß, buchstabierte d-o-l-l und suchte mir verständlich zu machen, daß sich d-o-l-l auf beide Puppen beziehe. Vorher waren wir schon über die Wörter m-u-g (Becher) und w-a-t-e-r (Wasser) aneinandergeraten. Fräulein Sullivan hatte mir einzuprägen versucht, daß m-u-g mug und w-a-t-e-r water sei, aber ich blieb beharrlich dabei, beide zu verwechseln. Verzweifelt hatte sie das Thema einstweilen fallengelassen, aber nur, um es bei der nächsten Gelegenheit wiederaufzunehmen. Bei ihren wiederholten Versuchen wurde ich ungeduldig, ergriff die neue Puppe und schleuderte sie zu Boden. Ich empfand eine lebhafte Schadenfreude, als ich die Bruchstücke der zertrümmerten Puppe zu meinen Füßen liegen fühlte. Weder Schmerz noch Reue folgten diesem Ausbruch von Leidenschaft. Ich hatte die Puppe nicht geliebt. In der stillen, dunklen Welt, in der ich lebte, war für starke Zuneigung oder Zärtlichkeit kein Raum. Ich fühlte, wie meine Lehrerin die Bruchstücke auf die Seite des Kamins legte, und empfand eine Art von Genugtuung darüber, daß die Ursache meines Unbehagens beseitigt war. Fräulein Sullivan brachte mir meinen Hut, und ich wußte, daß es jetzt in den warmen Sonnenschein hinausging. Dieser Gedanke, wenn eine nicht in Worte gefaßte Empfindung ein Gedanke genannt werden kann, ließ mich vor Freude springen und hüpfen.

Wir schlugen den Weg zum Brunnen ein, geleitet durch den Duft des ihn umrankenden Geißblattstrauches. Es pumpte jemand Wasser, und meine Lehrerin hielt mir die Hand unter das Rohr. Während der kühle Strom über eine meiner Hände sprudelte, buchstabierte sie mir in die andere das Wort »water«, zuerst langsam, dann schnell. Ich stand still, mit gespannter Aufmerksamkeit die Bewegung ihrer Finger verfolgend. Mit einem Male durchzuckte mich eine nebelhafte, verschwommene Erinnerung, ein Blitz des zurückkehrenden Denkens, und das Geheimnis der Sprache lag plötzlich offen vor mir. Ich wußte jetzt, daß »water« jenes wundervolle, kühle Etwas bedeutete, das über meine Hand strömte. Dieses lebendige Wort erweckte meine Seele zum Leben, spendete ihr Licht, Hoffnung, Freude, befreite sie von ihren Fesseln! Zwar waren ihr immer noch Schranken gesetzt, aber Schranken, die mit der Zeit weggeräumt werden konnten.

Ich verließ den Brunnen voller Lernbegier. Jedes Ding hatte eine Bezeichnung, und jede Bezeichnung erregte einen neuen Gedanken. Als wir ins Haus zurückkehrten, schien mir jeder Gegenstand von verhaltenem Leben zu zittern. Das kam daher, daß ich alles mit den seltsamen, neuen Augen, die ich erhalten hatte, betrachtete. Beim Betreten des Zimmers erinnerte ich mich der Puppe, die ich zerschlagen hatte. Ich tastete mich zum Kamin, hob die Stücke auf und suchte vergeblich, sie wieder zusammenzufügen. Dann füllten sich meine Augen mit Tränen; ich verstand, was ich getan hatte, und zum erstenmal in meinem Leben empfand ich Reue und Schmerz.

Ich lernte an diesem Tag eine große Menge Wörter. Ich erinnere mich nicht mehr an alle, aber ich weiß, daß mother (Mutter), father (Vater), sister (Schwester), teacher (Lehrer) unter ihnen waren – Wörter, die die Welt für mich erblühen machten »wie Aarons Stab, mit Blumen«. Es dürfte schwer gewesen sein, ein glücklicheres Kind als mich zu finden, als ich am Schluß dieses ereignisvollen Tages in meinem Bettchen lag und der Freuden gedachte, die mir heute zuteil geworden waren, und zum erstenmal sehnte ich mich nach dem anbrechenden Morgen.

Georg M. Rückriem

Ramon und Harald

Wir versetzen uns auf den Schulhof einer sogenannten »geköpften Grundschule«, die ihre oberen Jahrgänge vom 5. Schuljahr ab an die örtliche Gesamtschule weitergegeben hat. Sie befindet sich in einer aufstrebenden Kleinstadt mit starkem Industriebesatz. Zu der vor allem durch Zuzug schnell anwachsenden Bevölkerung gehören auch zahlreiche Gastarbeiterfamilien, die hier ansässig geworden sind.

Das Klingelzeichen beendete die Pause. Die Kinder laufen zusammen und ordnen sich nach Klassen. Der aufsichtführende Lehrer wartet ab, bis die Kinder zur Ruhe gekommen sind, und will gerade die erste Klasse anweisen, sich in ihren Klassenraum zu begeben, als er eine Unruhe in den Reihen der 1b wahrnimmt, die sich schnell steigert und in eine Schlägerei ausbricht. Auf seine laute Frage an die weit außen stehende Klasse antwortet ein allgemeines Geschrei der 1b, aus dem er schließlich versteht: Ramon hat gestohlen! Ramon ist Kind eines spanischen Facharbeiters, der erst vor kurzem seine Familie nach Deutschland geholt hat. Die gerade hergestellte Ordnung der Reihen löst sich schnell wieder auf. Um die 1b beginnt sich ein Kreis zu bilden.

Der aufsichtführende Lehrer zitiert Ramon zu sich. Ob die Beschuldigung wahr sei? Der Kreis der Kinder schließt sich. Alle starren Ramon an. Die Schüler aus der 1b stehen in der vordersten Reihe und unterstützen lauthals die Beschuldigung Haralds, der zum wiederholten Male versichert, daß Ramon ihn bestohlen habe. Ramon schweigt. Der aufsichtführende Lehrer weist Harald an, die Angelegenheit seinem Klassenlehrer vorzutragen. Dann stellt er die Ordnung wieder her. Allgemeines Geraune der Schüler beim Hineingehen.

Im Klassenraum der 1b werden Ramon und Harald sofort umringt. Harald, der mangels feststellbarer Schulreife zunächst zurückgestellt und dann relativ spät eingeschult worden ist, wiederholt diese Klasse. Er ist seinem Kontrahenten körperlich weit überlegen. In dem Augenblick, als er erneut handgreiflich werden will, betreten zwei Lehrpersonen den Raum: der für die Klasse zuständige Klassenlehrer und eine Studentin, die in dieser Klasse ihr Praktikum absolviert. Harald zerrt Ramon nach vorn und wiederholt vor seinem Klassenlehrer – die Klasse im Halbkreis hinter sich – seine Beschuldigung.

Der Klassenlehrer verweist Harald an die Praktikantin mit der Begründung, daß sie, wie er ja wisse, im Augenblick für alle Fragen zuständig sei.

Die Praktikantin, die den Vorfall bis dahin unbeteiligt und nur beobachtend – vielleicht sogar innerlich noch ganz mit der Vorbereitung für die kommende Unterrichtsstunde beschäftigt – zur Kenntnis genommen hatte, sieht sich völlig unerwartet zum Handeln gezwungen. Sie fordert zunächst die anderen Kinder auf, ihre Plätze einzunehmen, und verlangt völlige Ruhe. Alle Kinder starren jetzt nach vorn und erwarten gespannt ihre Entscheidung. Dann veranlaßt sie Harald, seine Anklage zu wiederholen. Sie ersucht Ramon, sie anzusehen, und fragt ihn, ob er die Tat zugebe. Ramon schweigt jedoch auch hier. Sie erkundigt sich bei den anderen Kindern, ob jemand die Tat beobachtet habe. Niemand meldet sich. Nach einer längeren Pause und einem hilfesuchenden Blick auf ihren Mentor entscheidet sie, daß Harald und Ramon zum Schulleiter gehen sollen. Der werde die Angelegenheit schon klären.

Leiter dieser Grundschule ist ein Konrektor, ein erfahrener älterer Herr, der noch das Lehrerseminar besucht hat. Sein zuständiger Rektor ist Leiter sämtlicher Grundschulen der Stadt. Der Konrektor ist erfahren genug, um zu wissen, daß die beiden »nicht bloß Kreide holen wollen«, als sie während der Stunde in seiner Klasse erscheinen. Da ihm Harald bekannt ist, weiß er auch, daß sie aus der Klasse der Praktikantin kommen. Er schließt daraus, daß die beiden einen Disziplinarfall bringen, und stellt sich innerlich entsprechend ein.

Auf seine zunächst an beide gerichtete Frage nach ihrem Anliegen antwortet Harald sofort mit seiner inzwischen bekannten Beschuldigung. Der Konrektor ersucht ihn um Präzisierung. Haralds Aussagen erbringen folgendes. Es handele sich um 30 Pfennige. Er habe Ramon mit 1 DM geschickt, Kaugummi zu holen. Der Kaugummi koste aber nur 70 Pfennig. Ramon habe aber die 30 Pfennige Wechselgeld nicht mehr gehabt und ihm nicht zurückgegeben. Die Klasse des Konrektors folgt dem Verhör mit interessierter Aufmerksamkeit. Aus Ramon, der heftig schluchzt, ist außer einigen unverständlichen spanischen Lauten nichts herauszubringen. Der Konrektor schickt einen seiner Schüler in den von Harald bezeichneten Laden und läßt sich bestätigen, daß Ramon wirklich Kaugummi gekauft habe und daß dieser 70 Pfennige koste. Als der Schüler diese Bestätigung bringt, hält der Konrektor Ramon für überführt. Angesichts der geringfügigen Summe sieht er von einer Bestrafung ab, hält Ramon jedoch mit eindringlicher Stimme das Verwerfliche seiner

Tat vor. Er erwarte, daß Ramon die 30 Pfennige am anderen Tage zurückerstatte. Mit einem Zettel entsprechenden Inhalts an Ramons Eltern entläßt er ihn. Dem Klassenlehrer Ramons, der sich in der Pause bei ihm erkundigt, sagt er, der Fall sei erledigt.

Inzwischen ist die Schulzeit an diesem Morgen zu Ende. Auf dem Hof wird Ramon umringt, gehänselt, verhöhnt und herumgeschubst. Harald gibt seinen Triumph laut bekannt. Als ein anderer spanischer Junge versucht, Ramon beizustehen, machen die deutschen Kinder Front gegen die spanischen, die mit dem Ruf »Zigeuner« und »Diebe« vom Schulhof gejagt werden. Der Heimweg Ramons gleicht einer Hetzjagd. Als seine Eltern, die beide bis 17 Uhr arbeiten, nach Hause kommen, werden sie schon von weitem von den deutschen Kindern, die ihre Wohnung umstehen, mit dem Geschrei empfangen: »Ramon hat gestohlen«, und: »Er muß einen Brief abgeben«. Der Vater, der schon seit einiger Zeit im Ort lebt und gut Deutsch spricht, sieht die Nachbarn erwartungsvoll in der Tür und am Fenster stehen und sieht sich zum Handeln gezwungen.

Er handelt kurzschlußartig. Nachdem man draußen allgemein das Geschrei Ramons deutlich genug vernommen hat, erlischt hier das Interesse. Anders drinnen. Als sich herausstellt, daß Ramon den Brief nicht mehr hat, und die Mutter schließlich bemerkt, daß Ramon die 30 Pfennige bereits selbst aus dem Schrank genommen hat, wiederholt sich das Geschrei. Diesmal länger und intensiver. Der Vater, der sich in Deutschland beruflich selbständig machen möchte und eisern spart, ordnet an, daß sein Sohn nicht mehr mit Geld in Berührung kommen darf. Man sehe ja, wohin das führe. Offensichtlich sei Ramon mit einer einschlägigen Schwäche behaftet. Alles Geld wird von nun an sorgfältig weggeschlossen. Selbständige kleine Besorgungen wie früher darf Ramon jetzt nicht mehr ausführen. Die 30 Pfennige bringt der Vater am anderen Morgen eigenhändig zur Schule.

Hier hatte inzwischen im Lehrerzimmer eine Diskussion stattgefunden, die von der Praktikantin veranlaßt worden war, welche sich nachträglich ihrer Sache nicht mehr sicher war. Sie äußerte die Vermutung, daß Harald die sprachlichen Schwierigkeiten Ramons bewußt ausgenutzt haben könnte. Soviel sie wisse, sei Haralds Vater doch ein ständig arbeitsloser Hilfsarbeiter. Sie könne sich nicht vorstellen, woher Harald dauernd das Geld habe. Außerdem sei Harald ihr unsympathisch, Ramon dagegen mache einen sehr guten Eindruck. Sie könne ihm die Tat eigentlich nicht zutrauen. Für die meisten Kollegen jedoch war die Angelegenheit erledigt, als sie erfuhren, daß es sich nur um 30 Pfennige gehandelt habe. Wenn sie würde, was und wieviel hier fast täglich verschwindet! Man komme ja aus den kriminalistischen Untersuchungen gar nicht mehr heraus, wenn man dem immer intensiv nachgehen wollte. Außerdem wisse man ja auch nicht sicher, ob die Kinder ihre Sachen nicht lediglich verloren hätten. Die heutige Jugend sei so unglaublich nachlässig. Einige Kollegen kritisierten nun, daß sie die Angelegenheit nicht vor der Klasse geklärt hätte. Einige andere, unter ihnen der Religionslehrer, äußerten die Ansicht, daß man den Diebstahl nicht bloß kriminalistisch aufklären, sondern auch pädagogisch auswerten sollte, um dieser Leichtfertigkeit im Umgang mit fremdem Eigentum vorzubeugen. Dann verliert die Angelegenheit, die ohnehin nur beiläufig behandelt wird, völlig das Interesse der Kollegen. In der nächsten Stunde, die den Religionslehrer in die Klasse der 1 b führt, wird er von den Kindern mit der Frage überrascht, ob Ramon jetzt in die Hölle komme, da er doch gestohlen habe.

Der Religionslehrer benutzt diese Frage als Überleitung in eine katechetische Behandlung des 7. Gebotes, die der Lehrplan ohnehin für die 1 b vorsah. Um den Kindern den Begriff des Stehlens einsichtig zu machen, läßt er sie nach Beispielen suchen. Als er jedoch feststellen muß, daß sie dieses Gebot überwiegend dahin auslegen, daß Spanier den Deutschen nichts wegnehmen dürfen, geht er dazu über, die gestellte Frage zu beantworten, und versucht, den theologischen Gehalt von Rechtfertigung, Gnade und Erlösung in kindgemäße Form zu bringen.

Inzwischen zieht der Vorfall weitere Kreise. Bei der kurz darauf stattfindenden periodischen Versammlung der Elternvertreter des Ortes wird der Rektor zu seiner Überraschung mit dem Antrag eines Elternsprechers konfrontiert, die spanischen und überhaupt alle ausländischen Kinder in eine gesonderte Klasse zu nehmen. Man sehe ja, daß es sich da nur um asoziales Gesindel handele, vor dem die deutschen Kinder geschützt werden müßten. Der Fall sei ja auch nicht der erste und einzige.

Der Rektor vertagt zunächst die Diskussion über diesen Antrag mit der Begründung, daß er sich erst informieren müsse. Außerdem könne er aus Raum- und Personalmangel einem solchen Wunsch nicht nachkommen. Am anderen Tag versichert er sich durch Rückfragen bei Ramons Klassenlehrer des Sachverhalts und äußert dann den Wunsch, die beiden Schüler noch einmal zu vernehmen. Aus Ramon ist wieder nichts herauszubringen. Harald gibt zunächst die bekannten Antworten. Warum er den Kaugummi denn nicht selbst gekauft habe, wird er gefragt. Harald wird plötzlich rot und verlegen und stottert. Der Rektor hakt nach und erfährt folgende ergänzende Aussage: Harald war bereits mehrmals beim Verlassen des Pausenhofes während der Schulzeit erwischt worden und hatte aus diesem Grunde Ramon geschickt, dem das Verbot nicht bekannt war. Daraufhin muß Harald eine harte Ermahnung hinnehmen. Außerdem wird er angewiesen, zur Strafe für seine bewußte Verletzung der Schulordnung 30 Pfennige in die Klassenkasse zu spenden. Nachdem auch Ramon noch einmal darauf hingewiesen worden ist, daß er während der Schulzeit den Pausenhof nicht verlassen dürfe, werden beide entlassen. Bei der nächsten Konferenz benutzt der Rektor die Gelegenheit, seine Kollegen auf ihre Aufsichtspflicht aufmerksam zu machen und ihnen die eventuellen Folgen einer Verletzung dieser Amtspflicht vorzustellen. Seinem Konrektor sagt er nachher unter vier Augen, daß er die nachlässige Aufsicht längst hätte monieren müssen. Die ganze Angelegenheit wäre nicht passiert, wenn der aufsichtführende Lehrer Ramon am Verlassen des Hofes gehindert hätte. Als bei der nächsten Elternversammlung der bewußte Antrag auf Isolierung der Gastarbeiterkinder wieder zur Sprache kommt, kann er den Antragsteller mit dem Hinweis auf Haralds Verhalten, das offensichtlich kein einmaliger Fall gewesen sei, aus dem Konzept bringen. Die Isolierung der Gastarbeiterkinder kommt nicht mehr auf die Tagesordnung. Die tatsächliche Isolierung der Kinder auf dem Schulhof jedoch wird vorläufig noch nicht zum Problem.

Einige Monate später ist der Vorfall selbst längst vergessen. Ramons Klassenlehrer beginnt, die Zeugnisse für die 1 b zu schreiben. Seit langem ist ihm aufgefallen, daß Ramons Leistungen, die anfänglich durchaus befriedigend waren, in der letzten Zeit immer schlechter geworden sind. Das früher eher scheue Kind ist rüpelhaft, laut und aggressiv geworden. Der üblichen Angriffe seiner Klassenkameraden erwehrt er sich auf eine meist heimtückische und bösartige Weise. Immer wieder muß der Klassenlehrer Schlägereien zwischen ihm und Harald trennen. Auch im Unterricht entwickelt er sich mehr und mehr zum Störenfried. Seine Aggression richtet sich auch gegen den Lehrer. Da er die geforderten Leistungen nicht erbringt, läßt ihn der Lehrer die Klasse wiederholen. Aber auch im zweiten Jahr werden seine Leistungen nicht besser. Dafür wird er nur noch schwieriger. Schließlich wird er, nachdem mehrfach Geld und andere Dinge in der Klasse vermißt wurden – er wurde jedesmal verdächtigt, konnte aber nicht überführt werden –, von seinem Klassenlehrer beim Diebstahl erwischt. Am Ende des zweiten Schuljahres beantragt der Klassenlehrer seine Überweisung in die Sonderschule.

Der Sonderschulrektor testet zunächst die Intelligenz des Jungen und stellt überrascht fest, daß Ramons Intelligenzquotient durchaus normal ist. Mangelnde Intelligenz kann also nicht die Ursache für seine Leistungsschwäche sein. Der Sonderschulrektor beginnt sich für den Fall zu interessieren. Nach einigen Voruntersuchungen gibt er den Fall an die Erziehungsberatungsstelle weiter. Das Ergebnis seiner Untersuchungen ist die hier wiedergegebene Rekonstruktion der Genese des Falles.

HARTMUT VON HENTIG

Die Kleinen und die Großen

Seit Ingo Märtens in die fünfte Klasse geht und in eine neue Schule, hat er einen Schulweg von 35 bis 40 Minuten. Der längste Teil des Weges führt durch einen Park. Die meisten Kinder in seiner Schule fahren mit dem Bus. In seiner Klasse ist er der einzige, der zu Fuß geht. Das erste Stück des Heimwegs hat er mit Fritz Gründler gemeinsam, bis da, wo die Anlagen anfangen. Dort ist auch eine kleine Gaststätte, »Die Kanne«, halb Stehkneipe, halb Gartencafé. Im Sommer stehen Stühle und Tische draußen, und die Großen versammeln sich da nach der Schule mit ihren Mopeds und reden und trinken Cola oder ein Bier.

Ingo hat rote Haare. Ingo trägt einen Ranzen. Ingo kaut gelegentlich Bubblegum. Ingo ist ein »Kleiner«. Wenn er an der »Kanne« vorbeigeht, rufen die Großen: »Feuermelder!« Oder sie winken ihn heran, als wenn sie ihm was ganz Ernstes zu sagen hätten: »Ihr müßt wirklich bald aus eurer Wohnung ausziehen!« sagen sie. Und wenn er fragt: »Wieso?«, sagen sie: »Sie ist zu feucht! Deine Haare fangen schon an zu rosten!« Oder sie sagen, er solle doch einmal mit seinem Geigerzähler kommen (sie meinen seinen Schulranzen) und ihnen helfen, etwas zu suchen, was unter den Tisch gefallen sei. Und dann schieben sie ihn unter den Tisch und lassen ihn nicht heraus, bis er »etwas« gefunden hat. Wenn er nichts findet, was ihnen gefällt, sagen sie, sie müßten seine Taschen kontrollieren, vermutlich habe er das »etwas« längst gefunden. Und dann entdecken sie seine Milchgroschen und rufen erfreut: »Sieh da!« und drohen: »Du, du!« und nehmen sie ihm weg. Oder sie sagen: »Blas mal dein Bubblegum!« und meinen: »Das ist aber schlecht!« – »Versuch's mal mit diesem hier«, sagt einer und spuckt ein abgekautes in die Hand. Das muß nun Ingo in den Mund nehmen und blasen – und am Ende muß er dem anderen ein neues kaufen. Darum geht Ingo nicht mehr diesen Weg, sondern einen Umweg.

Nach einer Weile denkt er, ich werde wieder mit Fritz gehen – den alten normalen Heimweg. Aber da rufen sie ihn auch schon. Sie sagen, es sei aber sehr schade, daß er hier nicht mehr vorbeikomme. Vermutlich habe er seine Wohnung gewechselt – wegen der rostigen Haare. »Nein? Ja, dann weichst du uns womöglich aus? Hast du ein schlechtes Gewissen? Oder gefällt es dir nicht bei uns?« Und dann machen sie eine ganz freundliche Miene und sagen: »Trinken wir ein Bier zusammen!« Sie bestellen ihm ein großes Helles, und Ingo muß es ganz austrinken, bis sich alles dreht und ihm schlecht wird.

Ingo macht also am nächsten Tag wieder seinen Umweg. Zufällig läuft er einem der Großen über den Weg. Der hält sein Moped scharf an – direkt vor Ingo. »Wie gut, daß ich dich treffe. Du gehst ja sicher an der ›Kanne‹ vorbei. Ich hab' den anderen etwas ganz Wichtiges auszurichten, verstehst du? Du sagst ihnen einen schönen Gruß vom Karl und ›Katzenscheiße‹, einfach ›Katzenscheiße‹. Ich verlaß mich drauf!« Und als er anfährt, ruft er noch zurück: »Ich werd's ja morgen erfahren, ob du's ausgerichtet hast.«

Ingo tut so, als ginge er zurück zur »Kanne«. Als Karl außer Sicht ist, schlägt er einen anderen Weg ein und läuft, so schnell er kann, nach Hause. Er kommt dort sehr spät an. Die Mutter ist böse. Ingo sagt, die ganze Klasse habe nachsitzen müssen.

Am anderen Mittag stehen die Großen vor der Schule und scheinen auf ihn zu warten. Der Karl ist dabei. Ingo versteckt sich auf dem Klo und verläßt die Schule erst eine Dreiviertelstunde später, als die anderen schon eine Weile fort sind.

Er macht nun immer größere Umwege und muß zu Hause immer öfter schwindeln. Er hat Angst, sein Vater werde einschreiten, und dann wäre er, Ingo, eine Petze, und sie würden ihn erst recht quälen.

Zwei Wochen darauf erwischen sie ihn mitten im Park. Sie stellen ihn an einen Baum. Sie zünden sich Zigaretten an und »überlegen«, wie sie ihn bestrafen sollen – weil er doch die wichtige Nachricht nicht überbracht hat, obwohl er's versprochen hatte. »Katzenscheiße, was!?«

Sie überlegen auch, wie sie ihn zu einem »Mann« machen können. Noch sei er ja eine »kleine fiese Memme«. Ingo weint. Sie blasen ihm ihren Zigarettenrauch von ganz nah ins Gesicht. Sie halten Brennesseln an seine nackten Beine. Sie reißen ihm einzelne Haare aus und stellen fest: »Ja, ja. Es fällt schon aus – weil du unseren Rat mit der Wohnung nicht befolgt hast.« Sie ziehen ihm schließlich die kleine Leinenhose mit dem Gummizug aus, die er trägt. Außer einem kurzen Hemd hat er nichts weiter an. Die Hose nehmen sie mit. »Nur eine kleine Probe«, sagen sie, »ob du etwa auch Schulkameraden verrätst!«

Noch nie hat Ingo einen Jungen von zehn Jahren nackt durch die Straßen einer Großstadt gehen sehen. Er geniert sich und kriecht in ein dichtes Gebüsch. Dauernd kommen Leute vorbei. Er wartet die Dunkelheit ab. Die tritt – es ist ja Sommer – erst spät ein. Dann rast Ingo wie ein Wahnsinniger nach Hause, ohne nach rechts oder links zu sehen. Die Eltern sind entsetzt. Der Vater hat schon die Polizei angerufen. Es dauert eine Weile, bis sich Ingo so weit beruhigt hat, daß er erzählen kann, was passiert ist. Der Vater erklärt der Polizei, sein Sohn habe sich nur verlaufen. Ingo fleht ihn an: »Bitte sag nichts in der Schule! Bitte nicht!«

JANUSZ KORCZAK

Wer kann Erzieher werden?

Dies ist eine Erzählung aus dem Ausland. Es gibt dort eine Familie, den Vater Mordechaj, die Mama Rewka, den älteren Bruder Ari, die kleine Tochter Esther, den kleinen Jungen Srulik. Es gibt auch den Großvater Abram; er ist gelähmt und sitzt im Sessel. Morgens gehen alle aus dem Haus, an die Arbeit und in die Schule, die Mama Rewka ging auf den Markt, zu Hause blieb der kleine Srulik mit dem Großvater Abram im Sessel auf Rädern. Der Opa Abram ist 70 Jahre alt. Er sitzt bequem im Sessel, ist schön angezogen; sie haben ihm die frommen Bücher zur Hand gelegt, damit er sie lesen kann. Der kleine Srulik spielt im Zimmer mit dem Ball.

Der Opa Abram will nach dem Buch greifen, die Brille ist ihm hinuntergefallen, er will sie aufheben und kann es nicht. In den nächsten drei Stunden erwartet ihn die Untätigkeit. Eine große Traurigkeit überfällt ihn, und er fängt an zu weinen. Der kleine Srulik läuft im Zimmer herum, und plötzlich hört er das Aufschluchzen des Großvaters.

Er kommt zu ihm heran und sieht, daß er weint, ist erstaunt und fragt: Opa, warum weinst du?

Der Opa antwortet: Ach nichts, heb mir die Brille auf, die mir hinuntergefallen ist. Srulik gibt ihm die Brille, und der Großvater kann wieder lesen. Die Mama kommt vom Markt zurück, und der kleine Srulik erzählt ihr erstaunt, daß der Opa geweint habe. Warum? Wenn er es könnte, würde er hinzufügen: – wegen welcher Kleinigkeit.

Seine Schwester Esther kommt aus der Schule, läuft in ihr Zimmer, legt sich aufs Sofa und weint. Die Mama Rewka kommt zu ihr und fragt, was passiert ist. Das Mädchen würgt schluchzend heraus: Sie sagten, ich sei die Königin der Gruppe, jetzt sagen sie, daß ich es nicht bin und zerreißen mir die Hefte. Die Mama tröstet sie: Dummerchen, lohnt es sich wegen einer solchen Dummheit zu weinen?

Der Sohn Ari ist 15 Jahre alt, kehrt mittags nach Hause zurück; sie bitten ihn zum Essen, er kommt nicht, steht auf der Straße und Tränen stehen in seinen Augen. Der Vater fragt: Warum weinst du? Was ist passiert? Aris Antwort wird vom Schluchzen erschüttert. Ein Mädchen hat mich beleidigt. Sie schaut mich nicht an, sie hört nicht auf meine Worte. Der Vater hört zu und tröstet den Sohn. Welche Dummheit, wegen eines Mädchens zu weinen, du findest eine andere!

Die Mama machte Besuche, kommt verzweifelt zurück: Man hat mir gesagt, daß mein Kleid ein Lappen sei, aber es ist doch mein bestes Kleid, ich habe nichts anzuziehen. Sie erzählt dies unter Tränen.

Mordechaj, ihr Mann, wundert sich: Du weinst wegen eines Kleides! Er kann seiner Frau nicht versprechen, ihr Geld für ein neues zu geben, denn sie sind nicht reich. Andere fahren mit eigenem Auto an ihren Arbeitsplatz. Mordechaj fährt mit dem Bus, welche Schande! Diese Scham füllt seine Augen mit Tränen.

Der Opa Abram wundert sich: Zu meiner Zeit gab es keine Privatautos. Es ist doch nicht schlecht, mit dem Bus zu fahren. Du weinst um ein Auto?

Der kleine Srulik weint, er hat Angst, daß der Teufel hinter der Tür stehen könnte, er ängstigt sich und weint. Die Mama öffnet die Tür und zeigt, daß da niemand steht. Srulik hört nicht auf zu weinen und bittet die Mutter, ihn auf den Arm zu nehmen.

Alle Tränen sind salzig, wer das begreift, kann Kinder erziehen, wer das nicht begreift, kann sie nicht erziehen.

Maria Montessori

Geordnete geistige Entwicklung

Was sind Kinder?
Eine dauernde Störung für den von immer schwereren Sorgen und
Beschäftigungen in Anspruch genommenen Erwachsenen. Es ist
kein Platz für sie in den engen Häusern der modernen Stadt, in denen sich die Familien zusammendrängen. Es ist kein Platz für sie auf
den Straßen, denn die Fahrzeuge beanspruchen immer mehr Raum,
und die Gehsteige sind voll von eiligen Menschen. Die Erwachsenen
haben keine Zeit, sich um die Kinder zu kümmern, denn auf ihnen
lasten dringende Pflichten. Vater und Mutter sind beide gezwungen
zu arbeiten, und wo die Arbeit fehlt, da bedrückt und schädigt die
Not erst recht Kinder wie Erwachsene. Es gibt kaum einen Zu-
fluchtsort, wo das Kind das Gefühl haben kann, daß sein Seelenzu-
stand Verständnis findet, wo es die ihm angemessenen Betätigungen
ausüben darf. Es muß brav sein, sich ruhig verhalten, es darf nichts
berühren, was ihm nicht gehört. Alles ist unantastbares, ausschließ-
liches Eigentum des Erwachsenen und für die Kinder verboten. Was
gehört ihm? Nichts. Vor wenigen Jahrzehnten gab es noch nicht
einmal einen Stuhl für Kinder. Von daher stammt der berühmte
Ausdruck, der heute nur noch metaphorische Bedeutung hat:»Ich
habe dich auf den Knien gehalten.«
Setzte sich das Kind auf die Möbel der Erwachsenen oder auf den
Fußboden, wurde es gescholten; setzte es sich auf die Treppenstu-
fen, wurde es gescholten; es mußte jemand kommen und es auf die
Knie nehmen. Das ist die Situation des Kindes, das in der Umwelt
der Erwachsenen lebt: ein Störenfried, der etwas für sich sucht und
nichts findet, der eintritt und sogleich fortgewiesen wird. Seine
Lage ähnelt der eines Mannes, dem die bürgerlichen Rechte und das
Recht auf seine Umwelt aberkannt worden sind: Es ist ein an den
Rand der Gesellschaft verwiesenes Wesen, das jedermann ohne Respekt behandeln, beschimpfen und strafen darf, dank einem von der
Natur verliehenen Recht: dem Recht des Erwachsenen.
Ein seltsames seelisches Phänomen bewirkt, daß der Erwachsene
sich scheut, eine passende Welt für sein Kind zu schaffen. Auch im
sozialen Organismus hat es keinen Platz, denn so wie der Mensch
seine Gesetze ausarbeitet, hat er die eigenen Erben ohne Gesetze
und somit außerhalb des Gesetzes gelassen. Schutzlos überläßt er sie
dem tyrannischen Instinkt, der im Herzen eines jeden Erwachsenen
in Bereitschaft liegt. So ist es in der Tat, obgleich gerade das Kind bei

seinem Eintritt in die Welt neue Energien mitbringt, deren regenerierender Hauch die stickigen Gase verjagen sollte, die sich von Generation zu Generation jeweils im Laufe eines Menschenlebens voller Irrtümer immer wieder angesammelt haben.

Erst in unseren Tagen ist in dieser seit Jahrhunderten blind und gefühllos gebliebenen Gesellschaft eine neue Bewußtheit für das Schicksal des Kindes aufgebrochen. Die Hygiene ist herbeigeeilt, wie man sich zum Schauplatz einer Katastrophe drängt. Sie nahm den Kampf gegen die Säuglingssterblichkeit auf. Deren Opfer waren bis dahin so zahlreich, daß es aussah, als hätten sich die Überlebenden gerade noch aus der Sintflut gerettet. Als zu Beginn des zwanzigsten Jahrhunderts die Hygiene allmählich ins Volk drang, war es um das Leben des Kindes anders bestellt. Die Schulen erfuhren eine derartige Verwandlung, daß diejenigen, die sich auch nur zehn Jahre lang von den Neuerungen ausschlossen, plötzlich den Eindruck machten, als seien sie schon hundert Jahre alt. Auf den Wegen der Sanftmut und der Duldsamkeit hielten die Grundsätze einer neuen Erziehung ihren Einzug in die Familien wie auch in die Schulen.

Nicht nur die Fortschritte der Wissenschaft haben wichtige Ergebnisse herbeigeführt. Da und dort begannen Menschen, einzig von ihrem Gefühl geleitet, in derselben Richtung zu wirken. Viele Reformatoren von heute beschäftigen sich mit dem Kind: in den Ateliers der Städteplaner werden Gärten für die Jugend vorgesehen; bei der Anlage von Plätzen und Parks schafft man Spielplätze für Kinder; man denkt an die Kinder bei der Errichtung von Theatern, man veröffentlicht Bücher und Zeitungen, man organisiert Reisen, man baut Möbel in angemessener Größe für sie. Da sich endlich eine bewußte Ordnung der Klassen entwickelt hat, ist der Versuch unternommen worden, die Kinder zu organisieren, ihnen den Sinn für soziale Disziplin und die hieraus erwachsende Würde des Individuums beizubringen, wie dies in Organisationen von der Art der »Pfadfinder« und der »Kinderrepubliken« der Fall ist. Die politisch-revolutionären Reformen unserer Tage versuchen, sich der Kinder zu bemächtigen, um aus ihnen fügsame Werkzeuge für ihre Pläne zu machen. Zum Guten wie zum Schlechten, sei es in der Absicht, ihnen ehrlich zu Hilfe zu kommen, sei es mit dem Vorsatz, sie als Werkzeug zu benützen, immer ist heute von den Kindern die Rede. Sie sind ein soziales Element in der Welt geworden, und infolge der ihnen zukommenden Bedeutung setzen sie sich überall durch. Das Kind ist nicht länger bloß jenes Mitglied der Familie, das des Sonntags in seinem besten Kleid folgsam an der Hand des Vaters spazierengeht und darauf achtet, das Sonntagskleid nicht schmutzig zu machen. Nein, das Kind ist eine Persönlichkeit geworden, die in die soziale Welt eingedrungen ist.

Die Wiederholung der Übungen

Die erste Erscheinung, die meine Aufmerksamkeit auf sich zog, zeigte sich bei einem etwa dreijährigen Mädchen, das damit beschäftigt war, die Serie unserer Holzzylinder in die entsprechenden Öffnungen zu stecken und wieder herauszunehmen. Diese Zylinder ähneln Flaschenkorken, nur haben sie genau abgestufte Größen, und jedem von ihnen entspricht eine passende Öffnung in einem Block. Ich erstaunte, als ich ein so kleines Kind eine Übung wieder und wieder mit tiefem Interesse wiederholen sah. Dabei war keinerlei Fortschritt in der Schnelligkeit und Genauigkeit der Ausführung feststellbar. Alles ging in einer Art unablässiger, gleichmäßiger Bewegung vor sich. Gewohnt, derlei Dinge zu beobachten, begann ich die Übungen des kleinen Mädchens zu zählen. Auch wollte ich feststellen, bis zu welchem Punkt die eigentümliche Konzentration der Kleinen gehe, und ich ersuchte daher die Lehrerin, alle übrigen Kinder springen und herumlaufen zu lassen. Das geschah auch, ohne daß das kleine Mädchen sich in seiner Tätigkeit hätte stören lassen. Darauf ergriff ich vorsichtig das Sesselchen, auf dem die Kleine saß, und stellte es mitsamt dem Kinde auf einen Tisch. Die Kleine hatte mit rascher Bewegung ihre Zylinder an sich genommen und machte nun, das Material auf den Knien, ihre Übung unbeirrt weiter. Seit ich zu zählen begonnen hatte, hatte die Kleine ihre Übung zweiundvierzigmal wiederholt. Jetzt hielt sie inne, so als erwache sie aus einem Traum, und lächelte mit dem Ausdruck eines glücklichen Menschen. Ihre leuchtenden Augen sahen vergnügt in die Runde. Offenbar hatte sie alle jene Manöver, die sie hätten ablenken sollen, überhaupt nicht bemerkt. Jetzt aber, ohne jeden äußeren Grund, war ihre Arbeit beendet. Was war beendet, und warum?

Es war dies der erste Spalt, der sich aus den unerforschten Tiefen der Kinderseele auftat. Da saß ein kleines Mädchen in dem Alter, in dem die Aufmerksamkeit für gewöhnlich ruhelos von einem Gegenstand zum anderen abirrt, ohne sich auf etwas Bestimmtes konzentrieren zu können; und doch hatte sich bei ihm eine solche Konzentration ereignet, war sein Ich für jeden äußeren Reiz unzugänglich geworden. Diese Konzentration war begleitet von einer rhythmischen Bewegung der Hand im Spiel mit genau und wissenschaftlich abgestuften Lehrgegenständen.

Ähnliche Vorfälle wiederholten sich, und jedesmal gingen die Kinder daraus wie erfrischt und ausgeruht, voll Lebenskraft und mit dem Gesichtsausdruck von Menschen hervor, die eine große Freude erlebt haben.

Die Fälle einer solchen beinahe bis zur völligen Abschließung von der Außenwelt gehenden Konzentration bildeten zwar nicht die Regel, doch bemerkte ich bald eine seltsame Verhaltensweise, die allen Kindern gemeinsam war und ungefähr gleichmäßig bei jeder Übung auftrat. Es handelte sich um jenen Wesenszug kindlicher Betätigung, den ich später »Wiederholung der Übungen« genannt habe.

Ich sah diese schmutzigen Händchen arbeiten, und ich kam eines Tages auf den Gedanken, die Kinder etwas Nützliches zu lehren: das Händewaschen. Da beobachtete ich, daß sie sich unermüdlich weiterwuschen, auch wenn ihre Hände bereits rein waren. Sie verließen die Schule und wuschen sich sofort wieder die Hände. Einige Mütter erzählten mir, wie ihre Kinder des Morgens verschwunden waren und in der Waschküche beim Händewaschen gefunden wurden. So stolz waren sie auf ihre sauberen Hände, daß sie diese jedermann vorwiesen und sogar einmal mit Bettelkindern verwechselt wurden, weil sie die Hände einem Fremden entgegengestreckt hatten. Die Übung wurde immer von neuem wiederholt, obwohl sie längst keinen praktischen Zweck mehr hatte. Dasselbe ereignete sich bei vielen anderen Gelegenheiten; und je genauer eine Übung den Kindern in allen Einzelheiten der Ausführung erklärt wurde, desto mehr hatte es den Anschein, als würde sie zum Ansporn für unermüdliche Wiederholungen.

JAKOB MUTH

Beginn eines Schultages

Verfolgen wir kurz den Beginn eines Schultages in einer vollausgebauten Stadtschule[1]: Es ist kurz vor acht Uhr. In Gruppen stehen die Kinder im Schulhof und unterhalten sich. Auch die Lehrer stehen in einem Kreis im Zentrum des Hofes. Einzelne Kinder kommen noch von der Straße her in den Schulhof. Am Tor verabschiedet sich gerade ein Vater von seiner kleinen Tochter. Er beugt sich zu dem Kinde und gibt ihm einen Kuß. Eben ertönt die Schulglocke. Die Kinder streben den Plätzen vor dem Eingang des Schulgebäudes zu, wo sich die einzelnen Klassen in Doppelreihen aufstellen. Nun kommen auch die Lehrer zu ihren Klassen und ziehen vor ihnen her in die Schulräume ein. Das geht in einer bemerkenswerten Ruhe und Selbstverständlichkeit vor sich. Der Lehrer, mit dessen Klasse wir gehen, bleibt innen am Türrahmen seines Klassenraumes stehen. Er sieht jedes Kind an, das an ihm vorbei zu seinem Platz geht. Die Kinder, die ihre Plätze erreicht haben, beginnen ganz von selbst, ihre Sachen auszupacken. Neben den Schreibgeräten wird das, was als Hausaufgabe getan worden ist, auf die Tische gelegt.

Während der Lehrer, nachdem die letzten beiden Kinder an ihm vorbei in den Klassenraum gekommen sind, an die Tafel geht, spricht ein Junge übermäßig laut im Gegensatz zu seinen Klassenkameraden, die sich flüsternd unterhalten. Der Lehrer sagt:»Karl-Heinz!«, und daraufhin ist nicht nur der eine Junge still, sondern alle Kinder der Klasse werden ruhig, drehen sich der Tafel zu und sehen den Lehrer an.

Jetzt fängt der Lehrer an zu singen:»Leise, leise ...«, und kaum hat er das erste Wort gesungen, da stimmen alle Kinder ein und singen mit:»Leise, leise, wir stellen uns im Kreise.« Dabei verlassen sie ihre Plätze und stellen sich in einem großen Kreis auf. Das Singen des Reimes verstummt erst, als das letzte Kind in den Kreis gekommen ist.

Nun sagt der Lehrer:»Guten Morgen!«, und die Kinder grüßen: »Guten Morgen, Herr Velthaus!« Der Lehrer fragt:»Wer möchte heute beten?« Viele Kinder melden sich, indem sie den Arm hochheben. Ein Mädchen wird vom Lehrer beauftragt, das Gebet zu sprechen.

I

Eine solche Beschreibung eines an sich recht alltäglichen Geschehens in der Schulwirklichkeit mag simpel erscheinen und vielleicht den erfahrenen Schulpraktiker zu einem Kopfschütteln veranlassen. Zweifellos ist es auch ein recht simpler Sachverhalt, der hier zur Sprache gebracht wird. Aber wir müssen uns doch endlich eingestehen, daß die Erziehungswissenschaft unseres Jahrhunderts zu sehr das Bedenken des einfachen und selbstverständlichen erzieherischen Tuns vernachlässigt hat. Diese Vernachlässigung ist auch in der Gegenwart nicht überwunden, in der das erzieherische Feld in bis heute unbekannter Form empirisch durchdrungen wird. Allein von daher rechtfertigt es sich schon, eine alltägliche Erscheinung der Schule deskriptiv aufzunehmen, also exakt zu beschreiben, und über sie nachzudenken.

In unserem Falle erschließt sich durch die Beschreibung einer schulischen Alltäglichkeit ein Grundzug, der speziell für den Beginn eines Schultages und darüber hinaus für das Schulleben im ganzen von Bedeutung ist. Dieser Grundzug tritt in den Blick, wenn man sich die Frage vorlegt, ob es noch als sinnvoll angesehen werden kann, daß sich die Kinder einer Klasse am Beginn eines Schultages oder nach den Pausen aufstellen, um gemeinsam, vielleicht vom Lehrer begleitet, in das Schulgebäude zu gehen. Oder aber: ob es pädagogisch angemessen ist, daß sich die Kinder nicht aufstellen, sondern frei, gewissermaßen jedes Kind für sich, in den Klassenraum kommen.

Geradezu als Alternative also ergibt sich hier die Frage: Soll sich eine Klasse aufstellen, oder soll sie sich nicht aufstellen? Dieser Frage gehen wir vorläufig im Anschluß an unsere Beschreibung nach, um von da aus über die Notwendigkeit bestimmter Ordnungsformen in der Schule nachzudenken. Denn um diese Formen geht es hier.

Besonders durch die Schulreformbewegung der ersten Jahrzehnte unseres Jahrhunderts und ihren naturalistischen Ursprung wurden natürliche Formen für die Schule propagiert, von denen her es dem Lehrer oder dem Schulleiter zweifelhaft erscheinen mußte, ob es noch pädagogisch zu rechtfertigen ist, daß sich eine Klasse auf dem Schulhof aufstellt, bevor sie das Schulgebäude betritt und bevor der Unterricht beginnt. Und in unserer Zeit, in der »sozial-integrative Formen«[2] um einer Demokratisierung des Schullebens willen immer wieder betont werden, erscheint es vielleicht ganz und gar als fragwürdig, eine Klasse sich aufstellen zu lassen, weil man geneigt ist, allein darin schon eine autoritäre Form zu sehen, die den Bezügen eines freien menschlichen Zusammenlebens widerspricht.

Über den pädagogischen Naturalismus der Schulreformbewegung und eine nur vordergründig verstandene Demokratisierung des Schullebens hinaus muß man anerkennen, daß in der Schule Ordnungsformen unerläßlich sind, die einen guten Unterricht überhaupt erst ermöglichen. Denn der Unterricht, in dem sich das Lernen der Schüler vollzieht, ist die Mitte aller Schularbeit. Darum ist jede Schule in erster Linie eine Lernschule.

Mag man auch der Schule in unserer Zeit vielerlei unterrichtsfremde Aufgaben übertragen: Der Unterricht allein rechtfertigt die Einrichtung der Institution Schule. Darum kann die Schule von jeder Aufgabe, die ihr einmal aufgebürdet wurde, auch wieder entlastet werden, nicht aber von der Aufgabe des Unterrichts. Er muß in der bestmöglichen Form gewährleistet sein, damit sich in ihm Erziehung ereignen kann. Aus diesem Grunde bedarf es bestimmter Ordnungsformen, die dem Unterricht vorausgehen und ihn begleiten; sie sind eine der Bedingungen für die Möglichkeit guten Unterrichts, und deshalb muß in ihnen ein wesentlicher Grundzug schulischer Arbeit gesehen werden.

Peter Petersen nennt die Ordnungsformen darum »Vor-Ordnungen«. Sie machen nach seiner Auffassung den Schüler erst frei »hinsichtlich des übrigen Schullebens«; sie sind es, »die die Unordnung beheben«. Petersen sieht die Vor-Ordnungen in dreifacher Hinsicht: zum ersten darin, daß die Lehrer bestimmen, »für welche Betätigung die einzelnen Räume, Werkstätten, Plätze usf. zu benutzen sind und wie die Schüler sich der Gegenstände und Arbeitsmittel darinnen zu bedienen haben«. Zum zweiten meint er damit Formen des geselligen Verkehrs, der ein gutes Betragen und die Rücksichtnahme auf den anderen voraussetzt. Und zum dritten formuliert er sie als »Gesetz der Gruppe«: »In unserem Klassenraum darf nur das geschehen, was wir alle gemeinsam wollen und was das Zusammenleben und die Schularbeit in Ordnung, Sitte und Schönheit allein in diesem Raum gewährleistet.«[3]

Im 19. Jahrhundert wurde dieses Verständnis der Ordnungsformen oder Vor-Ordnungen des Unterrichts als »Regierung der Kinder« von *Herbart* und seinen Schülern beschrieben. Bezeichnend ist in diesem Zusammenhang allein schon, daß Herbart seine ›Allgemeine Pädagogik‹ mit der »Regierung der Kinder« einleitet. Und sein Schüler *Tuiskon Ziller* ist ihm in seinen Leipziger ›Vorlesungen über Allgemeine Pädagogik‹ darin gefolgt. Daneben befaßt sich eine von Zillers frühen Schriften ausschließlich mit der »Regierung der Kinder«. Erst später hat er seine ›Grundlegung zur Lehre vom erziehenden Unterricht‹ geschrieben.

Man kann daraus einerseits die Bedeutung ermessen, die im 19. Jahrhundert der Tätigkeit zukam, »welche bloß Ordnung gehalten wissen will« (Herbart)[4], und andererseits ersieht man daraus, daß durch jene Tätigkeit erst »der Boden für Erziehung und Unterricht im Geiste des Zöglings geebnet« werden sollte (Ziller)[5]. Herbart konnte darum feststellen, daß sich durchaus darüber streiten ließe, ob das Kapitel über die Regierung der Kinder in die Pädagogik gehöre, weil die Regierung der Erziehung eigentlich vorausliegt.

Eine Ordnungsform (oder Vor-Ordnung oder Maßnahme der Kinder-Regierung) unter anderen ist *das Aufstellen der Klassen am*

Beginn eines Schultages und am Ende der Pausen, wie in unserer Beschreibung.

Wo eine solche Ordnungsform in der Schulpraxis vom Lehrer und von den Schülern vernachlässigt wird, kann man immer wieder erleben, daß sich die Unruhe, die von den Kindern aus dem Schulhof mit in die Klassenräume gebracht wird, auch am Anfang des Unterrichts hält, es sei denn, der Lehrer weiß sich durch äußere Zwangsmittel Ruhe zu verschaffen, was aber nur zu einer mittelbaren Aufmerksamkeit für die Sachverhalte des Unterrichts führt und nicht zu einem unmittelbaren Bei-der-Sache-Sein. Darum ist eine gelebte Ordnungsform nicht ohne weiteres einem äußeren Zwangsmittel zu vergleichen.

Überhaupt läßt sich durch die Abhebung vom äußeren Zwangsmittel das Wesen der Ordnungsform ausmachen. Während das Zwangsmittel vom Lehrer gesetzt, befohlen oder angeordnet und darum vom Schüler als Pflicht übernommen oder gehorsam befolgt wird, fügt man sich in die Ordnungsform, ordnet sich einsichtig ein. Im einsichtigen Sichfügen und Einordnen lernt das Kind, von sich selber abzusehen. Und darin zeigt sich die anthropologische Dimension einer Ordnungsform[6]: Die Menschlichkeit des Menschen ereignet sich nur, wenn der Mensch von sich absieht, wenn es ihm im Handeln nicht auf sich und eigene Wünsche und Strebungen ankommt.

Darum ist das Wesen einer Ordnungsform eigentlich noch nicht zureichend charakterisiert, wenn man in ihr eine Vor-Ordnung des Unterrichts sieht, eine Voraussetzung gewissermaßen, die den Unterricht ermöglicht und ihn begleitet, damit er »in Ordnung« kommt; vielmehr hat eine Ordnungsform erst dann ihren Sinn gefunden, wenn sie selber pädagogisch wirkt, weil sie einsichtige Einfügung verlangt.

Schon Herbart bekannte deshalb: »Die Trennung der Begriffe (Regierung und Unterricht) dient weit mehr dem Nachdenken des Erziehers, welcher wissen soll, was er tut, als daß sie in der Praxis sichtbar werden dürfte.«[7] Und er meinte damit, daß der Kinder-Regierung ebenso eine erzieherische Dimension eigen sein müsse wie dem erziehenden Unterricht, zumal die vom Lehrer intendierten Maßnahmen im Laufe der Zeit durch die Selbst-Regierung der jungen Menschen abgelöst werden, die in der Systematik Herbarts Zucht genannt sind.

Am Beispiel einer außerschulischen Ordnungsform läßt sich verdeutlichen, was hier gesagt werden soll: Die Verkehrszeichen, auf die der Mensch achtet und die er beachtet, stellen eine Ordnungsform dar, die das Zusammenleben der Menschen regelt und ermöglichen hilft. Jeder Verkehrsteilnehmer fügt sich, soweit er den Sinn dieser Ordnungsform einsieht. Die einsichtige Einfügung, die mehr und anderes ist als ein bloßes Übernehmen und Befolgen, gibt einer Ordnungsform gewissermaßen Leben. Darum ist die Aussage nicht abwegig, daß durch die Einsicht des Menschen und schon die Einsicht des Kindes in der Schule bestimmte Ordnungsformen gelebt werden, die nicht nur ein organisatorisches Arrangement oder ein Zwangsmittel sind. Und darauf kommt es in jeglichem Zusammenleben von Menschen an, daß die gegebenen Ordnungsformen nicht nur von außen übergestülpt erscheinen, sondern gelebt werden, daß sie nicht einfach nur gesetzt sind zur stupiden Befolgung. Im Gelebtwerden eröffnet sich in der Schule und im außerschulischen Leben die erzieherische Dimension der Ordnungsformen.

Über das einsichtige Sichfügen hinaus erfüllen sich Ordnungsformen und werden gelebt, etwa auch das Aufstellen der Kinder am Beginn eines Schultages, wenn sie wiederkehren, von Woche zu Woche, von Schultag zu Schultag und selbst von Stunde zu Stunde schwingen und sich wie ein Rhythmus ausformen. Dahin gehört natürlich auch, daß die Schüler heute schon wissen, was morgen zu tun ist und getan wird. Das engagiert sie ganz anders in der Schule, als es die arhythmische Unverbindlichkeit vermag. Vielleicht beachten wir noch viel zuwenig die Bedeutung der rhythmischen Wiederkehr bestimmter Formen in der Schule für die Erziehung der jungen Menschen, etwa:
- die täglich zur gleichen Zeit stattfindende Übung in der Rechtschreibung;
- oder die regelmäßig wiederkehrende Durchsicht der Hausaufgaben;
- die im Wochenablauf immer am gleichen Tage und zur gleichen Stunde vorgesehene freie Arbeitsmöglichkeit, für die natürlich genügend Arbeitsmaterial zur Verfügung stehen muß;
- den jeweils montags in der ersten Stunde gestalteten feierlichen Wochenauftakt;
überhaupt kann der gute Sinn der rhythmischen Wiederkehr durch die Gestaltung der Stunden- und Arbeitspläne verwirklicht werden.

Auf die Bedeutung des Rhythmus in der Erziehung hat *Pestalozzi* in einer so einfachen sprachlichen Wendung wie: »Es war alle Samstage ihre Gewohnheit« in seinem Roman ›Lienhard und Gertrud‹ hingewiesen. Im Hauswesen der Gertrud gab es ein

Schwingen von Wochenende zu Wochenende mit besonderer Feierlichkeit und Ordnung, einem Rhythmus vergleichbar, in dem die Kinder mit ihrer Mutter lebten.[8]

Und *Saint-Exupéry* hat der anthropologischen Bedeutung der rhythmischen Wiederkehr in ›Der Kleine Prinz‹ dichterische Gestalt in der Begegnung des Kleinen Prinzen mit dem Fuchs verliehen. Da heißt es: »›Es wäre besser gewesen, du wärst zur selben Stunde wiedergekommen‹, sagte der Fuchs. ›Wenn du zum Beispiel um vier Uhr nachmittags kommst, kann ich um drei Uhr anfangen, glücklich zu sein. Je mehr die Zeit vergeht, um so glücklicher werde ich mich fühlen. Um vier Uhr werde ich mich schon aufregen und beunruhigen; ich werde erfahren, wie teuer das Glück ist. Wenn du aber irgendwann kommst, kann ich nie wissen, wann mein Herz da sein soll ... Es muß feste Bräuche geben.‹«[9]

Das gilt auch für die Schule, was allein schon daraus ersichtlich wird, daß besonders Schüler der Volksschule kritisch äußern, die Lehrer hielten sich nicht an den Stundenplan (das erklärt sich vom Klassenlehrerprinzip her), weshalb man sich im vorhinein nicht recht auf den Unterricht einstellen könne. Es muß auch in der Schule »feste Bräuche« geben.

Im übrigen zeigt unsere Beschreibung ja auch, wie sehr die Kinder im Rhythmus als einem Ordnungsprinzip, als einem festen Brauch leben und ihn nicht als Zwang empfinden, wenn beispielsweise deutlich wird, daß das Aufstellen und das Einziehen der Klassen in *einer bemerkenswerten Ruhe und Selbstverständlichkeit vor sich gehen.* Überhaupt dürfte aus der Beschreibung hervorgehen, wie sehr in dieser Schule das ganze Geschehen an diesem Morgen Ruhe ausstrahlt, wie sehr es »in Ordnung« kommt. Das wird natürlich nicht allein darauf zurückgeführt werden können, daß das Aufstellen »alle Tage Gewohnheit« der Kinder ist und als »fester Brauch« angesehen wird, sondern es hat seinen Grund sicher auch darin, daß die Kinder am frühen Morgen entschieden ruhiger sind als in den Pausen. Die Wildheit, die die Kinder nach dem langen Sitzen und »Eingesperrtsein« in den Unterrichtsstunden während der Pausen oft zeigen, das Toben, Raufen, Rasen und Schreien, ist bei Schulbeginn noch nicht gegeben.

Darum ist es gerade nach den Pausen sehr oft noch mehr als am frühen Morgen notwendig, daß sich die Kinder aufstellen, weil dadurch die Unruhe, die in der Pause herrschte, aufgefangen und in die für den Unterricht nötige Sammlung übergeführt wird. Wenn zwei Kinder ihr Nachlaufspiel bis in den Klassenraum hinein fortsetzen, so braucht es nicht zu verwundern, daß einige Zeit vergeht, bis sie Anschluß an das Unterrichtsgeschehen haben. Der Lehrer aber, dessen Kinder in gewissen Ordnungsformen heimisch geworden sind, der seine Kinder im Hof abholt und mit ihnen in das Schulgebäude geht, der nicht noch erst einen langen Schwatz mit den Kollegen im Hof hält und seine Kinder sich selbst überläßt, braucht sich am Anfang einer Stunde nicht besonders zu bemühen, um Aufmerksamkeit für die Sachverhalte des Unterrichts zu schaffen. Das Aufstellen am Ende der Pausen und das gesittete Einziehen in das Schulgebäude artikulieren gewissermaßen den Übergang von der Pause zum Unterricht. Dadurch wird eine Zäsur in den Schultag gebracht.

Dabei ist eine vermeintliche Nebensächlichkeit wie die, daß *der Lehrer innen am Türrahmen des Schulraumes stehenbleibt und jedes Kind ansieht, das an ihm vorbei seinem Platz zustrebt*, durchaus bedeutsam. In solchen (scheinbaren) Nebensächlichkeiten könnte man »didaktische Kniffe« sehen, fast »handwerkliche Kunstkniffe«, die dem Lehrer im Laufe der Jahre durch die reflektierte Erfahrung zuwachsen und ihm seine Arbeit erleichtern. Letztlich sind solche »Kniffe« aber weder »handwerklich« zu verstehen noch in banaler Weise nur vordergründig auszulegen. Man braucht sich, um das am konkreten Fall einzusehen, nur einmal die beschriebene Situation vorzustellen: Das Kind, das sich vom Lehrer angesehen weiß, wenn es in den Schulraum eintritt, und das vielleicht auch den Blick des Lehrers erwidert, wird unmittelbar von der Atmosphäre der Gemeinsamkeit in der Schule umgriffen, es spürt das kommunikative Bezugsfeld, in dem es mit dem Lehrer steht. Ein solches Kind wird einfach anders zu seinem Platz gehen und sich anders in den Beginn des Unterrichts schicken als Kinder, für die der Schultag oder die Schulstunde ohne jegliche Kommunikationsstiftung beginnt.

Natürlich kann der Lehrer ein Kind, das ihm vielleicht als rüpelhaft bekannt ist, schon am Beginn des Schultages durch die Strenge seines Blicks (Adalbert Stifter würde hier von »sanfter Gewalt« sprechen) zur Ordnung und damit in die Gemeinsamkeit des unterrichtlichen Tuns rufen. Und andererseits ist freilich über den Blick hinaus die Kommunikationsstiftung in der Schule über viele andere, besonders auch verbale Formen möglich:
– über die Gemeinsamkeit des Betens beispielsweise (*» Wer möchte heute beten?«*);
– über den Morgengruß, bei dem die Kinder den Lehrer in der Verbindlichkeit seines Namens ansprechen (*»Guten Morgen, Herr Velthaus«*) und nicht in der Unverbindlichkeit eines Titels;

– über das Nennen des Vornamens eines Kindes (»*Karl-Heinz*«),
was zugleich, sofern Unruhe in der Klasse herrscht, im Sinne eines »didaktischen Kniffs« alle Kinder aufmerksam werden läßt;[10]
– über die Offenheit des Lehrers für den Schüler als Kind, in die er
elementar finden kann, wenn er sieht und davon berührt wird,
wie sich *ein Vater von seiner Tochter verabschiedet* (sicher wird
der Lehrer von einem solchen Augenblick an das betreffende
Kind und alle Kinder nicht mehr als Nur-Schüler ansehen, er
wird vielleicht am Beginn des Schultages schon verbindlicher mit
ihnen sprechen, weil er in ihnen die von Vätern und Müttern geliebten und verantworteten Kinder weiß);[11]
– über den Hinweis auf die besonderen Aufgaben, die gemeinsam
an einem Schultag zu bewältigen sind (was die Erwartung der
Kinder auf das unterrichtliche Tun richtet) usf.

Es ist nicht abwegig, in solchen kommunikationsstiftenden Formen ebenfalls Ordnungsformen zu sehen, zumal sie die für das Lernen notwendige pädagogische Atmosphäre aufkommen lassen. In
einer Atmosphäre der Unverbindlichkeit, des Mißtrauens, der bewußten Distanzierung des Lehrers schon im Ansprechen der Kinder (»Meier« anstatt »Rudi«) und im Angesprochenwerden (»Herr
Hauptlehrer« anstatt »Herr Renneberg«) und in der »Geheimhal-
tung« dessen, was eigentlich an einem Schultag und in der nächsten
Zeit getan werden soll, kann kein gediegener Unterricht stattfinden.[12]

II

Nun darf man allerdings die Ordnungsform, von der wir ausgegangen sind, das Aufstellen der Kinder am Beginn eines Schultages,
nicht verabsolutieren, wiewohl man die Frage, ob sich die Kinder
im Schulhof vor dem Beginn des Unterrichts aufstellen oder nicht
aufstellen sollen, eigentlich nicht alternativ sehen kann.

Es wird von der besonderen Situation einer Schule, vom Alter der
Kinder, den architektonischen Gegebenheiten, der Zeit, dem Ort,
der Zusammensetzung des Lehrerkollegiums und selbst von der Art
der Unterrichtsorganisation abhängig sein, welche Ordnung für
eine Schule gilt.

Wo beispielsweise in einem Kern-Kurs-Verfahren in den Kursen
das herkömmliche Jahresklassensystem durchbrochen ist, da können sich nach den Pausen, wenn die Kinder aus verschiedenen Klassen in verschiedene Räume zum Kursunterricht gehen, die Klassen
nicht vor dem Schulgebäude aufstellen und von ihren Lehrern abho-

len lassen. In seinem solchen Falle wäre es gar unangemessen, die Kursgruppen aufstellen zu lassen, weil sie nicht die zeitliche Konstanz der Jahresklassen haben und weil die Ordnung des Aufstellens der üblichen Klassen des Kernunterrichts ihre Regelmäßigkeit verlöre. An dieser Stelle zeigt sich ein innerer Zusammenhang zwischen dem Aufstellen der Kinder und dem ausschließlichen Unterricht im konstanten Klassensystem. Eine flexible Unterrichtsorganisation sperrt sich gegen das Aufstellen der Kinder.

Ebenso ist es in kleinen Landschulen wie in modernen größeren Schulen, auf deren relativ großen Grundstücken die einzelnen Flachbauten weit dezentralisiert sind, und auch bei späterem Schulbeginn einer Klasse, sofern der Lehrer schon im Klassenraum weilt, ohne weiteres möglich, die Kinder ohne besonderes Aufstellen und ohne Geführtwerden in die Räume kommen zu lassen. In solch günstigen Verhältnissen wäre es unangebracht, die Klassen vor den Schulgebäuden sich aufstellen zu lassen, zumal sich das freie Hereinkommen jedes einzelnen Kindes in den Schulraum geradezu als Ordnungsform verwirklichen läßt.

Drei Beispiele mögen das illustrieren:

1. In dem Buch ›Schulanfang‹ von *Ilse Rother* findet sich folgende Beschreibung: »Wenn die Kinder morgens zur Schule kommen, ist es am natürlichsten, sie zwanglos in das Klassenzimmer hineingehen zu lassen. Der Lehrer ist als erster da und begrüßt sie einzeln. Es ergeben sich kleine Gespräche. Die Kinder haben Zeit, vor dem Unterricht in Ruhe ihre Sachen zu ordnen, sich etwas zu zeigen, ihre Blumen zu gießen. Das Aufhängen der Mäntel und Jacken regelt sich bald ganz von selbst.«

Im Anschluß daran aber schränkt Ilse Rother ein: »Diese natürliche Form, den Schultag zu beginnen, läßt sich allerdings nur durchführen, wenn sie für die ganze Schule gilt, wenn also auch die großen Kinder gewöhnt sind, still und ohne Hast in ihre Klassenräume zu gehen. Das Drängen, Schreien und Schieben von Schülermassen beeinträchtigt ein gesittetes Schulleben.« [13]

2. Eine vollkommen andere, aber in hohem Maße situationsgebundene Form des Schulanfangs sah in einer Klasse in Chicago so aus: Die Lehrerin kam frühzeitig in den Raum, unterhielt sich mit einigen Kindern, die ebenfalls schon früh da waren, und als die Zahl der Kinder, die nach und nach ankamen, größer wurde, setzte sie sich an ein Klavier, das in einer Ecke des Klassenraumes stand, und spielte Lieder, die den Kindern bekannt waren. Die Kinder kamen, stellten sich um das Klavier herum und sangen zu dem Spiel ihrer Lehrerin. Und jedes neu ankommende Kind legte

leise seine Mappe an seinen Platz und gesellte sich zu der singenden Schar. – Abgesehen von dieser besonderen Form des Schulanfangs dürfte nur selten in einer Schulklasse ein natürlicheres Singen möglich sein als in einer solchen unschulischen Situation; es läßt sich denken, daß diese Situation auch für das Einstudieren neuer Lieder ohne alle methodischen Manipulationen wie gegeben erscheint.

3. Sehr oft werden sich solche freien Formen des Schullebens nicht von selbst einstellen. Jedoch kann eine Erziehung dazu wie zu jeder Ordnungsform der Schule geleistet werden. *Ernst Meyer* beschreibt das aus seiner Praxis heraus in folgender Art: »An manchen Wochentagen haben die Kinder erst in der zweiten Stunde Unterricht. Ich selbst – so sagte ich ihnen – bin schon früher da und sitze im Klassenzimmer, um verschiedene Arbeiten zu verrichten. Ich darf dabei aber nicht gestört werden, denn ich muß alle meine Gedanken zusammennehmen, um bei meinen Arbeiten keinen Fehler zu machen … Nun dürft ihr aber trotzdem – wenn ihr morgens früher da seid – in das Klassenzimmer kommen und auch etwas arbeiten. Damit ihr niemand stört, öffnet ihr *so* die Tür (ich mache es vor), schließt sie ganz sachte (ich mache es vor), kommt auf den Zehenspitzen zu mir (ich zeige es), begrüßt mich durch Handschlag, sagt im Flüstern ›Guten Morgen‹ (ich mache es vor), geht auf den Platz, legt leise eure Arbeitsgeräte zurecht und beginnt mit eurer Arbeit.«[14]

Die Darstellung von Ernst Meyer wie auch die beiden andern machen deutlich, daß freie Formen, etwa auch des Schulanfangs, ebenfalls als Ordnungsformen angesehen werden müssen. Sie sind gar in einem höheren oder ursprünglicheren Sinne Ordnungsformen als das Aufstellen im Schulhof, weil sie nur über ein hohes Maß an selbstloser Einfügung und Rücksichtnahme erreicht werden. Von Erwachsenen wird eine solche freie Einfügung oft wie selbstverständlich vollzogen. Das kann man eindrucksvoll erleben, wenn einige hundert Menschen vor dem Beginn einer Aufführung in einem Lichtspieltheater zu ihren Plätzen finden oder wenn besonders in angelsächsischen Ländern die Wartenden sich ohne besondere Aufforderung in einer Reihe an einer Bushaltestelle ordnen. Hier zeigt sich, daß Ordnungsformen das soziale Zusammenleben durch das Einfügen und Einordnen des einzelnen Menschen regeln und ermöglichen.

Für Kinder muß eine Erziehung zur Fähigkeit der Einordnung geleistet werden. Sie sind überfordert, wenn sie untätig zum Beispiel auf den Beginn des Unterrichts warten sollen. Am ehesten läßt sich das gesittete Erfüllen freier Ordnungsformen am Beginn eines Schultages oder am Anfang des Unterrichts erreichen, wenn es gelingt, die Kinder in bestimmte Aufgaben zu fügen, sobald sie den Schulraum betreten haben. Schon das Gießen der Blumen ist eine solche Aufgabe für einzelne Kinder, ebenso das gemeinsame Singen, aber auch die eigenständige Arbeit, die vielleicht durch Arbeitsmittel oder Bücher, die für alle zugänglich sind, provoziert wird.

Darin muß man überhaupt das Geheimnis der Überwindung vieler vermeintlicher Disziplinschwierigkeiten in der Schule sehen, daß die Kinder in Aufgaben gefügt werden, die sie zu erfüllen vermögen, und daß in ihnen ein Aufgabenbewußtsein aufkommt, über das sie von sich aus Aufgaben vernehmen und ihnen zustreben. Denn nicht so sehr diszipliniert das Kind sich selbst, als daß es durch Aufgaben diszipliniert wird.

Man braucht sich daraufhin nur noch einmal in die Situation zu versetzen, die in unserer Beschreibung festgehalten ist: *Die Kinder singen, während sie ihre Plätze verlassen und in die Kreisaufstellung gehen.*

Wie undiszipliniert sind manche Klassen doch, wenn die gewohnte Sitzordnung einmal aufgelöst und in eine andere Ordnung überführt wird. Oft muß der Lehrer durch erhöhten Stimmaufwand und durch unnatürliche Strenge dabei für Ruhe sorgen. Singen die Kinder aber, wie es in der beschriebenen Klasse der Fall ist, so kommen sie überhaupt nicht auf den Gedanken, zu schwätzen, sich gegenseitig zu puffen, zu rennen und Unsinn zu treiben, weil sie eben mit Singen beschäftigt sind, weil das Singen in diesem Augenblick die Aufgabe ist, der sie sich fügen. (Hier könnte man einwenden, daß das Singen mißbraucht und um seine Eigengesetzlichkeit gebracht wird, wenn die Kinder singend in eine Kreisaufstellung gehen. Dem läßt sich aber entgegenhalten, daß es eine Unmöglichkeit ist, die Kinder, so wie sie in einem Raum hintereinander sitzen, angeordnet wie die Fahrgäste in einem Omnibus, beispielsweise das Lied »Laßt doch der Jugend ihren Lauf« singen zu lassen. Allein in der Bewegung, die unter anderem auch auf eine Kreisanordnung gerichtet sein kann, findet ein solches Lied doch in das Medium, das ihm zukommt und aus dem heraus es lebt.)

Zweifellos ist der »didaktische Kniff«, eine Klasse singend in die Kreisaufstellung kommen zu lassen, auch als Ordnungsform aufzufassen. Und einleuchtend dürfte auch sein, daß die Kinder nicht auf Anhieb in eine solche Ordnungsform gelangen können. Sie müssen sich gewissermaßen hineinleben in der Art, daß es »alle Tage ihre Gewohnheit« ist, wie Pestalozzi das formuliert hat. Auch *das Aus-*

packen der Sachen und das Ausbreiten der Hausaufgaben muß in diesem Zusammenhang gesehen werden. So geschieht das eben an jedem Schultag. Gerade darum kann aber auch die Gefahr aufkommen, daß eine solche Ordnungsform nicht mehr sinnerfüllt ist, daß sie zur Schablone erstarrt. Deshalb darf man ein Beispiel wie das des Singens bei der Kreisaufstellung nicht verallgemeinern wollen. Es ist letztlich situationsgebunden und gilt darum in der beschriebenen Klasse. Viel mehr als ein Hinweis oder ein Beispiel kann es für den Lehrer einer anderen Klasse, der in anderen Situationen steht, nicht sein.

Andere Ordnungsformen dagegen lassen sich ohne weiteres übertragen:
- die übersichtliche Anordnung des Tafelbildes durch den Lehrer, über die das Unterrichten erleichtert wird;
- die rechte Haltung des Kindes beim Schreiben, über die das Schriftbild ausgewogen wird;
- das Numerieren der Fehler in Diktaten, über das die Verbesserung ordentlich gestaltet werden kann;
- das Beziffern der Seiten eines neugekauften Heftes, über das die sorgfältige Arbeit gefordert wird, weil die fortlaufende Bezifferung eine Sperre dafür ist, ein unsauberes Blatt aus dem Heft zu reißen;
- die sachgerechte Anordnung der Rechenaufgabe vom Schreiben des Textes über den Lösungsweg bis hin zur deutlichen Heraushebung des Ergebnisses usf.

Allzuleicht werden solche »Alltäglichkeiten« in einer Schule mißachtet, die sich im Zustande permanenter Reform befindet. Wir sollten aber gerade dahin finden, daß wir die Bedeutung der kleinen und unscheinbaren Alltäglichkeiten im Leben der Schule für eine Erleichterung und eine Intensivierung des unterrichtlichen Tuns bedenken und würdigen, zumal auch in ihnen Erziehung geschieht.

HORST-EBERHARD RICHTER

Der Sündenbock

Vorgeschichte: Lars ist Einzelkind. In der näheren Familie sind keine Erbleiden bekannt.

Lars' *Mutter* ist eine gefühlvolle, aber verhärmte Frau, die seit Jahren an einem »nervösen Magenleiden« laboriert. Nach ihrer eigenen Darstellung zermürbt sie sich in dem Bemühen, den nach siebenjähriger Ehe geborenen Jungen gegen dauernde, ungerechtfertigte Vorwürfe ihres Mannes zu schützen.

Der *Vater*, ein hagerer, gallenkranker Kriminalbeamter, ist die für Lars' Rollenbestimmung in erster Linie maßgebliche Figur in der Familie. Er ist bei einer harten, unduldsamen Mutter aufgewachsen, bei der es ihn besonders kränkte, daß sie ihn nicht selten an den Vater »verriet«, wenn er sich etwas hatte zuschulden kommen lassen. »Ich wurde noch so richtig autoritär erzogen! Prügel gab es genug! Taschengeld kannte ich überhaupt nicht, aber das ist ja wohl auch nur so eine moderne Erfindung!« Er wurde überhaupt sehr karg gehalten. Als er später eine handwerkliche Ausbildung bekam, mußte er seinen Gesellenlohn bis auf den letzten Pfennig zu Hause abliefern. Allerdings versteckte er öfter sein Geld in Schlupfwinkeln, »sonst hätte mir die Mutter ja doch alles abgenommen«.

So fand er doch hin und wieder eine List, um sich sein hartes Los etwas zu erleichtern. Er berichtet auch, wie es ihm mitunter durch Schmeicheln gelang, den Vater gnädig zu stimmen, wenn die Mutter sich bei diesem über ihn beklagt hatte. Er habe schon allerhand Streiche verübt – welche? Das wollte er außer dem Eingeständnis des heimlich beiseite gelegten Gesellenlohnes nie recht verraten. Dafür haben wir durch seine Frau und seinen Sohn erfahren, daß er noch heute, als knapp 50jähriger, insgeheim aus der Speisekammer nascht, obwohl die Familie in guten Verhältnissen lebt. Es ist nicht zu bezweifeln, daß dieser Naschzwang, der ja auf der gleichen Linie wie das Geld-Verheimlichen liegt, ebenfalls ein Relikt aus der Kindheit ist.

Bezeichnend ist es aber nun für Herrn U., daß er der eingestandenen harten und stark einschränkenden Erziehung, die ihm zuteil geworden ist, heute begeistert Loblieder singt. Der Verfall der heutigen Jugend sei nur eine Folge zu lascher Erziehung. Gegenwärtig würden die Kinder viel zu sehr verwöhnt, da dürfe man sich nicht wundern, wenn keiner mehr etwas leisten wolle und die Jugendkriminalität laufend ansteige. – Man sieht hier bereits den klaffenden Widerspruch zwischen der Ideologiebildung und seinen verhüllten Wünschen: Obwohl ihm die Frustration seitens seiner Eltern offenbar so unerträglich war, daß er zu seinen Listen und Heimlichkeiten Zuflucht nehmen mußte, die er selbst heute noch nicht überwunden hat, so verherrlicht er nichtsdestoweniger eben diese drakonisch autoritäre Erziehungsmethode. *Er konfrontiert sich also nur mit dem Aspekt seines Selbst-Bildes, welcher dem von den Eltern übernommenen strengen Ich-Ideal bzw. Über-Ich entspricht.* Dafür *verleugnet er den anderen Aspekt* seines »Selbst-Bildes«, nämlich *seine ne-*

gative Identität. Wie er sich mit dieser indessen auseinandersetzt, wird sich in der Beziehung zu seinem Sohn späterhin zeigen.

Nach einer handwerklichen Ausbildung gelangte er später in den Polizeidienst, wo er dank seiner Intelligenz und seines Eifers gut vorankam. Allerdings ist er bei Mitarbeitern und Untergebenen gefürchtet, weil er auf die harmlosesten Verstöße gegen Korrektheit und Gerechtigkeit gleich überempfindlich mit großer Schärfe reagiert. Er ist grundsätzlich der Meinung, daß es den jüngeren Beamten heute an der rechten Pflichtauffassung fehle. Alle wollten nur das Nötigste tun, keine Minute über die Dienstzeit hinaus arbeiten. – Er hat offenbar, wie es auch seine Frau darstellt, großes Geschick darin, irgendwelche Unterlassungen bei seinen Kollegen aufzuspüren und selbst Bagatellversäumnisse zu großen Affären aufzubauschen.

Frau U. erging es in ihrer Ehe nicht sehr viel besser als den Mitarbeitern ihres Mannes im Betrieb. Er bewies einen ausgeprägten Hang zur Eifersucht und zu kleinlicher Nörgelei, wenn sie ihm nicht alles recht machte. Ganz schlimm wurde es damit aber, als Lars geboren war und ihr Mann sie in zunehmendem Maße kritisierte, weil sie den Jungen angeblich zu sehr verhätschele und ihm alles zu leicht mache. Sie werde aus Lars noch ein »Muttersöhnchen« machen. Und er wisse aus seinem Justizdienst, daß die meisten Verbrecher als Kinder auch »Muttersöhnchen« gewesen seien.

Als Lars knapp drei Jahre alt war, stellte der Vater bereits kleine Verhöre mit ihm an: »Wenn man nicht jeden Versuch zu lügen und zu betrügen von vornherein im Keime erstickt, ist es künftig zu spät.« Nach der Einschulung wurden die Vernehmungen noch pedantischer. Der Junge war z. B. zehn Minuten zu spät aus der Schule gekommen. Der Vater fragte: »Wann war die Schule zu Ende?« »Bist du gleich danach weggegangen?« »Bist du unterwegs nicht länger stehengeblieben?« »Genau, wie lange?« »Ich gebe dir jetzt noch einen Augenblick Bedenkzeit, aber versuche nicht, mich zu täuschen!« usw. Ähnliche Szenen wiederholten sich fast täglich. Es konnte nicht ausbleiben, daß der Vater den Jungen bei kleinen Unwahrheiten ertappte. Darauf erfolgte nicht selten die Warnung: »So wie du haben alle großen Verbrecher einmal angefangen!«

Es empörte ihn, daß seine Frau Lars oft in Schutz nahm und ihm vorwarf, er jage dem Sohn mit seiner Staatsanwalt-Manier zu viel Angst ein. So dürfe er sich nicht wundern, wenn der Junge ihm einmal etwas verheimlichen wolle, was ihm peinlich sei. – Herr U. drückte seine Genugtuung aus, wenn er seiner Frau gelegentlich beweisen konnte, daß Lars tatsächlich einen Lapsus begangen hatte.

Sie mußte übrigens immer als »Zeugin« bei seinen »Verhören« anwesend sein.

In der Schule erkundigte sich der Vater in kürzeren Abständen genauestens über Leistungen und Verhalten des Sohnes. In den ersten Jahren ergab sich dabei kein nennenswerter Anlaß für Beanstandungen. Aber allmählich ließen Lars' Leistungen nach. Und es kam auch vor, daß er sich von stärkeren Jungen zu irgendwelchen Streichen verführen ließ, bei denen er prompt ertappt wurde. Besonders wurmte es den Vater, daß Lars engen Anschluß an einen um mehrere Jahre älteren Hilfsschüler suchte, der ihn freundlich und rücksichtsvoll behandelte und der bei Auseinandersetzungen mit den anderen treu zu ihm hielt. »Immer geht er dahin, wo man ihn schlecht beeinflußt«, rügte Herr U. – Lars' nachlassende Leistungsbereitschaft, die zu schlechten Zeugnissen führte, bewog den Vater, den Jungen in unserer Beratungsstelle vorzustellen. Er hatte seiner Frau den Wunsch abgeschlagen, ihn und den Jungen hierher zu begleiten. Als Begründung gab er an, sie würde dem Arzt doch nur ein »schiefes Bild« geben und Lars' Fehler bestimmt zu sehr verharmlosen.

In unserem Sprechzimmer zog Herr U. ein Blatt aus der Aktentasche, auf dem er Punkt für Punkt seine Beschwerden über den Sohn aufgeführt hatte – eine Mode, die er auch bei der späteren Betreuung beibehielt. Seine Klagen über Lars ergänzte er durch ein Register von Vorwürfen über seine Frau, die an allem schuld sei. Sie sei zu nachgiebig. Sie mache Lars alles zu leicht. Sie halte weniger zu ihm, ihrem Mann, als zu dem Jungen. So sei es für ihn nicht verwunderlich, wenn es mit Lars »laufend bergab« gehe. Er habe aus seiner Tätigkeit im Polizeidienst genügend Erfahrung, um zu wissen, was aus solchen Ansätzen, wie sie der Junge zeige, »noch alles« werden könne.

Die *Befunde* und *Beobachtungen* im August 1954 lauteten:

Körperlich: Großer, kräftiger Junge von athletischer Konstitution in gutem Ernährungszustand. Die organische Durchsuchung ergibt keine pathologischen Auffälligkeiten.

Psychisch: Bei überdurchschnittlicher Intelligenz (Raven-Test Gr. II) fallen seine ängstliche Unruhe und seine Fahrigkeit bei der Bearbeitung von Test-Aufgaben auf: Nach Lösungsversuchen blickt er jedesmal erst furchtsam gespannt den Untersucher an und sucht Bestätigung. Während des gesamten Untersuchungsgesprächs behält er ein kontaktsuchendes Lächeln bei und zeigt eine eilfertige Gefügigkeit. Er ist krampfhaft bemüht, einen guten Eindruck zu machen, und lockert sich erst allmählich in seiner Haltung erleichtert auf, als er merkt, daß mit ihm nichts Schlimmes geschieht.

Interessant sind nun einzelne Angaben zu den Bildern des »Thematic Apperception Test« von Murray:

Tafel 6 BM (etwas ältere Frau hat einem großen jungen Mann den Rücken zugewendet; letzterer blickt mit verwirrtem Ausdruck nach unten): »Ein junger Mann hat eine *Straftat* begangen, einen *Diebstahl*. Seine Mutter ist entsetzt darüber. Er bereut es ein bißchen.«

Tafel 14 (Silhouette eines Mannes – oder einer Frau – gegen helles Fenster, Rest des Bildes ist dunkel): »Ein Mensch, der *Selbstmord* begehen will, will aus dem Fenster springen.«

Tafel 20 (schwach beleuchtete Gestalt eines Mannes oder einer Frau – in nächtlichem Dunkel gegen einen Laternenpfahl gelehnt): »Bei Schneefall an einer Laterne, an einem alten Haus. Da ist ein *Detektiv*, der beobachtet das Haus. Ein *Geldfälscher* wird gesucht.«

Auch bei anderen Gelegenheiten tauchen noch mehrfach Phantasien von Diebstählen und Bestrafung auf. Ebenfalls finden sich weitere Anhaltspunkte für depressive Vorstellungen, entsprechend dem Selbstmord-Einfall zu Tafel 14 im TAT. Bezeichnend erscheint übrigens die Verwendung des in der Umgangssprache kaum gebräuchlichen Wortes »Straftat«, das zweifellos der Polizisten-Terminologie des Vaters entlehnt ist. – Es erscheint immerhin bemerkenswert, daß die Phantasien des Jungen wichtige Züge des Bildes reproduzieren, das der Vater von ihm entworfen – bzw. auf ihn projiziert hat. Er sieht sich also selber bereits – wie er es ja auch immer nur vom Vater hört – als *potentiellen Straftäter*.

Beim freien Zeichnen stellt er mit matter, zaghafter Strichführung auf zwei Blättern verschiedene Fahrräder und Motorräder dar. Er bemerkt dazu, daß ihm der Vater seit zwei Jahren ein Fahrrad versprochen habe, das er sich brennend wünsche. Zur Strafe habe der Vater aber den Kauf immer wieder hinausgeschoben.

Bei den nächstfolgenden Vorstellungen wirkt er freier und etwas selbstsicherer. Er fühlt sich offenbar dadurch ermutigt, daß er hier nicht kritisiert wird und daß er nicht fürchten muß, der Arzt werde gleich in die Front des Vaters gegen ihn einschwenken. Er berichtet nun einiges über die häusliche Situation, wobei er immer hilflos mit den Schultern zuckt, so etwa: »Da kann man ja doch nichts machen!« Es stellt sich noch heraus, daß der Vater ihn häufig schlägt, daß Lars laufend Stubenarreste bekommt und im übrigen vom Vater auf Schritt und Tritt kontrolliert wird. Er gesteht spontan ein, daß er gelegentlich in der Speisekammer nasche. Das tue der Vater aber auch (das wird später von der Mutter bestätigt). Interessanterweise hatte der Vater dieses Symptom des Jungen – es ist zu verstehen, warum – unerwähnt gelassen.

Diagnose: Neurose mit depressiven Zügen und Lernstörung.

Verlauf: Die Familie wurde über sieben Jahre beobachtet. Die Aufnahme einer Betreuung erwies sich wegen der starken Spannung zwischen den Eltern als besonders schwierig. Obwohl die Mutter vor Besuchen bei uns von ihrem Manne genaue Weisungen bekam, was sie berichten solle, enthüllte sie ungeniert ihre Gefühle und Auffassungen. Es wurde aus ihren Mitteilungen deutlich, daß ihr Mann ihren Umgang mit dem Jungen ständig mit eifersüchtigem Mißtrauen verfolgte. In seiner Gegenwart durfte sie nicht herzlich zu Lars sein, weil sie sonst prompt dafür gerügt wurde. Versuchte sie, den Jungen zu rechtfertigen, brauste er auf. Sie solle den Jungen erziehen und nicht seinen Rechtsanwalt spielen. Uns erklärte sie: »Mein Mann will immer, daß ich ihm recht gebe, daß der Junge schlecht ist. Dabei hat der Junge doch noch gar nichts Schlechtes getan!« »Ich bin schon ganz am Ende, völlig hoffnungslos. Mein Mann sieht in allen Menschen nur das Negative. Für ihn sind wir alle Schwindler oder Betrüger. Wie soll man das aushalten!« – Entrüstet war Herr U., als wir eines Tages seine Frau und Lars brieflich einbestellten: Er könne doch wohl erwarten, daß der Arzt sich zuerst an ihn statt an seine Frau wende. Immer wieder argwöhnte er, seine Frau wolle ihn beim Arzt überspielen, sie sei ja doch nur daran interessiert, Lars' Fehler zu vertuschen. Aber er werde schon dafür sorgen, daß alles ans Licht komme.

Wir rieten zunächst, den Jungen wegen seines Leistungsrückstandes vom Gymnasium auf den technischen Zweig einer Oberschule umzuschulen, da seine durch die affektive Störung bedingte Lernhemmung keine schnelle Besserung erwarten ließ und seine Schulsituation prekär geworden war.

Regelmäßige Einzelaussprachen mit beiden Eltern führten ganz allmählich zu einer leichten Beruhigung der häuslichen Atmosphäre. – Der Vater kam zwar jedesmal erneut mit regelrechten »Anklageschriften«, in denen Lars' Fehlverhalten und zugleich die angeblich falschen Maßnahmen seiner Frau angeprangert wurden. Er schimpfte, warb aber ebenso deutlich um Verständnis für sich selbst. Was ihn letztlich davon abhielt, den Kontakt zu uns abzubrechen, waren ohne Zweifel seine schweren unbewußten Schuldgefühle. Wenn er sich auch nicht im mindesten darüber klar war, so kam er doch eigentlich weniger des Jungen als seiner selbst wegen zu uns. Denn im Grunde war es doch *sein* Problem, daß er *sich selbst* nicht ertragen konnte. Der Junge repräsentierte doch nur seine eigene unbewußte »negative Identität«, mit der er nicht fertigzuwerden vermochte. Er wünschte, daß wir seine Sorgen um den Jungen ernst nehmen sollten. Denn anderenfalls hätte er ja seine Projektion auf sich zurücknehmen müssen und damit seinen persönlichen Konflikt unerträglich verschärft. Zugleich wünschte er aber auch infolge seiner Teil-Identifikation mit Lars, daß dem Jungen geholfen werde, so wie ihm selbst geholfen werden sollte.

Frau U. gelangte zweifellos schon dadurch zu einer gewissen Entlastung, daß sie für ihre schwere Situation Verständnis fand und in ihrer Tendenz bestärkt wurde, den Jungen kompensatorisch für die beständigen väterlichen Kränkungen zu bestätigen. Außerdem rieten wir ihr, ihren Mann mit weniger provokatorischen Mitteln zu einer Milderung seiner Härte zu bewegen. Sie sah ein, daß sie durch kränkende Herausforderungen das Verhältnis des Vaters zum Sohn nur noch schlimmer machen würde. Im übrigen versuchten wir, die sehr verständige Frau mit einer Aufklärung über die neurotische Motivation ihres Mannes zu stützen. In der Tat gewannen wir den Eindruck, daß sie allmählich weniger »mitagierte«, d. h. die Ausbrüche ihres Mannes mit mehr Besonnenheit ertragen und damit zugleich seine Reizbarkeit dämpfen konnte.

Bei der Schwere der neurotischen Charakterstörung des Vaters ließ sich, zumal ohne eigentliche Behandlung, natürlich nur eine sehr oberflächliche Besserung der häuslichen Situation bewirken, und es war von vornherein zu erwarten, daß konfliktspezifische traumatische Ereignisse wieder zu verschärften Spannungen führen würden.

Immerhin hob sich Lars' Leistungsbereitschaft in der Schule, zumal er den reduzierten Anforderungen des neuen Schulzweiges besser gewachsen war. Und er hielt die folgenden Schuljahre bis zum Abschluß mit ansprechenden Leistungen durch. Zweimal erntete er jedoch noch monatelange häusliche Repressalien, nachdem er gerade mit listigen Täuschungen versucht hatte, väterliche Strafgerichte zu umgehen. Einmal hatte er dem Lehrer die häusliche Telefonnummer unrichtig angegeben. Das andere Mal hatte er einem Polizisten auf der Straße eine falsche Adresse gesagt, als er auf dem Fahrrad wegen Nichtbeachtung einer Verkehrsregel angehalten worden war. In beiden Fällen erfuhr der Vater die Missetaten Lars'. Nach dem letzten Vorfall sprach er ein halbes Jahr mit dem Jungen kein Wort. Als seine Frau ihn nach einiger Zeit bedrängte, er solle doch einlenken, redete er vorübergehend auch mit ihr nicht. Jetzt müsse sie doch endlich einsehen, was sie für einen »sauberen Sohn« habe. – Monatelanger Taschengeld-Entzug, Vorenthaltung versprochener Geschenke, weitere Stubenarreste gehörten zu den vom Vater durchgesetzten Sanktionen, welche die Mutter unter vielen Schwierigkeiten leidlich kompensieren mußte.

Trotz aller Rückschläge nahm Lars' Stabilisierung allmählich zu. Die angedeuteten Verwahrlosungsansätze kamen in den letzten Jahren nicht weiter zum Durchbruch. Auch die Neigung zu passiver Resignation und zu subdepressiven Verstimmungen trat zurück. Er ist aktiver und entschlossener geworden. Obwohl er nach der Schule unbedingt Ingenieur werden wollte, steckte ihn der Vater in eine kaufmännische Lehre. Es spricht nun für Lars' gewachsene Festigkeit und Selbstsicherheit, daß er diese Lehre durchhielt und erfolgreich abschloß, anschließend jedoch durchsetzte, daß er doch noch eine Ingenieur-Ausbildung bekam.

Eindrucksvoll ist es, wie der Vater Lars' Fortschritte verleugnet und noch immer nach Beweisen dafür sucht, daß es mit dem Sohn schlimm stehe. Obwohl Lars' Zeugnisse auf der Fachschule recht erfreulich sind, gibt sich der Vater damit nicht zufrieden. Er stöbert heimlich in den Sachen des immerhin 19jährigen Sohnes herum, bis er einmal in einem Heft eine Fünf entdeckt. Es beunruhigt ihn regelrecht, daß Lars' Arbeitseifer stark zugenommen hat, während er doch früher ausgesprochen leistungsunwillig gewesen war. Bei dem letzten Besuch in unserer Sprechstunde – nach insgesamt siebenjähriger Beobachtungsdauer – berichtet der Vater: »Der Junge arbeitet jetzt viel. Das muß ich ja sagen. Ob es aber echter Eifer ist, das möchte ich bezweifeln. Wahrscheinlich macht er es nur, um die Zeit totzuschlagen.« Diesen Zweifel wiederholt er später noch einmal. »Wissen Sie, Herr Doktor, ich sehe schwarz. Lars ist ein richtiger Blender!« Nun arbeitet der Junge also endlich fleißig – und erntet wieder nichts als Mißtrauen: Da muß doch irgend etwas anderes dahinterstecken, das kann doch nicht einfach Fleiß sein!

Auch seiner Frau gibt Herr U. noch immer keine Ruhe: »Lars meckert öfters über seinen Brotaufstrich, den meine Frau ihm gibt. Am besten wäre es, wenn sie ihm dafür mal einige Wochen morgens keinen Kakao mehr geben würde. Der Junge hat ohnehin schon zu viel überschüssige Kraft!« – Lars will sich neben dem Studium noch durch eine Nebenbeschäftigung Geld verdienen. Das läßt der Vater aber nicht zu: »Er braucht nicht noch Geld. Was er für Anschaffungen nötig hat, das bekommt er ja von mir.«

Man sieht: An den väterlichen Projektionen hat sich, abgesehen von einer Milderung der Strafpraktiken, in den sieben Jahren nicht viel verändert. Um so erfreulicher ist es, daß Lars jedenfalls weitgehend aus seiner Rolle herausgewachsen ist, so daß ihm jetzt ein aktiver Lebensaufbau zugetraut werden kann.

Zusammenfassung: Herr U. bietet einen ausgesprochen neurotischen Charakter. Er hatte eine Mutter, die ihn immer wieder dem Vater zu Strafgerichten auslieferte. Als Folge einer äußerst strengen, repressiven Erziehung verheimlichte er vor der Mutter sein Geld und verfiel auf einen noch heute ausgeprägten Naschzwang. Im Kontrast zu diesen pseudologischen Heimlichkeiten und oralen Triebdurchbrüchen, die er vor sich verleugnet, hat er nach dem Bilde der Eltern eine autoritäre Ideologie entwickelt und kämpft nun fanatisch für die Erziehungsgrundsätze, denen er seinen schweren neurotischen Konflikt verdankt. Um die Illusion eines positiven Selbst-Bildes aufrechterhalten zu können, das seiner triebfeindlichen Ideologie entspricht, externalisiert er den negativen Aspekt seines Selbst-Bildes durch Projektion und sieht folgerichtig um sich herum nur eine Welt von Lügnern und Räubern. Er entdeckt bei allen anderen Menschen kaum mehr andere Impulse als diejenigen, deren er selbst nicht Herr geworden ist bzw. an deren Integration er gescheitert ist.

Es kann nicht ausbleiben, daß seine Frau wie sein Sohn ebenfalls Opfer dieses Abwehrschemas werden. Dabei setzt die Eifersucht, mit der er seine Frau verfolgt, offenbar das Mißtrauen und die Erbitterung fort, die seine Mutter, die ihn ja immer wieder an den Vater verraten hatte, in ihm entzündet hatte. – Wie sehr es ihn dazu drängt, Lars zum »Sündenbock« zu machen, ergibt sich aus seinen Eingeständnissen, wonach er schon dem 3–4jährigen Kinde, das sich nichts weiter hat zuschulden kommen lassen, eine Verbrecherlaufbahn zutraut. Auch an diesem Beispiel zeigt sich wieder der unbewußte Verführungscharakter des elterlichen Verhaltens: Der Vater treibt den Jungen so in die Enge, daß diesem gar nichts anderes übrigbleibt, als sich bei Versäumnissen ertappen zu lassen, die der Vater dem Anschein nach verhüten will. Erst pflanzt Herr U. Lars ein Übermaß an Angst ein. Vor Angst muß der Junge schwindeln. Weil er aber schwindelt, liefert er dem Vater den erwünschten Vorwand zum Anklagen und Strafen.

Das väterliche Verhalten folgt also wieder dem für diese Rolle charakteristischen Schema: Er ist – unbewußt – ebensowohl der Anstifter und Verführer wie später der Häscher, der Staatsanwalt und der Strafvollzugsbeamte seines Sohnes in eigener Person. Erst wird Lars zum »Delinquenten« präpariert, dann wird er dafür verfolgt.

Bezeichnenderweise sind Lars' gelegentliche kleine Schwindeleien in jedem Falle dadurch motiviert, daß er vor dem Vater einen Lapsus verbergen will, um dessen sadistische Strafgerichte zu vermeiden. Dieser tut indessen nichts, um die Ängste des Sohnes zu mildern. Im Gegenteil: Mit seiner Technik der Dauerbestrafungen (jahrelang wird z. B. das versprochene Fahrrad zur Strafe vorenthalten) schüchtert er Lars nur noch mehr ein. Bezeichnend ist dabei, daß Herr U. speziell die Versagungen reproduziert, deren Opfer er früher selbst geworden war: Lars wird immer wieder über Monate das Taschengeld entzogen – so wie er selbst früher keines erhalten hatte. Und entsprechend seinen eigenen oralen Entbehrungen, die seinen Naschzwang erklären, soll Lars keine kostbare Nahrung (Kakao) bekommen. Als Signale dafür, daß Lars in große Gefahr gerät, der für ihn präparierten Rolle zu erliegen, sind sein Resignieren in der Schule, seine allgemeine Passivität, seine Verstimmungen, seine pseudologischen Züge und seine auffallenden Phantasien von »Straftaten« zu werten. Interessant ist noch, daß er mit dem Naschen ein manifestes Symptom des Vaters übernimmt.

Während der Vater seine Sündenbock-Projektion auf Lars während unserer siebenjährigen Beobachtung kaum reduziert hat, ist es dem Jungen doch geglückt, sich gegen die Rollenvorschrift des Vaters zunehmend abzuschirmen. Das verdankt er sicherlich einerseits dem kompensatorischen Einfluß der sehr vernünftigen und einsichtigen Mutter, aber auch der Stützung, die er durch unsere Betreuung erfuhr. Wenn sein innerer Halt auch noch immer nicht sehr groß ist, so sind echte Fortschritte in seiner psychosozialen Entwicklung doch unverkennbar. Das Erlöschen seiner ersten Verwahrlosungsansätze und die erfolgreiche Schul- und Berufsausbildung sind ein Erfolg – den alle außer dem Vater wahrnehmen. Wenn dieser sich auch noch heute an die Fiktion hält, der Junge arbeite doch nur aus unechten Motiven, seine Fortschritte seien nur Blendwerk, es werde am Ende mit ihm doch schiefgehen – so muß er deshalb so »schwarz sehen«, weil er es nicht ertragen würde, wenn ihm Lars den negativen Aspekt des eigenen Selbst-Bildes nicht mehr abnähme. Die Angst, daß er seine »linke Seite« selber tragen müßte, anstatt sie wie bisher auf den Sündenbock-Sohn projizieren zu können, zwingt ihn zu dieser fast tragisch anmutenden Verfälschung der Realität der positiven Entwicklung des Sohnes.

JÜRGEN HENNINGSEN

Peter stört

Die folgenden Ausführungen zeigen in der Analyse einer konkreten pädagogischen Situation *Ansätze und Möglichkeiten erziehungswissenschaftlicher Reflexion*. Die Situation ist konstruiert, also fiktiv. Über die methodologische Seite des Vorgehens, das in wesentlichen Punkten einem Buch *Robert L. Brackenburys*[1] folgt, wird weiter unten noch einiges zu sagen sein.

Die Situation

Dienstagmorgen, dritte Unterrichtsstunde. Die Mädchen und Jungen des fünften Schuljahres, auf Drehstühlen an Vierertischen sitzend, haben den ›Kalif Storch‹ vor sich. Ein Mädchen liest: »... ›Ich wette meinen Bart, gnädigster Herr‹, sagte der Großwesir, ›diese zwei Langfüßler führen jetzt ein schönes Gespräch miteinander. Wie wäre es, wenn wir Störche würden?‹ ›Wohl gesprochen!‹ antwortete der Kalif ...«

Die Lehrerin steht am Fenster, ihren Text, für die Klasse die erste Ganzschrift, in der Hand. Sie überblickt ihre achtunddreißig »Kunden« und registriert nebenbei, daß auf der Korkleiste ein paar neue Zeichnungen angehängt sind. »Der Dieter«, denkt sie, »sieht wieder mal aus, als habe er bis Mitternacht am Fernsehapparat gesessen; man müßte mit den Eltern sprechen ... Dein VW muß heute nachmittag zur Inspektion, nicht vergessen ... Schade, daß der Rolf nicht mehr in der Klasse ist ... Aber eigentlich hat sich der Verein seit Ostern ganz gut entwickelt ... Verstehe gar nicht, weshalb Fräulein B. sich neulich über die Disziplin in der Fünften beklagt hat ... Gerdas Lesen ist eine Katastrophe ...«

Ihr Blick bleibt an Peter Schneider hängen. Der Junge hat die Nase ins Buch gesteckt – aber reichlich tief. Er liest nicht, er malt. Und zwar mitten hinein ins Schuleigentum. Peter ist seit längerem schwierig. Ihr erster Gedanke »Der Junge ist wenigstens beschäftigt« weicht dem zweiten: »Da muß etwas getan werden.« In diesem Augenblick hat Peter sein Kunstwerk beendet, wippt auf seinem Stuhl nach hinten, stößt einen Jungen des Nebentisches an, hält sein Buch hoch. Mehrere Kinder werden aufmerksam. Unterdrücktes Lachen.

Vorentwürfe möglichen Handelns

Was könnte die Lehrerin tun? Was könnten wir tun, wenn wir dort am Fenster stünden, etwa drei Meter entfernt vom Unruheherd? »Peter!« wird der eine rufen – vielleicht mit einem, vielleicht mit zwei Ausrufezeichen –, in der Erwartung, der Junge werde, gelinde erschreckt, sich wieder in die Ordnung einfügen, so daß der Unterricht weitergehen kann. Ein anderer zieht möglicherweise das leisere, freundlich drohende Fragezeichen vor: »Peeeter?« Ein dritter gibt vielleicht einen Schuß Ironie, an sich ein Medikament aus dem pädagogischen Giftschrank, hinzu: »Herr Schneider!?«

Ein vierter bringt durch Zeichen oder leisen Zuruf die gerade lesende Gerda zum Schweigen, zieht so den Störenfrieden die schützende Geräuschkulisse weg und wartet, bis diese plötzlich ihrer Exponiertheit innewerden, worauf das Lachen, diesmal offen, auf die Klasse übergeht, die – dies Spielchen durchschauend – mit gewartet hat.

Ein anderer unterbricht das Lesen, lenkt durch eine Bewegung alle auf den Unruheherd und fragt mit der berühmten pädagogischen Pseudo-Unschuldsmiene: »Na, Freunde, dürfen wir nicht auch mitlachen? Zeig doch mal her!« Vielleicht spart auch einer seinen Humor für die Netten und faßt den Peter gleich strenger an: »Komm doch mal nach vorn, Peter. Mit deinem Buch. Na, wird's bald! Darfst du dein Buch beschmieren?!«

Klatschende Ohrfeige, obwohl verboten, oder Strafarbeit, genannt Übungsarbeit (»Weshalb ich nicht ...«, sechs Seiten).

Einer läßt sich vielleicht zu einer Stunde über den Sinn von Ordnung und Eigentum provozieren. Möglicherweise setzt jemand sein Sphinx-Gesicht auf und verkündet betont unbetont: »Peter, du bleibst nach der Stunde drin; wir haben etwas zu besprechen« – womit selbstverständlich für die Klasse das Schicksal Peters interessanter wird als das des Kalif Storch. Wohl die schärfste Reaktion wäre, den Störenfried aus dem Sozialverband auszustoßen, indem man, ihn dezidiert übersehend, im Ton leichten »Angeödetseins« an die Mitläufer die rhetorische Frage richtet: »Ihr kennt doch Peter Schneider. Findet ihr seine dauernden Dummheiten wirklich so witzig?«

Erschließung der Situation durch Gesichtspunkte

Alle diese Lösungen – und natürlich noch andere – sind denkbar. So, wie wir sie hier entwickelt haben, ist allen eines gemeinsam: Sie sind möglich. Aber bei allen hieß es: »vielleicht«, »möglicherweise«, »wahrscheinlich«, »wohl«. Wir können nicht mit Bestimmtheit prognostizieren, wie ein Lehrer oder wie wir selbst in jener Situation tatsächlich handeln würden: Das käme ganz auf die Umstände an, würde wohl jeder von uns sagen (es sei denn, er hätte ein »erprobtes System« und wäre auf bestimmte Tricks eingeschworen). Die Situation gewährt einen gewissen Spielraum möglicher Entscheidungen. Das pädagogische Handeln ist zwar an die Situation gebunden, aber es ist nicht völlig durch sie determiniert. Es wäre deshalb auch dann nicht prognostizierbar, wenn wir die Situation noch genauer kennten.[2]

Mit diesem abstrakten »zwar – aber« brauchen wir uns jedoch nicht zufriedenzugeben. Wir werden ja noch die einleitend skizzierte Situation fortzusetzen haben. Um sie interpretieren und verstehen zu können, ja schon um sie überhaupt erst traktabel, d. h. zu einem Gegenstand machen zu können, brauchen wir Gesichtspunkte. Wir tragen solche Gesichtspunkte an die Situation heran und lesen sie doch auch aus ihr ab – ein eigenartiges Wechselverhältnis: der berühmte hermeneutische Zirkel, in den wir durch unser Darübersprechen hineingelangen.[3] Wir fragen, was denn eigentlich an Problematik und Sachgehalt in unserer Situation darinsteckt. Worum geht es? Auf diese Frage sind verschiedene Antworten möglich.

1. Einmal geht es natürlich um das »Schuleigentum«: um das Buch selbst und um die Einsicht, daß einer mit Dingen, die ihm nicht gehören, nicht machen kann, was er will.

2. Dazu kommt zweitens, daß wir gewohnt sind, in der Beschädigung eines Buches mehr zu sehen als in der Zertrümmerung einer Fensterscheibe: Am Buch »klebt« so etwas wie ein höherer Wert, es ist ein Kultursymbol – deshalb ist ja Bücherverbrennung nicht in erster Linie ein Eigentumsdelikt, sondern eine zeremonielle Handlung. Wenn die Volksschule ihren Kindern nicht wenigstens eine Ahnung um diese Dinge vermitteln kann, dürfte auch der sonstige Aufwand von neun Jahren Einführung in die Kultur vergebens gewesen sein.

3. Es geht in der betrachteten Situation aber auch darum, daß die Klasse nicht lernt, was sie jetzt gerade lernen soll: Weder Gerdas Lesefertigkeit noch die Geschichte vom Kalif Storch profitieren von

Peters Störung. Dies könnte als Gesichtspunkt der »Leistung« bezeichnet werden.

4. Selbstverständlich – und für viele Lehrer dürfte dies das Wichtigste sein – geht es um die »Disziplin«, um das Klima in der Klasse. Gerade unscheinbare Anlässe unterminieren auf die Dauer jede Ordnung: Principiis obsta – wehre den Anfängen!

5. Damit verknüpft ist der fünfte Gesichtspunkt: Es geht ja um die Autorität der Lehrerin. Gerade in Situationen wie der skizzierten achtet die Klasse sehr genau darauf, was sie für ein »Gesicht« macht, wie sie reagiert und wie das Miniaturduell zwischen ihr und Peter ausläuft.

6. Und letztlich – auch dies für viele von uns ein wichtiger, möglicherweise der wichtigste Gesichtspunkt – geht es um den Peter selbst. Nicht zufällig war in die Schilderung der Satz eingebaut: »Peter ist seit längerem schwierig.« Hier, wird mancher meinen, an Peters individuellen Schwierigkeiten, ist der Hebel anzusetzen. Weshalb ist der Junge schwierig? Gelingen Diagnose und Therapie, wäre das Übel an der Wurzel gefaßt.

Damit haben wir sechs Gesichtspunkte entwickelt,[4] von denen aus wir ein konkretes pädagogisches Handeln erkennen, deuten und bewerten können. Wir könnten zu jedem Punkt Spezialliteratur zusammenstellen und das jeweilige Problem isoliert betrachten. Wenden wir uns aber unserem konkreten Fall zu, so stellen wir fest, daß unsere sechs Gesichtspunkte eng miteinander zusammenhängen, ja daß einige eigentümlich miteinander verschränkt sind, so daß der Lehrer, auch wenn er wollte, gar nicht allen gleichzeitig und in gleichem Maße gerecht werden könnte. So wäre möglicherweise im Interesse der Klassendisziplin eine Bestrafung des Übeltäters vonnöten, im Interesse des einzelnen Schülers und angesichts seiner Schwierigkeiten aber Nachsicht und Duldung. Um der Leistung willen wäre es unter Umständen am ökonomischsten und somit vernünftigsten, den »Fall« möglichst klein zu halten, ihn schnell und ohne Aufhebens zu erledigen und wieder zur gewohnten Tagesordnung überzugehen. Andererseits verbietet aber die grundsätzliche Bedeutung des Bücherbeschmierens, die Angelegenheit als Lappalie anzusehen.

Aus der Art und Weise, wie ein Lehrer konkret handelt, können wir, indem wir dies Handeln im Blick auf unsere eben entwickelten Gesichtspunkte und vor dem Hintergrund unserer pädagogischen Erfahrung interpretieren (*erziehungswissenschaftliche Reflexion* ist in wesentlichem Umfang *Hermeneutik pädagogischen Handelns*), ermessen, was ihm wichtig ist und welche Rangordnung er jenen

Gesichtspunkten im Handeln zumißt. Nicht als ob nun der Lehrer, mitten in der Situation diese als solche erkennend und aus ihr »aussteigend«, mit sich zu Rate ginge, Überlegungen gegeneinander aufwöge und eine Entscheidung herbeiführte. »Wenn ich anfange zu überlegen, ist alles schon entschieden«, sagt Sartre⁵. Das Handeln ist aber nachträglich explizierbar, und in der hinterherkommenden Reflexion sind die Werte zu erkennen, die dieses Handeln, wie Sartre sagt, »wie Rebhühner aufscheucht«⁶.

Gegenstand erziehungswissenschaftlicher Reflexion in der hier vorausgesetzten Bedeutung *ist also ganz entschieden nicht Vorentwurf künftigen pädagogischen Handelns, sondern Hermeneutik einer pädagogischen Wirklichkeit, die im Augenblick des Darübersprechens immer schon vorgegeben ist.* Freilich ist ein Ziel solcher Reflexion – neben der Einsicht in Sachverhalte – immer auch *Ermöglichung* künftigen pädagogischen Handelns. Der Zusammenhang zwischen erziehungswissenschaftlicher Reflexion und pädagogischem Handeln ist jedoch so kompliziert, daß wir über die Wiederholung des längst landläufigen Gemeinplatzes hinaus, dieses sei nicht »Anwendung« von jenem, an dieser Stelle nicht weiter darauf eingehen können.

Wir wenden uns nach dieser Zwischenbetrachtung wieder unserer Situation zu. Wir stellen drei fiktive Fortsetzungen nebeneinander – drei Lösungen aus einer Vielzahl möglicher.

Fortsetzung I: Fräulein Werner

»Peter!« ruft Fräulein Werner. »Steh auf! Du verläßt sofort die Klasse. Du störst dauernd deine Gruppe, und jetzt hast du Schuleigentum ruiniert.«

»Ich ... ich hab nix verruiniert«, entgegnet Peter trotzig; »das Buch ist so viel hübscher.«

»Das reicht mir, Peter. Du weißt genau, was ich meine. Du weißt genau, daß du dein Buch nicht beschmieren darfst. Geh sofort zum Rektorzimmer und erkläre Herrn Richter, weshalb ich dich hingeschickt habe.«

Fräulein Werner wußte ziemlich genau, wie der Rektor den Jungen anfassen würde. Streng, aber stets fair, würde er zunächst dem Delinquenten die Notwendigkeit allgemeiner Gebote und die Notwendigkeit, sie zu befolgen, einsichtig zu machen suchen, und, wenn gute Gründe nicht verfangen sollten, auch »andere Saiten aufziehen« können.

Auf seine Weise wußte natürlich auch Peter, wie der Rektor vorzugehen pflegte. Irgendwie endete so was immer damit, daß gesagt wurde, er, Peter, hätte das, was er getan hatte, nicht tun dürfen. Vor diesem Urteilsspruch pflegte eine längere Zeremonie einherzugehen, die der Delinquent so weit wie möglich in die Länge zu ziehen moralisch berechtigt sein würde. (Wir sehen also, daß hier ein Mechanismus inszeniert wird, bei dem jeder Beteiligte eine ganz bestimmte, vorher festliegende Rolle zu spielen hat. Peter verhält sich dementsprechend.)

»Weshalb bist du hier, Peter?«

»Fräulein Werner hat mich hergeschickt.«

»Warum?«

»Sie meinte, ich habe die andern gestört.«

»Hast du das?«

»Ich glaube. Vielleicht.«

»Du ›glaubst‹ das? Du weißt das ganz genau, Peter. Nun sei kein Feigling. Es ist nie gut, mit der Wahrheit hinter dem Berge zu halten. Fräulein Werner hat dich aus einem ganz bestimmten Anlaß hergeschickt. Also heraus mit der Sprache!«

In dem folgenden Kreuzverhör holt Herr Richter die Details aus Peter heraus. Dann schaltet er von Staatsanwalt auf Erzieher um.

»Peter, du weißt, weshalb du das nicht tun durftest?«

»Weil ich die andern zum Lachen gebracht habe?«

»Nein. Du hast ein Buch beschmiert, das dir nicht gehört. Das tut man nicht.«

»Warum nicht?« setzt Peter das Scheingefecht fort.

»Was würdest du sagen, wenn Karl-Heinz dein Fahrrad leiht und es dir rot angemalt zurückgibt?«

»Das wäre gemein, aber was hat das mit dem Buch zu tun?«

»Deine Bücher sind geliehene Bücher. Du darfst sie ebensowenig anmalen wie Karl-Heinz dein Fahrrad.«

»Ich dachte, die Bücher gehören der Schule?«

»Richtig. Aber das heißt, daß sie vom Geld der Steuerzahler gekauft sind. Leute wie dein Vater und deine Mutter haben sie bezahlt. Wenn alle Kinder ihre Bücher ruinieren, müssen wir neue kaufen. Vom Geld der Steuerzahler! Deshalb müssen wir mit fremdem Eigentum sorgsam umgehen. Hast du das eingesehen, Peter?«

»Ja, Herr Richter.« [7]

Eine Zwischenüberlegung

Es dürfte wohl kaum einen Leser geben, in dem jetzt nicht sofort eine Hydra von Einwänden lebendig wird, vom hemdsärmeligen »So'n Quatsch!« über detaillierte Zweifel an diesem und jenem bis zum resignierten Kopfschütteln. Pädagogisches provoziert. Eine aus Abertausenden von erlittenen Frustrierungen gespeiste Aggressivität begehrt auf, sowie von disziplinarischen Maßnahmen die Rede ist.

Nicht, daß wir nun vom Erziehungswissenschaftler verlangten, er solle sine ira et studio, sozusagen »kühl bis ans Herz hinan« und gänzlich unengagiert, interpretieren. Verlangt wird lediglich, das eigene Engagement unter Kontrolle zu bringen und die eigenen Voreinstellungen *instrumental* zu benutzen, als hermeneutische Hilfe zum schärferen Sehen gewissermaßen, nicht aber sich blind von ihnen treiben zu lassen.[8] Solche Einstellung ist erlernbar. Wenn wir also im folgenden Studenten »auftreten« lassen, denen, nachdem sie hospitiert hätten,[9] Fräulein Werner Rede und Antwort stünde, so sei vorausgesetzt, diese hätten die rechte Einstellung gelernt.

(Der Fachmann erkennt natürlich sofort, aus welchem Grund wir Fräulein Werner Rechenschaft ablegen lassen über ihr Handeln: Pädagogisches Tun ist immer *verantwortliches* Tun und dadurch »in der Sprache«; es muß vertreten, verantwortet, gerechtfertigt werden, es ist ohne ein begleitendes »lógon didónai« nicht im Vollsinne »pädagogisches« Tun. Jeder Lehrer gibt fortgesetzt Rechenschaft über seine »Pädagogik«: den Eltern, den Kindern, den Kollegen, *sich selbst*.)

Gespräch über Fortsetzung 1 (Fräulein Werner)

»Halten Sie es für richtig, Fräulein Werner, daß Sie den Jungen zum Rektor geschickt haben?« fragt einer der Studenten. »Was versprachen Sie sich davon?« ergänzt ein zweiter.

»Es kam meines Erachtens auf zwei Dinge an«, beginnt Fräulein Werner. »Erstens sollte das Lesen der Klasse weitergehen. Dazu mußte die Störung so schnell und unauffällig wie möglich beseitigt werden – mit dem geringstmöglichen Aufwand. Zweitens muß Peter natürlich lernen, daß er Schulbücher nicht bemalen darf.«

»Unauffällig war das aber nicht«, gibt eine Studentin zu bedenken.

»Nun ja, Peter erhielt so eine Sonderrolle. Genau das wollte er freilich: beachtet werden. Aber ich glaube nicht, daß die anderen ihn um diesen Gang zum Rektor beneidet haben. Hätte ich selbst ihm die Leviten gelesen, wäre er der Star der Situation gewesen.«

»Glauben Sie, daß der Rektor ihm deutlich gemacht hat, daß er Schulbücher nicht bemalen darf?«

»Das hat er bestimmt.«

»Aber kam es denn darauf an? Das wußte der Junge doch auch schon vorher.«

»Der Verstoß«, ergänzt ein anderer, »bestand doch gerade darin, etwas zu tun, von dem jeder in der Klasse – einschließlich des Täters – wußte, daß es ›verboten‹ war.«

»Also müßte er bestraft und nicht belehrt werden«, setzt der erste Student fort.

»Vielleicht haben Sie recht«, antwortet Fräulein Werner, »aber erstens ist es für den Jungen durchaus eine Art Strafe, nämlich etwas Unangenehmes, allein zum Rektor gehen zu müssen, und zweitens – Sie sagen ganz richtig, daß etwas ›verboten‹ war – ist es doch ein Unterschied, ob ein Junge etwas tut, was ›verboten‹ ist, oder etwas, was sich nicht gehört, was ›man‹ einfach nicht tut – verstehen Sie, was ich meine? Natürlich sollte Peter nicht lernen, daß das Bücherbeschmieren ›verboten‹ ist – das wußte er auch schon vorher. Aber daß er gegen eine allgemein gültige, für unsere Gesellschaft grundlegende Ordnung verstoßen hat – das war ihm wahrscheinlich noch nicht ganz klar, darin hätte er also doch noch etwas zu ›lernen‹ gehabt.«

»Glauben Sie, daß der Junge das jetzt endgültig gelernt hat, das heißt, daß er in Zukunft weder Bücher bemalt noch Kerben in den Tisch schnitzt?«

»Pädagogik ist Danaidenarbeit«, lächelt Fräulein Werner.

Fortsetzung II: Fräulein Carstens

»Peter! Morgen ist doch der Tag der offenen Schultür!«

»Kann schon sein.«

»Nun mach mal einen Punkt! Morgen sitzt du da und stotterst herum, wenn die Eltern zuhören. Da willst du doch auch drankommen?«

»Die Geschichte von Kalif Storch ist doof.«

»Weißt du, wie sie weitergeht?«

»Nee.«

»Na also, du kennst sie ja noch gar nicht.«

»Ich hab keine Lust zum Lesen.«

»Heutzutage muß jeder lesen können. Dafür geht ihr in die Schule. Wer Quatsch macht, verschwendet seine Zeit. ›Time is money‹ – heißt?«

»Zeit ist Geld.«

»Na siehst du! Dein Englisch hast du ja gelernt. Solange man hier in der Schule sitzt, soll man alles lernen, was man mitkriegen kann. Das ist vernünftig. Hier kostet es kein Geld – später muß man alles bezahlen.«

»Einmal nicht aufpassen ist doch nicht so wild.«

»Natürlich nicht, Peter. Aber du bist ja nicht der einzige, dessen Zeit eben verschwendet wurde. Für dich sind's vielleicht acht Minuten. Aber du hast ja die anderen mitgestört. Wieviel verschwendete Zeit ist das?«

»Siebenunddreißig mal acht ist ... ist ... zweihundertsechsundneunzig.«

»In Stunden?« – »Knapp fünf.«

»Na siehst du, rechnen kannst du ja. Wenn du im Lesen genauso gut bist wie in Englisch und Rechnen, bist du prima. Willst du ran – freiwillig?«

»Hm.«

Gespräch über Fortsetzung II (Fräulein Carstens)

»Das Auffälligste an Ihrer Deutschstunde war die Art, wie Sie den störenden Jungen behandelt haben«, beginnt einer der Studenten, als man hinterher bei einer Tasse Tee zusammensitzt.

»Was war daran auffällig?« fragt Fräulein Carstens.

»Na, ich dachte, jetzt gibt's gleich ein Donnerwetter, und dann ...«

»Was dann?«

»Sie haben den Jungen ja gar nicht bestraft.«

»Und« – ergänzt eine Studentin – »Sie haben mit keinem Wort erwähnt, daß man Bücher nicht beschmieren darf.«

»Das weiß doch jeder«, lächelte Fräulein Carstens.

»Um so mehr hätte der Übeltäter bestraft werden müssen!«

»Ich bin ja kein Richter, sondern Lehrerin«, entgegnet Fräulein Carstens; »die Kinder sollen schließlich etwas lernen und nicht verurteilt werden: Wo käme ich da hin! Dies ist eine Schule und kein Volksgerichtshof.«

»Aber ein Lehrer muß doch auch erziehen«, wendet eine Studentin ein.

»Ach, Sie denken, Bildung ist Buch und Erziehung ist Rohrstock?«

»Das nicht gerade, aber . . .«

»Ich weiß schon, was Sie sagen wollen. Aber – ist hier denn wirklich nicht erzogen worden?«

»Wenn man das Ergebnis betrachtet, ja. Erst hatte der Peter keine Lust, hinterher las er freiwillig.«

»Und seine Störaktion ist ihm vermutlich auch etwas dumm vorgekommen«, ergänzt ein anderer.

»Sehen Sie, mit einer Gardinenpredigt hätte ich den Burschen bloß verstockt. Ich kenn' doch Peter.«

»Mir fiel noch auf, daß Sie nicht nur nicht ausschimpften, sondern sogar zweimal lobten.«

»Mit diesem Trick haben Sie ihn ja auch bekehrt.«

»Sie sagen ›Trick‹ – meinetwegen. Aber weshalb hat er denn gestört? Weil er Anerkennung suchte. Ich habe ihm zeigen wollen, daß er solche Anerkennung auch – und besser – mit Schulleistungen einheimsen kann.«

»Mir fiel noch etwas auf.«

»Ja, bitte?«

»Sie begannen mit dem ›Tag der offenen Schultür‹.«

»Hm.«

»Und dann ließen Sie abrupt das Thema fallen und schalteten um auf den Gedanken, daß es ›vernünftig‹ sei, in der Schule zu lernen.«

»Ja. Aber dazwischen lag ja eine Unterhaltung mit Peter. Ich nahm die Bälle auf, die er mir zuspielte. Dadurch erhielt die Argumentation etwas viel Überzeugenderes für ihn, als wenn ich nun stur beim ›Tag der offenen Schultür‹ geblieben wäre.«

»Im Grunde haben Sie Ihren Peter um den Finger gewickelt.«

Fräulein Carstens lächelt und rührt ihren Tee um.

Fortsetzung III: Fräulein Pohl

»Herrschaften! Seht euch das an.« Alle Augen folgen dem Blick Fräulein Pohls. Peter, unversehens im Brennpunkt der Aufmerksamkeit, geht in Abwehrstellung. Das erwartete Gewitter bleibt allerdings aus.

»Peter hat sein Buch beschmiert«, stellt Fräulein Pohl sachlich fest und erspart so den letzten Neugierigen das Halsrecken.

Es ist mucksmäuschenstill in der Klasse. Die Lehrerin wartet. Sie weiß, daß jetzt einigen ihrer Jungen und Mädchen der Spruch »Narrenhände beschmieren Tisch und Wände« auf der Zunge liegt, aus Solidarität mit dem Delinquenten aber nicht gesagt wird. Also kann sie sich diesen Spruch sparen.

»Was machen wir?« fragt sie, Initiative und Verantwortung durch achtunddreißig teilend.

Niemand sagt etwas – zum Glück hat sie keine beflissenen Petzer, diese klebrigen Typen, in der Klasse. Daß im Grunde jetzt jeder (auch die Lacher von vorhin) Peters Verstoß verurteilt, ist ihr nicht zweifelhaft – höchstwahrscheinlich basteln ihre Jungen und Mädchen jetzt in Gedanken schon an Lösungen, vom billigen »Er soll das wieder wegradieren« bis zum kostspieligeren »Er soll ein neues Buch kaufen«: In diesem Alter löst man solche Dinge praktisch, nicht »moralisch«.

Mit diesem stummen Spiel hinter der Szene ist für Fräulein Pohl das pädagogisch Wesentliche im Grunde schon erreicht. Allerdings hätte sie gern noch zusätzlich den Gedanken in der Debatte, daß, wer Schulbücher beschmiert, bei der nächsten Bücherausgabe von vornherein die schon beschmierten Bücher erhält.

»Hannelore?« wendet sie sich an die Bücher-und-Hefte-Ausgebe-und-Einsammlerin. Die solcherart als Expertin und nicht als Stimme des Volkes aufgerufene Hannelore äußert jedoch eine andere als die von ihr »erwartete« Ansicht.

»Alle unsere Kalif Storchs waren nagelneu, als ich sie geholt habe. Einen dreckigen sammel *ich* nicht ein.«

Fräulein Pohl lächelt. Die Hannelore hat, ganz unverfänglich nur von ihrem subjektiven, gerade sie für dies Amt qualifizierenden Beamtenkodex her die Sache ansehend, unbeabsichtigt ein Urteil über Peter verkündet, dem nichts mehr hinzuzufügen ist.

»Soll Peter sein Buch sauberradieren oder ein neues kaufen? Wir stimmen ab. Wer ist mit dem Radieren zufrieden?«

Einige Hände gehen sofort hoch, andere folgen. »Rainer, zählen!«

»Einundzwanzig, Fräulein Pohl.«

»Wer ist dafür, daß Peter ein neues Buch kaufen muß?«

Hannelores Hand ist oben.

»Eine Stimme, Fräulein Pohl.«

»Gut. Peter zeigt sein sauberradiertes Buch morgen bei Hannelore vor.«

»Fräulein Pohl?«

»Rainer?«

»Ich finde, er könnte freiwillig zwanzig Pfennig in die Klassenkasse bezahlen.«

»Nimmst du das an, Peter?«

»O. K.«, brummt der Delinquent, froh, daß die Sache damit erledigt ist, ohne daß er sein »Gesicht« verlieren mußte, und kramt sein Portemonnaie aus der Tasche.

Gespräch über Fortsetzung III (Fräulein Pohl)

»Ihre Deutschstunde fand ich merkwürdig«, beginnt einer der Studenten.

»Eine Deutschstunde war das eigentlich gar nicht«, bemerkt ein zweiter.

Fräulein Pohl zündet sich ungerührt eine Zigarette an.

»Ist Ihre Fünfte auf diese Verfahrensweise trainiert?«

»Finden Sie sie schlecht?« fragt Fräulein Pohl zurück und wirft das Streichholz in den Aschbecher.

»Sie geben dem Störenfried damit ziemlich viel Aufmerksamkeit. Ein kurzer Anpfiff, und die Sache wäre erledigt gewesen.«

»Schon möglich.«

»Nun ja, Ihre Methode ist vielleicht demokratischer. Aber finden Sie nicht, daß Kinder von elf und zwölf Jahren überfordert sind, wenn sie über den Verstoß eines aus ihrer Mitte urteilen sollen?«

»Nein. Natürlich hätte es schieflaufen können. Aber so, wie es lief, konnte man zufrieden sein.«

»Wesentliche Dinge kamen aber gar nicht zur Sprache.«

»Zum Beispiel?«

»Zum Beispiel ... ja, eigentlich ist doch alles Wichtige gesagt worden.«

»Sehen Sie. Sie lassen sich täuschen dadurch, daß wenig geredet wurde. Aber die Kinder machen sich, auch wenn nichts gesagt wird, ihre eigenen Gedanken. Der Peter und das beschmierte Buch – das war *ihr* Problem, und sie haben es, finde ich, ganz vernünftig gelöst.«

»Vielen Dank, Fräulein Pohl.«

»Bitte sehr. Ich habe mich sehr gefreut über Ihren Besuch. Auf Wiedersehen!«

»Auf Wiedersehen!«

Noch eine Zwischenüberlegung

Noch einmal sei eingeschärft, daß weder die dargestellte Situation noch die drei Fortsetzungen den Sinn haben, Vorentwurf künftigen pädagogischen Handelns zu sein; dementsprechend sollten auch die verschiedenen Fortsetzungen nicht in der Weise gegeneinander ausgespielt werden, daß eine pädagogisch »besser« oder »wertvoller« sei als andere. Was ist aber dann ihr Sinn?

Oben war gesagt worden, erziehungswissenschaftliche Reflexion sei *Hermeneutik einer pädagogischen Wirklichkeit, die im Augenblick des Darübersprechens immer schon vorgegeben ist.* Wo, so könnte man einwenden, steckt denn nun die *»pädadogische Wirklichkeit«*, wenn die hier in Rede stehende konkrete Situation konstruiert, also fiktiv ist? Ist nicht das Darübersprechen eine Donquichotterie, ein Gefecht mit Windmühlenflügeln, eine Trockenschwimmübung ohne Wasser? Wäre es nicht viel sinnvoller, von einer wirklich beobachteten, anschaulich gegenwärtigen Situation auszugehen, zumindest aber eine Tonband- oder Fernsehaufzeichnung zugrunde zu legen?

Solche Einwände zielen pointiert auf die Frage nach dem *Gegenstand.* Wo »steht« dieser Gegen»stand«?

Die Frage entlarvt die hier in Rede stehende »Situation«. Das dargestellte Geschehen an einem Dienstagmorgen in einer dritten Stunde ist kein Ausschnitt aus der pädagogischen Wirklichkeit. Dennoch haben wir, indem wir darüber sprachen, über eine uns bekannte und vertraute pädagogische Wirklichkeit zu sprechen gemeint. Der Peter, das Lesen, die Störung, die Handlungsweisen der Lehrerin – alles das waren für uns Chiffren, die für etwas durchaus Wirkliches, täglich Erfahrenes standen. Wir konnten uns mühelos verständigen, weil wir unsere je eigene Erfahrung in die dargestellte Situation hineinsahen. Das Dargestellte war gewissermaßen ein Raster, das, an unsere eigene immer schon mitgebrachte Erfahrung gehalten, diese selbst durchsichtig machte und strukturierte, mit einem anderen Wort: traktabel machte. Die Darstellung erfüllte also einen *heuristischen* Zweck: Sie machte sehend für Zusammenhänge und Phänomene, die, indem wir sie wiedererkannten, uns vertraut vorkamen; im Darübersprechen wurden wir unseres Wissens inne, als sei es ein Immer-schon-gewußt-Haben.

Über welchen wirklichen Gegenstand haben wir also tatsächlich gesprochen? Die Antwort ist jetzt deutlich: über unsere eigene Erfahrung. Hätten wir nicht das Insgesamt unserer Erfahrung, den erworbenen Zusammenhang alles dessen, was wir gesehen und gehört haben, als Mitgift eingebracht in unser Darübersprechen, wäre dieses in der Tat zu einer Schattenbeschwörung geworden. Diese Erkenntnis, der Gegenstand erziehungswissenschaftlicher Reflexion sei die pädagogische Erfahrung der miteinander Sprechenden, ist prinzipiell bedeutsam. Denn das, was sich hinter dem Etikett »Erziehungswissenschaft« verbirgt, ist in der Regel an eine charakteristische soziale Situation gebunden – nämlich an Schreibtisch und Hörsaal. Kein Leser kann meinen, in einer gedruckten erziehungswissenschaftlichen Abhandlung über ein pädagogisches Thema den Gegenstand selbst, um den es dem Autor zu tun ist, in seiner ganzen Konkretheit mitgeliefert zu erhalten; kein Hörer kann meinen, daß der Gegenstand einer erziehungswissenschaftlichen Vorlesung wie ein Klotz auf dem Katheder aufgebaut werden könnte. Stets ist die pädagogische Wirklichkeit »nur« *vermittelt*: durch Chiffren, die repräsentieren oder hinzeigen, durch Deskription, die stellvertretend stehen muß für die Sache selbst. Dabei ist das Eigenartige: *Es gibt kein schlechthin gültiges (»apriorisches«) Kriterium, einem »Photo« anzusehen, ob es gestellt ist oder nicht, ob es Montage ist oder nicht.* Entscheidend ist immer seine »Glaubwürdigkeit« bzw. »Wahrscheinlichkeit«, d. h. der vom Dialogpartner, sei er nun Leser oder Hörer, zu vollziehende Rekurs auf die erworbene je eigene Erfahrung in ihrem Zusammenhang. »Einen Gegenstand geben«, sagt Kant, »ist nichts anderes, als dessen Vorstellung auf Erfahrung (es sei wirkliche oder doch mögliche) beziehen.« (Kr. d. r. V. A 156; B 195)

Die Fragestellung

Leser unseres »Textes« haben diesen auf ihre Erfahrung bezogen; im Darübersprechen konstituierte sich unser Gegenstand. Wir könnten (und müßten eigentlich) jetzt, nachdem sozusagen die Konturen festliegen, durch weiteres Darübersprechen diesen Gegenstand vielfältig weiter differenzieren. Wir könnten auch den Psychologen und Soziologen unseren Gegenstand zeigen und sie fragen, was sie aus dem Zusammenhang ihrer Fragestellungen heraus dazu zu sagen haben. Alles das würde unsere Erfahrung weiter strukturieren und reicher machen; prinzipiell kommt ein solches Darübersprechen, da die Wirklichkeit selbst nie völlig ausgelotet werden kann, nie an eine Endstation.

Wir können aber auch unsere Fragerichtung radikal umkehren, indem wir nicht länger die Sache selbst weiterverfolgen, sondern uns ansehen, was wir eigentlich bislang getan haben (und dabei unseren eben »aufgebauten« Gegenstand wieder auseinandernehmen): Wir fragen nicht mehr methodisch »nach vorn«, sondern *methodologisch* zurück. Solche methodologischen Rückfragen – »Krebsgänge« könnte man fast sagen – sind typisch für eine Wissenschaft, die eine selbstverständliche und allseits akzeptierte Form des Vorgehens noch nicht gefunden hat. Sie sind (leider) typisch gerade für unsere deutsche Erziehungswissenschaft. Solange allerdings die Methodologie nicht zur Hauptbeschäftigung wird (was die Wissenschaft steril macht), ist sie nicht von Schaden.

»Pädagogisches« hat zwei Schichten

Unser im Darübersprechen aufgebauter Gegenstand ist – und das ist kennzeichnend für »pädagogische« Gegenstände – komplex. Analysieren wir ihn, können wir zunächst zwei Schichten in ihm erkennen. [10]

Einmal haben wir ein handfestes, in Zeit und Raum sich vollziehendes pädagogisches *Geschehen* vor uns: einen Klassenraum, Drehstühle und Tische, Kinder, die Lehrerin, Hilfsmittel, Tätigkeiten; zu dieser Schicht des Geschehens gehört auch ein »Text«; die Kinder sprechen, die Lehrerin spricht. Was gesehen und gehört, möglicherweise auch optisch und akustisch aufgezeichnet werden könnte, gehört zu dieser Schicht des pädagogischen Geschehens. Zweifellos – es geschieht »pädagogisch« mehr, als mit Augen und Ohren direkt wahrnehmbar ist. Die Kinder machen sich Gedanken (oder auch nicht), die Lehrerin denkt. Wir erschließen solches »Spiel hinter der Szene« aus dem Wahrnehmbaren (z. B. Mienen, »Ausdruck«) und aus dem Zusammenhang der Situation.

In allen Fällen erkennen wir ein »pädagogisches« Geschehen als solches, weil wir immer schon »wissen«, was »pädagogisch« ist, weil wir einen erworbenen Zusammenhang einschlägigen Vorwissens mitbringen.

Auf die zweite Schicht unseres Gegenstandes stoßen wir, wenn wir die im Gespräch entwickelte »Theorie« der verantwortlich Handelnden in den Blick nehmen. Diese »Theorie« muß nicht explizit ausgesprochen sein – sie ist dennoch ständig gegenwärtig, sei es als Kompaß des Handelns, sei es als dessen nachträgliche ideologische Verbrämung. Sie kristallisiert sich um tragende Begriffe: in unserem Fall z. B. »Disziplin«, »Autorität«, »Leistung«, »Strafe«. Wir verstehen auch diese Schicht der »Theorie« aus unserem erworbenen, an ebendenselben Begriffen orientierten Zusammenhang unseres pädagogischen Wissens heraus und auf diesen hin.

Das Problem der wissenschaftlichen Methoden

Unser immer schon mitgebrachtes *Vorverständnis*, orientiert an einem vorwissenschaftlichen, in der pädagogischen Wirklichkeit gründenden und diese durchwirkenden Sprachgebrauch, baut also den Gegenstand für uns auf, »konstituiert« ihn. Was der Wissenschaftler nun aber mit diesem Gegenstand »machen« kann und soll – darüber gehen die Meinungen auseinander. Verschiedene »Richtungen« haben hier verschiedene Verfahrensweisen, »Methoden«, entwickelt.

Offensichtlich ist es aussichtsreich, den Gegenstand zunächst einmal zu *reduzieren*. So könnten wir uns darauf beschränken, nur das in den Blick zu nehmen, was »tatsächlich« geschieht, was aufzeichenbar, meßbar und zählbar ist; Aussagen darüber könnten einen hohen Grad von Exaktheit haben: Das entspräche dem Ansatz der sogenannten »pädagogischen Tatsachenforschung«, wie sie von Peter und Else Petersen konzipiert und praktiziert wurde. Man erhält Protokolle, die man auszählen kann (wie viele Lehrerfragen, wie viele spontane Anstöße von seiten der Schüler usw. usw.).[11] Andererseits könnten wir gerade diese Seite unseres Gegenstandes ausklammern und uns auf eine Analyse des Selbstverständnisses der verantwortlich Tätigen konzentrieren, um bestimmte Denkweisen, möglicherweise auch Ideologien aufzudecken: So etwa behandelt Robert L. Brackenbury die von uns dargestellte Situation (hinter Handlung und Selbstverständnis der einen Lehrerin steht letztlich eine »realistische«, hinter Handlung und Selbstverständnis der anderen eine »idealistisch-personalistische« Auffassung usw.).

Was ich jeweils aus dem Gegenstand an Erkenntnis »herausholen« kann, richtet sich nach den Fragen, die ich an ihn richte. Es liegt am Wissenschaftler, seine Fragen möglichst präzise zu stellen.

Wenig fruchtbar ist der Streit über Angemessenheit oder Unangemessenheit der verschiedenen Methoden. Solange bestimmte, einem Konsens unterliegende Bedingungen eingehalten werden,[12] ist jede Frage »erlaubt«, ob ihr angestrebtes Ergebnis nun eine Statistik, eine Deskription oder eine Ideologiekritik ist.

Natürlich wird man die diversen und voneinander verschiedenen »Antworten« nicht einfach zueinander addieren können, in der Meinung, damit habe man nun »alles« über den Gegenstand.

(Strenggenommen entspricht jedem methodischen Ansatz ein je spezifischer »Gegenstand«.) Jedes einzelne Ergebnis muß für sich auf die jeweils untersuchte konkrete Situation zurückbezogen und von daher in seiner Aussagereichweite eingegrenzt werden. Wir wollen froh darüber sein, daß bei uns nicht eine einzige Forschungsmethode kanonisch ist, sondern daß diverse, häufig einander gegenseitig in Frage stellende Verfahren praktiziert werden, obwohl es manchmal schwierig oder aussichtslos ist, die sich vom Ansatz her unterscheidenden Ergebnisse – hier Sitzenbleiberstatistik, hier Überlegungen zum Bildungswert eines Faches, hier Untersuchungen über die Lehrerfrage – so miteinander zu integrieren, daß ein bündiges Gesamtbild dessen, was »pädagogische Wirklichkeit« ist, entstünde.

Was ist »geisteswissenschaftliche Pädagogik«?

Ich möchte abschließend den methodischen Ansatzpunkt einer sogenannten »geisteswissenschaftlichen« Richtung in der Erziehungswissenschaft anzudeuten suchen. Diese in sich keineswegs einheitliche Methode, zurückgehend auf *Dilthey* und die Dilthey-Schule (Frischeisen-Köhler, Nohl, Bollnow; auch Litt, Spranger, W. Flitner, Weniger, Blättner und andere), im Grunde aber schon auf *Herbart* und *Schleiermacher,* scheint heute angesichts anderer und in der Regel »exakterer« Verfahren in die Verteidigung gedrängt und zu einer Apologie genötigt.

Kennzeichnend für diesen Ansatz[13] ist m. E. vor allem, daß er bestrebt ist, den in Rede stehenden Gegenstand – hier z. B. unsere oben aufgebaute pädagogische Situation – so wenig zu reduzieren wie möglich. Das hat ausgeprägte Vor- und Nachteile: Einerseits bleibt immer das Ganze dieser Wirklichkeit im Blick (das pädagogische »Geschehen« wird aus den es durchwirkenden »Meinungen« nicht herausgelöst), andererseits haben die möglichen Erkenntnisse subjektive Färbung (das erkennende Subjekt »identifiziert« sich mit dem Gegenstand, wobei jetzt nicht untersucht sei, was das bedeutet).

Die »geisteswissenschaftliche« Erziehungswissenschaft nimmt die Begriffe auf, die in der Situation selbst schon wirkend vorgegeben sind. (Man hat eine ausgesprochene Scheu vor »Ad-hoc-Begriffen«.) Gerade die Behutsamkeit in der Wahl der eine Interpretation leitenden Begriffe ist charakteristisch für diesen Ansatz. So wird man nur ungern von »Bildung« sprechen, wenn die zu betrachtende

Wirklichkeit diesen Begriff »Bildung« nicht kennt – also weder im Zusammenhang mit der Schule des Comenius (»eruditio« ist nicht gleich »Bildung«) noch im Zusammenhang etwa mit der Public School (»education« und »character training« sind in strengem Sinne unübersetzbar). Es zeigt sich, daß jeder Ausschnitt einer pädagogischen Wirklichkeit von Begriffen, Parolen, Losungen durchwirkt ist, die einem in sich integrierten Wort- und pädagogischen Vorstellungsfeld angehören, ja daß man gerade von solchen Leitbegriffen aus in den intimsten Kern, in die bewegende Mitte einer Wirklichkeit vordringen kann und diese dann gewissermaßen »von innen heraus« verstehen kann. Es ist kein Wunder, daß dieser geisteswissenschaftliche Ansatz besonders fruchtbar in der historischen Forschung war.

Natürlich taucht hier das unangenehme und bis heute wohl nicht zureichend gelöste Problem einer »Metasprache« auf: Da ich über eine »lateinische« Wirklichkeit nicht lateinisch, über eine Public-School-Wirklichkeit nicht englisch spreche und denke, sind jeder Interpretation Grenzen gesetzt. Die Sprache der Interpretation konkurriert mit der Sprache des zu Interpretierenden – die zu verstehende Wirklichkeit wird zugleich »geöffnet« und »verdeckt«. Außerdem folgt aus diesem Verhaftetsein der Interpretation an die Sprache der Interpretierenden, daß alle so gewonnenen Aussagen selbst historisch sind, daß also z. B. eine Geschichte der Pädagogik in jeder Generation neu geschrieben werden muß.

Vom geisteswissenschaftlichen Ansatz her bietet unsere oben aufgebaute Situation den Schlüsselbegriff »Disziplin« an. Wir lesen ihn aus der Situation ab (das Wort selbst fiel sogar) und tragen ihn an sie heran, weil wir ein Verständnis dessen, was »Disziplin« ist, immer schon mitbringen. Wir gehen nun nicht von einer *Definition* der Sache Disziplin aus und untersuchen dann die Situation daraufhin, was in ihr in puncto Disziplin geschieht (wobei ganz unerheblich bleiben könnte, ob eine beteiligte Lehrerin das, was sie in dieser Richtung unternimmt, so bezeichnet oder nicht).

(Dazu sei mir eine Anmerkung gestattet: Kinder und Erwachsene teilen Mengen ein in eine »größere Hälfte« und eine »kleinere Hälfte« [möglicherweise bleibt bei dieser Teilung sogar noch ein »Rest«!]. Gehe ich definitorisch vor, indem ich »Hälfte« mit »50%« gleichsetze, sehe ich lediglich einen interessanten Fehler vor mir. »Hälfte« ist dann in der Situation etwas ganz anderes, als was die Beteiligten so nennen. Gehe ich »geisteswissenschaftlich« vor, übernehme ich zunächst einmal den vorgegebenen Sprachgebrauch und interpretiere ihn: Die »größere Hälfte« erhält dabei einen durchaus verstehbaren und »vernünftigen« Sinn.)

Der Geisteswissenschaftler versucht das, was er sieht, so zu verstehen, daß der Gesamtzusammenhang sinnvoll wird. Sehen wir uns daraufhin noch einmal kurz unsere oben skizzierten drei Situationsfortsetzungen an!

Einmal lag offensichtlich der Akzent der »Disziplin« auf dem herzustellenden, möglichst reibungslosen Funktionieren (Fräulein Carstens) – Disziplin ist hier Ergebnis eines In-Ordnung-Bringens: So etwa sorgt ein Verkehrspolizist für einen »disziplinierten« Verkehrsablauf. Für Fräulein Carstens war es ziemlich gleichgültig, *wie* sie den Störenfried »um den Finger wickeln« konnte, wenn es nur auf eine nette Weise gelang; dadurch wurde die »Disziplin« wiederhergestellt.

Anders Fräulein Werner. Auch ihr ging es um die »Disziplin«, aber sie setzte den Hebel bei einer sofortigen Bestrafung des Störenfriedes an. Sie schickte Peter nach draußen, um drinnen die »Disziplin« wiederherstellen zu können. Offensichtlich verstand sie etwas, wenn auch nicht grundsätzlich, so doch partiell anderes unter »Disziplin« als ihre Kollegin. Für sie lagen »Disziplin« und »Bestrafung« eng zusammen, für Fräulein Carstens nicht. Entsprechend diesen pädagogischen Meinungen unterschieden sich die pädagogischen Handlungen nicht nur äußerlich, sondern von ihrer Intention her.

Aber auch Fräulein Pohl handelte im Interesse der »Disziplin«, als sie der Klasse die Verantwortung für das, was in ihrer Mitte geschehen war, zumutete. Für sie war »Disziplin« offensichtlich etwas, was eine Gemeinschaft aus sich selbst als Bedingung ihrer selbst hervorzubringen hatte: Der einzelne und die Gemeinschaft gewinnen durch denselben Akt ihre »Disziplin« zurück, während bei Fräulein Werner zwei voneinander separate, sogar von zwei verschiedenen Erziehern vollzogene Eingriffe nötig waren, bei Fräulein Carstens dagegen eine gelinde führende Autorität zu demselben Zwecke geltend gemacht wurde. Alle drei Auffassungen sind verstehbar. Vielleicht hätte Fräulein Pohl das Vorgehen Fräulein Werners als »unpädagogisch« verworfen, weil es der »Strafe« als Erziehungsmittel bedurfte, das Vorgehen Fräulein Carstens als »unpädagogisch«, weil es sich mit einer möglicherweise äußerlich bleibenden »Disziplinierung« zufriedengab. Die solcherart Kritisierten und zur Rechenschaft Herausgeforderten hätten demgegenüber darauf hinweisen können, daß nicht immer eine Gemeinschaft (und selten eine Schulklasse) die Kräfte zur Disziplin aus sich selbst hervorzubringen in der Lage sei, daß es häufig einer von außen eingreifenden Macht bedürfe und daß der Lehrer seine »eigentliche« Aufgabe verfehle, wenn er auf die Geltendmachung seiner die Disziplin garantierenden Autorität verzichte.

Der Erziehungswissenschaftler wird solche in Rede und Gegenrede dialogisch (und dialektisch) sich entwickelnden Gesichtspunkte aufnehmen, möglicherweise auf geschichtliche Erfahrungen und Meinungen beziehen oder systematisieren; er kann zurückfragen auf ihre Bedingungen oder die aus ihnen sich ergebenden Konsequenzen zu entwickeln suchen. Geht er »geisteswissenschaftlich« vor, ist aber in allen diesen Fällen eines charakteristisch: Für ihn gibt es keine isolierte pädagogische »Tatsache«, gibt es nicht den direkten Zugriff auf eine solche Tatsache unter Ausschaltung der Selbstdeutung der verantwortlich Tätigen. So sind z. B. die in unserer Situation registrierbaren Fakten, daß dreimal eine Lehrerin einen Jungen direkt anspricht, als solche uninteressant und nicht sinnvoll miteinander vergleichbar, da sie, je nachdem, welche Intentionen in sie eingegangen sind, eine je verschiedene Bedeutung als pädagogische *Akte* haben. Diese Intentionen sind für die geisteswissenschaftliche Betrachtungsweise das primär Interessante und zu Interpretierende – von ihnen her erhalten die Details ihren Stellenwert: *Der Zugang zur Schicht des pädagogischen Geschehens ist für die geisteswissenschaftliche Methode grundsätzlich nur durch die Schicht der immer schon wirkenden »Theorie« hindurch möglich: die* Hermeneutik geht von einem verstehbaren *Zusammenhang* aus und bleibt in ihm, für sie sind einzelne »Fakten« immer *vermittelt*.

Darin gründen Schwäche und Stärke dieser Methode. Sie hat keinen archimedischen Punkt außerhalb dessen, was dem Konsensus einer Zeit als »pädagogisch« gilt, von dem aus sie dieses »Pädagogische«, was auch immer dies sei, als solches in Frage stellen könnte: Sie ist der Geschichtlichkeit unterworfen wie keine andere Methode sonst.

Andererseits ist sie aber eine Methode, die wie keine andere gesprächsnah ist – man könnte sie geradezu als »Gespräch« bezeichnen, abschätzig sogar als »schöngeistiges Gerede«.

Aber solches »Gespräch« leistet etwas, was keine andere Methode in gleicher Weise zu leisten imstande ist: Diese Betrachtungsweise macht Zusammenhänge sichtbar; sie bringt das, womit wir zu tun haben, in den Blick, sie ermöglicht ein sinnvolles Sprechen über unsere »Sachen«.

Daß unsere heutige Lehrergeneration besser, »vernünftiger« über ihre Probleme und die pädagogische Wirklichkeit zu sprechen gelernt hat als das Gros der Lehrer vor hundert Jahren, daß man heute »weiß«, was man tut (auch wenn dies Wissen sich seines Nichtwissens meist sehr bewußt ist – ja gerade deshalb«), ist sicher den Leistungen der »geisteswissenschaftlichen Pädagogik« zuzuschreiben, die in jahrzehntelangen Bemühungen das, was uns als »pädagogisch« gilt, in eine Sprache übersetzt hat, die wieder eingegangen ist in das Selbstverständnis der verantwortlich Tätigen.

Andere Forschungsmethoden können sich heute dieser durchgebildeten Sprache bedienen, um detailliertere Untersuchungen an isolierten Gegenständen durchzuführen – vor hundert Jahren wären sie undenkbar gewesen. Insofern war und bleibt die »geisteswissenschaftliche« Methode, auch kurz als Hermeneutik oder Interpretation zu charakterisieren, die im Gespräch selbst gründende und dieses weiterführende Voraussetzung unseres Wissens um »Pädagogisches«.[14]

KLAUS MOLLENHAUER

Kinder und ihre Erwachsenen

Im Jahre 1860 veröffentlichte ein Kinderfreund namens Wilhelm Curtmann »Geschichten für Kinder«. In diesem mit pädagogischer Sorgfalt zusammengestellten Bändchen findet sich die folgende Geschichte:

»Die Kinder wollten einmal leben wie die großen Leute, und die Eltern erlaubten es ihnen für einen Tag und reisten fort. Was geschah? Des Morgens, als es Zeit zum Aufstehen war, verschliefen die meisten Kinder, weil sie gewohnt waren, sich wecken zu lassen. Da waren sie übler Laune und murrten schon, ehe sie noch den Tag angefangen hatten. Als es an das Frühstück ging, zankten sie sich schon, denn jedes wollte den Rahm von der Milch haben. Auch mit dem Brote ging es nicht in Einigkeit her, denn ein jedes schnitt sich selbst ein Stück ab, aber das eine schnitt das Stück zu dünn, das andere zu dick, das dritte wollte das Krustenstück haben, und das vierte wollte es ihm nicht lassen. Das jüngste schnitt sich sogar in die Hand, und es mußte Zunder und Spinnwebe gesucht werden, um das Blut zu stillen. Als dies vorüber war, sollte es in den Garten gehen. Doch man war schon wieder nicht einig, denn die Knaben wollten lieber auf die Straße laufen. Allein, weder zum Gehen in den Garten noch auf die Straße war der Anzug geordnet. Das eine der Kinder konnte die Schuhe nicht anziehen, das andere die Strümpfe nicht binden, wieder eines sein Kleid nicht zustecken, und wen es darum ansprach, der wollte ihm nicht helfen. Da war wieder Not an allen Ecken. Zuletzt liefen die meisten ungewaschen und ungekämmt und in verkehrtem Anzuge fort. Doch auch in dem Garten tat es nicht lange gut. Weil sie leben wollten wie die großen Leute, so glaubten sie, sie dürften auch unreifes Obst essen, sobald es ihnen gefiele. So geschah es denn, daß einige naschhafte Kinder sich den Magen mit halbreifen Pflaumen überfüllten und noch vor Mittag heftige Leibschmerzen fühlten und sich ins Bett legen mußten. Die auf der Gasse fingen zwar an zu spielen, aber das Spiel artete in Unfug aus, sie warfen sich mit Steinen und trafen in ein Fenster, ja, einer wurde sogar am Kopfe verwundet. Da hatte das Spiel auch ein betrübtes Ende. Noch schlimmer ging es dem größten unter allen Knaben. Dieser nahm seines Vaters Tabakspfeife, stopfte sie sich und fing an zu rauchen. Anfangs bewunderten ihn die übrigen, und er dünkte sich, etwas Rechtes zu sein. Aber bald schnitt er traurige Gesichter, denn ihm wurde so weh, daß er sich erbrechen mußte. Da warf er die Pfeife weg, legte sich auf die Bank und mochte die Welt nicht ansehen.

Als es Mittag war, waren nur wenige Kinder übrig, die sich an den Tisch setzen konnten, den meisten war der Appetit schon zum voraus vergangen. Die wenigen aber wollten es sich einmal besonders gut schmecken lassen, denn sie durften ja essen, was und wieviel sie wollten. Suppe wollte keines, Gemüse auch nicht, sondern Fleisch und Pfannenkuchen. Aber es war niemand da, der vorschneiden konnte. Da jedes zuerst und am meisten haben wollte, so rissen sie sich um das Fleisch wie die Hunde, und die Pfannenkuchen fielen samt der Schüssel auf die Erde. Zuletzt war jedes froh, wenn es nur satt wurde, und das beschmutzte Tischtuch und die zerbrochene Schüssel waren ihnen so ärgerlich, daß sie lieber trockenes Brot gegessen hätten.

Ach, sagten sie endlich alle, wenn doch unsere Eltern wieder da wären. Es ist doch gar keine Freude im Hause, wenn sie abwesend sind. Zum Glücke kamen die Eltern bald wieder, denn es hatte ihnen geahnt, daß es zu Hause schlimm gehen würde. Die Kinder aber haben seitdem nicht wieder begehrt, wie die großen Leute zu leben.«

Ich frage mich: *Welches Bild vom Kinde macht sich dieser Autor?* Kinder sind offenbar verschlafen, übellaunig, zänkisch; sie sind habgierig und zur Kooperation unfähig; sie folgen sinnlos ihren Begierden; sie können nicht einmal richtig spielen – jedenfalls solange die Erwachsenen sie nicht anleiten, sie nicht beaufsichtigen, ihnen nicht zu geordnetem Betragen verhelfen. Dieser Autor phantasiert sich Kinder als *kleine Wilde,* als ein Bündel voller Antriebe, das gezähmt, zivilisiert werden muß. Und natürlich läßt er keinen

Zweifel daran, daß die Erwachsenen die einzig rechte Art zu leben repräsentieren, daß es für Kinder ein Glück ist, ihnen zu folgen und in ihrer Abhängigkeit zu leben, denn: »Die Kinder aber haben seitdem nicht wieder begehrt, wie die großen Leute zu leben.«

Ich habe diese Geschichte nicht zitiert, weil ich sie für eine Kuriosität halte. Obwohl in grotesker, wenngleich unabsichtlicher Überzeichnung, drückt sie wesentliche Momente der Grundeinstellung zum Kinde aus, die in unserer Kultur herrschend sind: Kinder sind Fremde, die wir uns ähnlich machen müssen; Kinder sind bedrohlich, so wie rohe Natur es ist; Kinder stellen unsere Vernunft – oder was wir dafür halten – in Frage; wir müssen sie uns deshalb so denken, daß wir gerechtfertigt sind, wenn wir sie nach unserem Bilde erziehen.

Wie sieht das aus der Perspektive der Kinder aus? Auch dazu ein überzeichnendes Zitat, das gewiß nicht das Erleben der größten Zahl von Kindern zum Ausdruck bringt, aber dennoch – wie mir scheint – eine pointierte Wahrheit enthält:

»Der in dieser Stadt nach dem Wunsche seiner Erziehungsberechtigten, aber gegen seinen eigenen Willen Aufgewachsene und von frühester Kindheit an mit der größten Gefühls- und Verstandesbereitschaft für diese Stadt einerseits in den Schauprozeß ihrer Weltberühmtheit wie in eine perverse Geld- und Widergeld produzierende Schönheits- als Verlogenheitsmaschine, andererseits in die Mittel- und Hilflosigkeit seiner von allen Seiten ungeschützten Kindheit und Jugend wie in eine Angst- und Schreckensfestung Eingeschlossene, zu dieser Stadt als zu seiner Charakter- und Geistesentwicklungsstadt Verurteilte, hat eine, weder zu grob, noch zu leichtfertig ausgesprochen, mehr traurige und mehr seine früheste und frühe Entwicklung verdüsternde und verfinsternde, in jedem Falle aber verhängnisvolle, für seine ganze Existenz zunehmend entscheidende, furchtbare Erinnerung an die Stadt und an die Existenzumstände in dieser Stadt, keine andere.«[2]

Genau genommen ist dies natürlich nicht die Perspektive des Kindes, sondern die des sich an seine Kindheit erinnernden Erwachsenen. Diese Erinnerung aber wird sehr prägnant zur Sprache gebracht, und zwar so, daß sie zu der von mir eingangs zitierten Geschichte ziemlich genau als ihr Gegenstück paßt: dort das Kind als ungezügeltes Triebwesen, chaotisch, nur den augenblicklichen Launen folgend – hier die Lernwelt des Kindes als »Schreckensfestung«, Geist und Gemüt verletzend, die »Mittel- und Hilflosigkeit« des Kindes ausnutzend, die »Gefühls- und Verstandesbereitschaft« des Kindes niederschlagend.

Beide Zitate sind – wortwörtlich genommen – natürlich nicht repräsentativ, doch *ein wesentliches Stück Wahrheit,* ein Stück der aktuellen Beunruhigung, ein Stück der Fehlentwicklung, in die unser Verhältnis zu Kindern hineinzulaufen droht. Der Text von *Th. Bernhardt* symbolisiert eine Grundstimmung, in die immer größere Teile der jungen Generation hineinzugeraten scheinen. Die Anzeichen dafür sind

– die zunehmende Zahl der »*kulturellen Emigranten*«: der Ausweg in die Droge, in religiöse und politische Sekten mit Heilsbotschaften, in das »einfache Leben«, das Plädoyer für »soft technology«, die neuen ökologischen Orientierungen usw.,

– das resignative *Nachlassen der Lernmotivationen,* besonders in der Schule,

– die immer früher einsetzende *Abwendung von der Familie* und *der Legitimationsverlust,* den nicht nur die Familie, sondern auch andere Institutionen im Erziehungsfeld erleiden; neben der Schule ist es vor allem das Beschäftigungssystem.

Diese Situation zu verharmlosen – beispielsweise mit dem Hinweis darauf, daß doch wohl die überwiegende Zahl der Kinder und Jugendlichen anders sei – scheint mir gefährlich. Krisen kündigen sich nicht notwendig durch Mehrheiten an, sondern in dem historischen Gewicht einer bestimmten Symptomatik. Das gilt auch für das Verhalten der erwachsenen Generation. Wenn das Bild vom Kinde, das in dem Text von *Wilhelm Curtmann* zum Ausdruck kommt, an Glaubwürdigkeit und Selbstverständlichkeit verliert, die Kinder beispielsweise den Erwachsenen bei deren Rückkehr keinen Beifall mehr spenden, dann drohen auch uns, den Erwachsenen, Irrwege. Zwei solcher Irrwege zeichnen sich gegenwärtig besonders deutlich ab.

– Die distanzlose Identifizierung mit dem Kinde, die Verklärung seiner Bedürfnisse und spontanen Antriebe zur »wahren Natur«. In dieser Haltung verleugnet der Erwachsene sich selbst. *Wer selbst nicht den Mut hat, erwachsen zu sein, taugt auch nicht gut als Erzieher.*

– Verbreiteter indessen scheint mir ein zweiter Irrweg zu sein, auch wohl gefährlicher, für die Kinder bedrohlicher: *die disziplinierende Abwehr alles dessen, was uns an Kindern und Jugendlichen beunruhigt,* die Rückkehr zur naiven Selbstsicherheit jener Lesebuchgeschichte, in der nun nicht der Erwachsene, sondern die Kindheit als die der Möglichkeit nach produktivste Phase im Leben des Menschen verleugnet wird – so als sei der Text Thomas Bernhardts nichts als der singuläre Ausdruck eines Exzentrikers.

Weil dieser zweite Weg gegenwärtig der wahrscheinlichere ist und weil in ihm eine – wenn ich recht sehe – problematische Tradition unserer Erziehungsgeschichte fortgesetzt wird, möchte ich *einige Komponenten unseres pädagogischen Habitus* skizzieren, die uns möglicherweise schon so selbstverständlich geworden sind, daß wir sie nicht mehr für änderbar halten. Ich will Antworten auf folgende Fragen versuchen:

1. Wie sind unsere Erziehungsräume beschaffen?
2. Wie gehen wir mit der Zeit des Kindes um?
3. Mit welchen Werkzeugen instrumentieren wir die Lernumwelt der Kinder?
4. Nach welchen Regeln ordnen und gestalten wir unsere Beziehung zu den Kindern?

1. Die Erziehungsräume

Die Welt unserer Kinder ist – wir haben sie so gemacht – eine *parzellierte Welt*. Das erscheint vielleicht noch nicht besonders bemerkenswert. Wir haben uns daran gewöhnt. Wir müssen also etwas Distanz schaffen. Dazu ist die geschichtliche Erinnerung gut. Ich möchte zwei Beispiele nennen; zunächst die *Entwicklung der Unterrichtsräume*. Die Welt des Unterrichts war immer schon eine von den übrigen Lebensvollzügen räumlich relativ getrennte Welt, jedenfalls dort, wo die geplante Unterweisung der jungen Generation in eigens dafür gedachten pädagogischen Einrichtungen geschah. Aber die Grenze sowohl zwischen Leben und Unterricht als auch zwischen den einzelnen Teilen des Unterrichts kann unterschiedlich durchlässig oder undurchlässig sein. Im Laufe der Neuzeit nun entstand ein verzweigtes Unterrichtssystem mit immer strengeren Grenzbeziehungen. Zunächst war die Schule noch am Vorbild des alten Hauswesens orientiert, wo der Lehrer alle Lernwilligen aller Altersstufen in seiner Wohnstube unterrichtete; oder es erfolgte der Unterricht in Klosterschulen und Kollegien in großen Hallen, wo in verschiedenen Teilen des Raumes unterrichtet wurde, aber auch in altersgemischten Gruppen. Die weitere Geschichte läßt sich beschreiben als ein Prozeß immer weitergehender Zergliederung. In der Architektur drückt sich ein pädagogisches Prinzip aus: Trennung der Schule vom Leben, Trennung des geplanten Lernens von der alltäglichen Erfahrung, Trennung der Kinder nach Altersgruppen, Trennung der Kinder nach sozialem Status und nach Lerngeschwindigkeiten (Schultypen). *Die Schule wird zu einer Art Sortiermaschine.* Die

Grundrisse unserer pädagogischen Anstalten sind das Bilderbuch dazu.

Parallel dazu verläuft eine gleichsinnige *Entwicklung des privaten Wohnens*, jedenfalls im Bürgertum. Aus dem Hallen-, Saal- oder Dielenhaus wird zunächst die Arbeitsstätte des Vaters abgegrenzt; es folgen die Schlafkammern und die Küche, dann separate Räume für die Dame und den Herrn, von der Halle bleibt schließlich ein Wohnzimmer und der Flur übrig. Das letzte Glied in der Kette ist das Kinderzimmer.

Auch hier also das gleiche Prinzip: die Konstruktion einer Lernwelt für das Kind, in der die möglichen Erfahrungen schon pädagogisch präpariert sind; die Abtrennung dieser Lernwelt vom Leben der Erwachsenen; das Abstrakt-Werden des Lernens und der Lernziele und die möglichst wirkungsvolle Überwachung der Lernvorgänge.

2. Die Erziehungszeit

Erwachsen-Werden, Erfahrungen machen, Lernen – das ist vor allem ein Geschehen in der Zeit. Auch diese haben wir gründlich pädagogisiert. Ich erwähnte schon die kulturelle Angewohnheit, Kinder nach Altersstufen und Lerngeschwindigkeiten zu sortieren. Darin steckt ein Denk- und Handlungsschema, das Zeitquanten und Lernleistungen aufeinander bezieht. Nun ist vermutlich keine Kultur denkbar, in der der Vorgang des Heranwachsens nicht in irgendeiner Form zeitlich strukturiert wird. Allein: wie diese Zeitstruktur beschaffen ist, macht den Unterschied aus, und *wie strikt* die Kinder gehalten sind, dieser Struktur zu folgen. Ein Kind kann freilich vieles lernen und also auch, sein Leben an kulturell eingespielten Zeittakten zu orientieren. Aber gibt es nicht vielleicht Zeittakte, die dem Kind Schaden zufügen? Die Bildsamkeit des Kindes und sein Fortschreiten auf dem Wege der Erfahrung sind von vielen Faktoren bestimmt; in jedem Fall aber muß es eine Balance finden zwischen seinen eigenen subjektiven Rhythmen von Spannung und Entspannung, Bedürfnis und Befriedigung, Aufgabe und Lösung der Aufgabe, Wahrnehmung und Verarbeitung der Wahrnehmung einerseits – und den ihm von den Erwachsenen zugemuteten Rhythmen der regelgerechten Bewältigung solcher Probleme. Unser Typus des Umgangs mit der Bildungszeit von Kindern hat m. E. eine geradezu provozierende Ähnlichkeit mit dem *Zeittakt industrieller Fertigung*. Wir haben – so könnte man in etwas zugespitzter Analogie sagen – in den letzten 200 Jahren zu bedenkenlos die Entwicklung vom hauswirtschaftlichen Handwerksbetrieb über die Manufaktur zum industriellen Großbetrieb in der Erziehung zu imitieren versucht.

Da aber bleibt vieles auf der Strecke. Die folgenreichen Ereignisse im Lebenslauf eines Kindes sind, nach dem Willen unserer Erziehungsplanung, weniger die bedeutsamen Erfahrungen, die das Kind macht, die Entdeckungen in Familie und sozialer Umwelt, auch Kränkung und erfahrenes Leid, sondern die Gruppierungen und Umgruppierungen zu den dafür vorgesehenen Zeitpunkten: mit 3 Jahren in den Kindergarten, mit 6 Jahren in die Grundschule, mit 10 Jahren Umgruppierung auf die weiterführenden Schulen oder – in der Orientierungsstufe – »Vorgruppierung« usw. Wer im Zeittakt mithalten kann, ist erfolgreich, wer nicht, hat an den Folgen lange zu tragen.

Diese *Industrialisierung der Bildungszeit*, da sie mit zentralistischer Mentalität durchgesetzt wird, wirkt auch in das mikropädagogische Geschehen, die Familie, hinein. Ich habe die Vermutung, daß die Zerstörung der Erziehungskraft der Familie nicht so sehr von den *familienpolitischen* Eingriffen des Staates, wie man gegenwärtig immer häufiger hören kann, ausgeht, sondern daß das Übel darin liegt, daß unser institutionalisiertes Erziehungssystem mit seinen mechanischen, Lernzeit und Lernleistung verrechnenden Schemata die der Familie immer (noch!) mögliche Balance zwischen dem individuellen Bedürfnis-, Erfahrungs- und Bildungsrhythmus der Kinder einerseits und dem in die Arbeitswelt eingepaßten Zeitrhythmus der Eltern andererseits allmählich untergräbt. (Schon heute schaffen viele Familien das nicht mehr.)

3. Die Werkzeuge der Bildung

Ich denke, daß es nützlich ist, den Bildungsprozeß eines Kindes zu betrachten als eine ununterbrochene Kette von Auseinandersetzungen mit dem Szenarium, in dem es lebt und das ihm von uns, den Erwachsenen, präsentiert wird. Zwar treten, jedenfalls in der Regel, die agierenden Personen dieses Szenariums am deutlichsten hervor. Seine bestimmte Gestalt erhält das Ganze aber ebensowohl durch die Medien, die Mittel oder Instrumente, die symbolischen und die dinglichen, mit denen das Kind seine Handlungen und mit denen der Erwachsene seine Beziehung zum Kind gestaltet, instrumentiert. An dieser Instrumentierung läßt sich vielleicht am besten ablesen, daß das um die Jahrhundertwende verkündete »Jahrhundert des Kindes« einen doppeldeutigen Klang hat. Es ist weniger das

Jahrhundert des Kindes geworden als vielmehr das Jahrhundert der von den Erwachsenen *ausgedachten Kindheit.*

Wenn man – was ich bisher zu skizzieren versuchte – die Welt des Kindes erst einmal räumlich und zeitlich ausgegrenzt, umzäunt und nach dem Prinzip der Produktion von Lernerfolgen geordnet hat, dann ist der Gedanke konsequent, daß auch die Medien und Gegenstände dieses Feldes pädagogisch arrangiert werden müssen. Denn wenn die Gegenstände, die Tätigkeiten, die Handlungen und Handlungsorte der Erwachsenen nicht mehr als die rechte Lernwelt für das Kind gelten können oder sollen, dann muß man sich überlegen, was an ihre Stelle treten kann – und das ist beispielsweise die *Spielzeugindustrie.*

Bis fast zum Beginn des 18. Jahrhunderts war das Repertoire von Spielsachen für Kinder ziemlich begrenzt und blieb über die Jahrhunderte hinweg fast gleich: Reifen, Ball, Kreisel, Windrad, Puppe, Stelzen, Drachen, Schelle, Trommel, Steckenpferd usw. Das änderte sich im 18. Jahrhundert ziemlich rasch: Ein Nürnberger Spielzeug-Katalog von 1790 enthält bereits 1200 Artikel. Das zur gleichen Zeit im Entstehen begriffene Kinderzimmer mußte ja nun gefüllt werden. Und da dem Kinde die Teilnahme am Leben der Erwachsenen immer mehr verwehrt wurde und es deshalb die unmittelbare Anschauung immer mehr entbehren mußte, entsteht im Spielzeug eine imitierte Welt. Diese Lernwerkzeuge aber sollen vom Kind nicht wahllos verwendet werden, sondern in einer der Bildung förderlichen Ordnung. Es entsteht deshalb auch eine *Theorie des kindlichen Spiels* und mit ihr eine neue Kategorie von Werkzeugen: das ausgesprochene *Lernspielzeug* oder die *Lernmaterialien*: Baukästen, Lotto-Spiele, Rechen- und Lese-Spiele. In ihnen wird die Welt der Erwachsenen und die dort mögliche Erfahrung nicht einmal mehr nachgeahmt, es werden nur besondere – wie die Psychologie das dann nennt – *kognitive Fähigkeiten* trainiert; man sieht schon: Die Schule mit ihren Erwartungen dringt in die Familie ein und »abstraktifiziert« (Sohn-Rethel) die Handlungs- und Lernmuster.

Natürlich zieht die Konstruktion pädagogischer Werkzeuge noch weitere Kreise: Es werden – allerdings schon 200 Jahre früher – die Prügelstrafe erfunden, dann die ordentliche Sitzordnung, die Schulbank und – vielleicht das Wichtigste – das pädagogische Sprachspiel. Kinder und Erwachsene lesen nicht mehr das gleiche. Zu Kindern – glaubt man – müsse man anders reden als zu seinesgleichen, vor allem muß man ihnen die Welt in der präparierten Form von Kindergeschichten präsentieren usw.

4. Die pädagogischen Beziehungen

Wird die Welt des Kindes derart vermessen, gegliedert, geordnet, arrangiert, dann bleibt es nicht aus, daß auch die persönlichen Beziehungen zwischen Erwachsenen und Kindern davon betroffen sind. Auch die Welt des Kindes ist inzwischen professionalisiert, von einer Fülle von *Experten* bevölkert. Unsere Beziehung zu Kindern – so scheint es – wird dadurch nicht *notwendig* besser, eher vielleicht problematischer. Das zeigt sich wie in einem Schlaglicht in der Gesprächspsychotherapie: Dort wird vom Therapeuten verlangt, er solle »echt« sein, und er müsse in seiner Ausbildung lernen, dies im Verhalten zu seinen Klienten zu realisieren. Ein Experte für »Echtheit« also! Eine merkwürdige Entwicklung, die solche Blüten treibt – aber folgerichtig angesichts des Gewimmels von pädagogischen Berufen, deren Inhaber sicher alle ihre Sache gut können, aber jeder etwas anderes: die Grundschullehrer, Hauptschullehrer, Realschullehrer, Gymnasiallehrer, Sonderschullehrer, die Psychotherapeuten, Gesprächstherapeuten, Verhaltenstherapeuten, Psychologen, Logopäden, Gruppenberater, Einzelberater – und gelegentlich hört man schon, daß nun auch noch Eltern ein Zertifikat erwerben sollten, das ihnen ihre Erziehungsfähigkeit bescheinigt. Es gibt Kinder, die wie an einem Fließband von Experte zu Experte weitergereicht werden und deren Probleme dadurch dennoch nicht gelöst, eher noch vermehrt werden. Jeder dieser Experten verfügt natürlich über ein solides Berufswissen, bedient sich einer bewährten Theorie – einer Umwelt- oder Lern- oder Gesellschafts- oder Triebtheorie –, und er hat den zwar nicht »bösen«, aber den »Experten-Blick«, unter dem sich dieses konkrete Kind allzu leicht zu einem Fall des »homo educandus« verwandelt: der gute oder schlechte Schüler, der Sonderschüler, das schwierige Kind, das therapiebedürftige, entwicklungsgehemmte, sitzengebliebene Kind – und wie unsere Etiketten alle heißen mögen. Das Getto, das wir der Kindheit gebaut haben, ist unausweichlich – so scheint es jedenfalls bisweilen.

*

Vielleicht hat meine Beschreibung einen zu pessimistischen Klang bekommen. Vielleicht auch wird sie als »romantisch« mißverstanden. Um alles noch einmal in einem Beispiel zusammenzufassen: Unter den Verkehrsopfern der letzten 25 Jahre befinden sich 1 360 000 Kinder; die Kinderunfallrate steigt genau proportional mit der Kraftfahrzeug-Zulassungsrate; daraufhin fragen wir nicht etwa, ob unser Leben nicht vielleicht immer kinderfeindlicher, aber auch für uns Erwachsene im Grunde immer bedrohlicher wird, und versuchen es zu ändern, sondern wir erfinden die Verkehrserziehung und denken, das Problem ließe sich durch dessen Perfektionierung lösen.

Aber dennoch *muß* die Entwicklung, in die wir geraten sind, keine Sackgasse oder Einbahnstraße bleiben. Es gibt Andeutungen für *neue Wege der Kindheit;* allerdings wird es ihnen nicht gerade leicht gemacht.

Im *Schulbau* beginnt die Architektur, sich auf den Raum als Lern-Umwelt zu besinnen und das Prinzip der Kasernierung zu verlassen. Gesamtschulen und viele Grundschulen fangen gegen viele Widerstände damit an, das Korsett von *Zeitrhythmen* und Zeugnissen aufzuschnüren und nicht den alten Sortier-Mechanismus weiterzutreiben (IGS, Glocksee); Kinderheime versuchen, klein zu bleiben, um die *Trennung von Leben und Lernen* aufzuheben oder doch wenigstens zu mindern.

Und da die Kinder in ihrer »Mittel- und Hilflosigkeit« – wie Thomas Bernhardt es sagt – sich selbst keinen Ausweg bahnen können, tun es viele Jugendliche für sie, auch um den Preis der Ungewißheit oder der Vergeblichkeit. *Unsere* Art zu leben »hängt ihnen zum Halse heraus« – um mich einmal so nachlässig auszudrücken. Aber das alles sind noch Minderheiten, und sie scheitern häufig im Dikkicht der Städte und Administrationen, der Kultusverwaltungen und der als bewährt geltenden Traditionen, der zugestellten und verstopften Zukunftsperspektiven, der zentralistischen und auf Besitzstände erpichten Mentalitäten.

Jean-Jacques Rousseau hat vor gut zweihundert Jahren dieses Dilemma recht scharfsinnig gesehen und es – allerdings an verschiedenen Stellen seines Werkes – so formuliert:

»Ihr verlaßt euch auf die bestehende Gesellschaftsordnung und bedenkt nicht, daß sie unvermeidlichen Veränderungen unterworfen ist und daß ihr diejenigen, die eure Kinder erleben werden, weder voraussehen noch verhindern könnt.«[3]

Das andere Zitat lautet:

»Verlaß keinen Augenblick das Steuer, oder alles ist verloren.«[4]

ERICH E. GEISSLER

Autorität

I

1. Zu den Paralogismen – jenen Fehlschlüssen, die überall dort auftreten, wo gegen Gesetze unseres Denkens verstoßen wird – gehört auch eine Form, in der das objektive Verhältnis von Voraussetzung und Folge nicht beachtet und etwas als Grund angesehen wird, was doch allererst Folge sein kann. Man betrachtet dann etwas als gegeben, als existent, noch ehe man sich genügend um die notwendigen Mittel gekümmert hat, von denen seine Existenz doch abhängt ... Einen jener Fälle, bei denen eine unkritische Verkehrung von Voraussetzung und Folge rasch auch davon abhängiges pädagogisches Handeln in heillose Verwirrung stürzen kann, greifen wir heraus. Er tritt überall dort auf, wo Amtsautorität und pädagogische Autorität zu unbekümmert miteinander identifiziert werden und dabei unbemerkt bleibt, daß »Amtsautorität« als solche ein reines Abstraktum ist, das, für sich belassen, gar nicht wirkfähige Autorität sein kann. Amtsautorität solle gelten »unabhängig von den persönlichen Eigenschaften ihres Trägers«. Sie »beruht vielmehr auf der mit dem sachlichen Dienst gegebenen Rechtsbefugnis«. So oder in ähnlichen Formulierungen kann man es immer wieder lesen. Nun liegt dieser Definition natürlich eine gute und durchaus richtige Absicht zugrunde. Sie möchte hervorheben, daß wir einem Amte nicht nur dann Gehorsam leisten dürfen, wenn uns die Person zusagt, die das Amt jetzt verwaltet. Das Amt selber enthält einen objektiven Anspruch auf Über- und Unterordnung, gänzlich unabhängig davon, welches Maß an Sympathie, oder sei's auch Antipathie, uns mit dem derzeitigen Amtsinhaber verbindet.

So richtig diese Argumentation aber auch sein mag – wer sie für sich stehen läßt und mit ihrer Hilfe allein Autorität zu beschreiben sucht, der übersieht, daß die Fähigkeit des Gehorchens, vor allem des besonders qualifizierten freiwilligen Gehorsams, nichts ist, was Menschen, was vor allem Kinder anlagemäßig je schon mitbringen, sondern immer nur etwas, das als Erziehungsprodukt verstanden werden muß. Man kann deshalb Gehorsam bei Kindern nicht einfach voraussetzen, fordern und einklagen, sondern muß sehen, daß Gehorsam zu bilden eine ganz besondere Aufgabe für den ist, der von Rechts wegen Autorität sein soll, weil er ein Amt verwaltet. So richtig es sein mag, daß die sachliche Bedeutung eines Amtes nicht von der persönlichen Qualität des Inhabers abhängt, so ist doch diese rechtliche Seite niemals mit jener anderen Bedeutung identisch, die sich in der Achtung und Anerkennung der Menschen ausspricht. So kann man durchaus vom Amt her Autorität haben, für die Menschen aber überhaupt keine Autorität sein. Jene schon vorgegebene Bedeutung des Amtes auch im Ansehen der Menschen zur Geltung zu bringen, das eben ist die besondere pädagogische Aufgabe einer jeden Autorität. Deshalb liegt tatsächliche Autorität nicht schon dort vor, wo man sich auf das Amt stützt, sondern erst dort, wo man auch wirklich Anerkennung findet.

2. Diese eine, erste Charakterisierung nennt uns jedoch die Besonderheit pädagogischer Autorität noch nicht deutlich genug. Eigentlich befindet sich jeder Lehrende in einer prinzipiellen Schwierigkeit. Seine Schüler sollen sich interessiert und ausdauernd mit Inhalten beschäftigen, zu denen sie Sachinteressen in der Regel noch gar nicht entwickelt und deren Bedeutung sie noch nicht begriffen haben können. Sie sollen sich gehorsam verschiedenen Sachbereichen und Problemen zuwenden, noch ehe sie verstanden haben, wodurch der geforderte Gehorsam denn sachlich gerechtfertigt ist. Nur selten machen Lehrer sich klar, wie sie auch hier, bei den Lernqualitäten der Sachlichkeit, der Ausdauer, des Fleißes, des Gehorsams, oft etwas bereits zu einem Zeitpunkt beim Schüler voraussetzen, an dem die Lehrinhalte noch gar nicht von sich aus solche Lernqualitäten gebildet haben können. Meist wird dann durch Druck und Zwang ersetzt, was von der sachlichen Seite der Bildung her noch fehlt. Aber auch jene Lehrer, die dieses Problem durchaus sehen, stehen vor der Schwierigkeit, daß sie eigentlich vom ersten Augenblick der Lehre an jene guten Schülertugenden brauchten, die sie doch erst bilden müssen. Anscheinend können wir uns nur dadurch aus der Kalamität unvermeidbarer Verfrühungen heraushelfen, daß wir eine Zeitlang ersatzweise vermittelndes indirektes Interesse und indirekten Fleiß herzustellen suchen; ein Interesse, das nur mittelbar auf den Lehrinhalt gerichtet ist, Fleiß, der sich nicht auf unmittelbares Sachinteresse stützt.

Mittelbares Interesse kann durch Druck erzeugt werden (dessen Nutzen allerdings meist durch schädigende Nebenwirkungen überlagert wird); auch sogenannte »Locksituationen« können vermittelnd helfen (Lob, Belohnungen, Vergünstigungen). Eine wichtige vermittelnde Instanz kann aber auch die Person des Lehrers sein. Tatsächlich gehorchen Schüler lange Zeit weniger aus Einsicht, denn diese ist ja gar nicht genügend ausgebildet, auch nicht aus Pflicht, denn diese hängt, wenn sie wirklich sachlich motiviert sein soll, ja wiederum von Einsicht ab. Schüler gehorchen dem Lehrer; entweder weil sie dieser einfach zwingt und ihnen keine andere Wahl läßt oder weil er sie durch Respekt und Vertrauen zu binden weiß. Bis in die Gymnasialoberstufe hinein läßt sich feststellen, wie leicht und schnell anläßlich eines Lehrerwechsels und einer dabei neu zustande gekommenen Sympathierelation zwischen dem Lehrer und seinen Schülern ein bislang angeblich ganz und gar uninteressantes Fach manchmal über Nacht in eine völlig veränderte Interessenbeziehung treten kann.

Natürlich ist richtig, was manchmal eingewendet wird: daß es sich bei einem nur indirekten Interesse doch um etwas Unvollkommenes handle, weil ein Bildungsinhalt schließlich um seiner sachlichen Bedeutung willen assimiliert, einer Autorität ihrer objektiven Legitimation wegen gehorcht werden müsse. Nur sollte doch immer bedacht werden, wie sehr solche Forderungen einen Endzustand, ein Ziel, jedoch keinen methodischen Anfang bezeichnen. Deshalb wird die persönliche Autorität eines Vaters, eines Lehrers so lange für freiwilligen Gehorsam sorgen müssen, bis Urteilsfähigkeit genügend ausgebildet, Mündigkeit erreicht, sachlich motivierter Gehorsam gekräftigt wurden. Illusionär und pädagogisch wahrhaft ruinös hingegen ist jene gerade in Fragen der Autorität leider häufig anzutreffende Einstellung, die etwas beim Schüler voraussetzt, was doch selber allererst gebildet werden muß.

II

1. Wenn Autorität zu werden eine besondere Aufgabe ist, die der Lehrer zusammen mit seinem Amte übernimmt, dann muß er wissen, wie Anerkennung sich bilden läßt, dann muß er zuvor noch wissen, was er unter Autorität verstehen soll. Beginnen wir deshalb jetzt mit einer – sit venia verbo – Phänomenanalyse des so überaus schillernden Begriffs Autorität[1].

Offenbar meint Autorität – wenn sich unsere erste Betrachtung auf die Frage richtet: Wie zeigt sie sich eigentlich? – immer ein Faktum aus dem Spannungsfeld des sozialen Raumes, nämlich ein bestimmtes Verhältnis von Menschen zueinander. Weder besitzt der einzelne schon als einzelner Autorität, noch kann man sie einem Naturding oder einem geistigen Gebilde zuerkennen, es sei denn in einem vergleichsweisen, analogen Sinn.

In diesem Verhältnis, das wir Autorität nennen, zeigt sich eine gewisse Abhängigkeit, ein Oben und ein Unten, denn es ist zu unterscheiden zwischen solchen, die Autorität besitzen, und solchen, die ihr unterstehen. Offensichtlich haben Autoritätsverhältnisse immer etwas mit sozialer Macht zu tun. Wer Autorität hat, besitzt einen Einfluß, der das Wollen und das Handeln der Untergebenen bestimmt.

Aber der Begriff »soziale Macht« allein genügt noch nicht, um Autorität ausreichend zu bestimmen. Er gibt uns lediglich die nächsthöhere Gattung an, unter die Autorität eingeordnet werden muß, läßt uns jedoch über das artunterscheidende Merkmal, das Autorität von anderen Formen sozialer Macht abhebt, noch im unklaren. Wer die umfangreiche Literatur zum Autoritätsproblem kennt,[2] weiß, daß es eben an solchen notwendigen Unterscheidungen häufig mangelt, was der zeitweilig kräftigen Autoritätskritik zugute kam. Deren Einwände und Vorwürfe lassen sich ja zumeist nur dort aufrechterhalten, wo eine Begriffsungenauigkeit vorliegt, weil als Autorität bezeichnet wird, was eigentlich anderen Formen sozialer Macht zugehört.

Soziale Macht kann sich zeigen in der Form der Autorität wie auch in der von Zwang und Gewalt. Während Zwang nicht nach dem eigenen Willen, nach einer freien Entscheidung des Betroffenen fragt, sondern sich über seine Entscheidung hinwegsetzt, wirkt Autorität nicht gegen den freien Willen des Gehorchenden. Mit dieser Unterscheidung setzen wir uns gleich von vornherein von jenem Mißverständnis ab, bei dem man scheinbar gegen Autorität polemisiert, in Wahrheit aber immer nur vom Zwange spricht. Der Gezwungene muß gehorchen, weil er gar nicht anders kann. Wer einer Autorität folgt, gehorcht, weil er selber es will. Macht als Zwang setzt sich durch, gleichviel, ob die Betroffenen zustimmen oder nicht. Macht als Autorität gewinnt ihren Einfluß durch eine freie Zustimmung. Dem Zwang gegenüber bedeutet Gehorsam äußerliches Unterwerfen. Der Autorität gegenüber bedeutet Gehorsam ungezwungene Zustimmung. Es ist deshalb durchaus nicht richtig, auch bei solchen Herrschaftsverhältnissen von Autorität zu sprechen, die sich auf wirtschaftliche oder gar physische Machtmittel stützen. Jeder kann daher eine auf Zwang gestützte Herrschaft ausüben – sofern er nur die notwendigen Mittel besitzt –, dagegen kann eigentlich niemand mit absoluter Sicherheit Autorität erlangen.

Ungezwungener Gehorsam ist ein Teil der Bestimmungsmerkmale, die Autorität konstituieren. Ein anderes Merkmal ist, daß solcher Gehorsam nicht direkt aus der eigenen Einsicht in die sachlichen Zusammenhänge stammen kann. Wenn durch eigenes Urteil ein Sachverhalt für richtig erkannt wurde, dann ist Gehorsam eigentlich nichts anderes mehr als eine Übereinstimmung zwischen Denken und Tun. In Autoritätsverhältnissen fehlt diese Unmittelbarkeit. Urteile entstammen nicht eigener Überlegung, sondern werden von anderen mitgeteilt. Der Gehorsam richtet sich nicht nach dem eigenen Denken, sondern nach den Überlegungen anderer.

2. Nun scheint es doch, als wäre die Behauptung, es gäbe Freiwilligkeit trotz fehlender eigener Einsicht in den Sachverhalt, eine Art von Widerspruch in sich. Auf was denn anderes als auf eigene Überlegung und eigenes Urteil sollte freier Gehorsam sich stützen können?

Tatsächlich ist der freie Gehorsam eines noch unmündigen Kindes anders geartet als der eines mündig gewordenen Erwachsenen. Mancher, der diesen wichtigen Unterschied übersieht, mokiert sich auch gern über die Forderung, noch Unmündigen freien Gehorsam zuzubilligen. Das bedeute denn doch, so meinen jene, vollendeten Libertinismus und recht eigentlich einen Verzicht auf jede kontinuierliche Ordnung. Erziehung weise sich schließlich doch dadurch aus, daß sie eben nicht jeden machen läßt, was er gerade will, sondern vielmehr Verhaltensformen, Vorstellungen, Urteile, Motivationen ordnet.

So richtig dieser Einwand ist, so hebt er doch das vorhin über das Verhältnis von Autorität und Gehorsam Gesagte keineswegs auf. Der Widerspruch klärt sich vielmehr, wenn man das vieldeutige Wort »frei« etwas analysiert. Freisein kann völlige Ungebundenheit bedeuten und bezeichnet dann das Gegenteil von Ordnung, einen chaotischen Zustand. Überall aber, wo es Ordnungen gibt, im Bereich der Naturgesetze so gut wie im Bereich der Technik, im Geistigen r atürlich, vor allem aber auch innerhalb menschlicher Gesellschaften, zeigt sich diese Art von Freiheit, die wir besser Willkür nennen sollten, eingeschränkt.

Eine andere Art von Freiheit dagegen wird von dieser Begrenzung nicht betroffen. So widerstrebt es unserem Sprachgefühl wie unserem Denken überhaupt, moralisches Verhalten ein unfreies Verhalten zu nennen oder »Achtung für's Gesetz« (Kant), Respekt vor gesellschaftlichen Ordnungen, Rücksicht auf Sitte und Etikette als Unfreiheit zu bezeichnen; obwohl mit dem einen wie mit dem anderen Einschränkungen individueller Willkür sicherlich verbunden sind. Moralität, Gesetz, Sitte, Ordnungen jeder Art, natürlich auch geordnete Vorstellungen und Wissensbestände sind Phänomene, die Objektivität und Überindividualität in sich tragen und deshalb ganz bestimmt nicht nur von dem aus beschrieben werden können, was jemand, seinen besonderen Neigungen folgend und losgelöst vom Allgemeinen, je und je für richtig hält. Wenn auch Erkenntniskritik zu Recht immer wieder auf die starke Relativität allgemeiner Sätze und Regeln verweist – sei's, weil wir ein eingeschränktes Erkenntnisvermögen besitzen, sei's, weil die Gesellschaft als Ganzes in einer fortgesetzten geschichtlichen Veränderung begriffen ist –, so wäre Gesellschaft ohne gemeinsame Ordnung (die allerdings weit weniger in Staatsgesetzen, weit mehr in dem begründet ist, was wir umfassend »Kultur« nennen) keine Gesellschaft mehr.

Bildung – dazu gehören Unterricht als Wissensvermittlung, Erziehung als Verhaltensformung – aber ist »Kultur nach der Seite ihrer subjektiven Zueignung« (Adorno), Assimilation folglich, Ein- und Unterordnung zugleich. Kulturassimilation durch Bildung schränkt nun zwar individuelle Beliebigkeit ein, bedeutet jedoch stets zugleich auch ein Stück Befreiung, weil ja erst durch sie der Einzelne so handlungs- und verfügungsfähig wird, daß wir zu Recht von Mündigkeit sprechen können. Die Freiheit des gebildeten Menschen in der Gesellschaft setzt die Einschränkung seiner Willkür durch Akkulturation voraus.

Kultur kann ein Lehrer auf zweifache Weise vermitteln. Er kann Bildungsinhalte oktroyieren und die Einschränkung der Willkür in Drucksituationen erzwingen, muß dann allerdings immer bedenken, wie sehr er dadurch entscheidende Bildungsgehalte zerstört und Bildung zu einer mehr oder weniger großen Summe abfragbarer Fakten veräußerlicht. Dagegen kann er auch versuchen, die ursprüngliche Lern- und Bildungswilligkeit der Kinder zu lenken, ihre Interessen zu stärken und vorsichtig zu differenzieren, damit die Heranwachsenden nach Möglichkeit von sich aus lernen und aktiv aufnehmen, was sie unserer Vorstellung vom gebildeten Menschen nach wissen und tun sollen. Der Unterschied zwischen der einen und der anderen Vermittlungsform liegt weitaus weniger im Bildungsgehalt. Schließlich findet der Schüler hier wie dort die Lehrpläne der Schulen vor, und seine Wahlmöglichkeiten zwischen diesen oder jenen Lehrgegenständen sind bescheiden, verglichen mit dem, was objektiv festliegt. Gänzlich anders ist es indes mit der pädagogischen Intention bestellt, nach der dort Bildungsvermittlung geschieht, wo man »Zugsituationen« (Winnefeld) den eindeutigen Vorzug vor allen »Drucksituationen« gibt. Bildungsvermittlung zeigt sich hier weit weniger als eine von außen ansetzende Prägung, weit mehr hingegen vollzieht sie sich durch eine gelenkte Aktivität des Kindes selber. (Allerdings ist der geforderte Verzicht in der Praxis unserer Schulen weit mehr Programm als Wirklichkeit. Das hängt vor allem mit didaktischen Fehlern der Schulorganisation und Lehrplangestaltung zusammen, durch die Lehrer oft wider Willen in Drucksituationen getrieben werden, mit Fragen, auf die ich in diesem Zusammenhang nicht näher eingehen kann.) Jetzt dürfte die Schwierigkeit aufgelöst sein, die vorhin als Widerspruch erschien. Natürlich lenkt auch Autorität und schränkt reine Willkür dabei ein. Ihre indirekte Lenkung ist jedoch immer derart, daß sie der Schüler nicht als Zwang empfindet, gegen den sich immer alsbald Reserve und Ablehnung bilden, die nach und nach zu einer Voreingenommenheit gegen Bildung überhaupt auswachsen können. Wir können deshalb sagen: Autorität hat, wer sein Lehramt so verwaltet, daß die Kinder ihm von sich aus gehorchen wollen.

Da man freiwillig nur tut, was überzeugt hat, in diesem Falle die Überzeugung aber nicht aus eigener Einsicht stammen kann, deshalb stützt der freie Gehorsam des Schülers sich weitaus weniger auf Sachkenntnis, weit mehr dagegen auf persönliche Beziehungen. Und wenngleich der Schüler – vom Bildungsziel her besehen – natürlich eigenen Überlegungen gehorchen sollte, weniger emotionalen Bindungen, so ist das ein Endzustand, den man wohl erstreben, kein methodischer Anfang jedoch, an den man anknüpfen könnte. Tatsächlich gehorchen Schüler lange Zeit entweder aufgrund von Drohungen und Strafen – die wir nach Möglichkeit vermeiden wollen, weil sie nur äußerlichen, widerstrebenden Scheingehorsam erzeugen, richtige Gehorsamshaltung dagegen zumeist zerstören – oder aufgrund von Sympathierelationen, in die Respekt und Achtung vor dem eigenen Engagement des Lehrers und seinen fachlichen Leistungen eingehen. Kinder gehorchen tatsächlich weitaus weniger direkt sachlichen Forderungen, für deren Bedeutung sie noch wenig Verständnis aufbringen. Deshalb muß der Lehrer, nicht nur als Fachmann, sondern als Person, vermittelnd helfen; so lange wenigstens, bis im Schüler Interessen ausreichend gebildet, Selbständigkeit im Handeln eingeübt, sachliches Urteilen und Denken ausgebildet worden sind.

3. Nicht auf eigene Überlegungen gestützter, dennoch freier Gehorsam kann nur innerhalb eines Vertrauensverhältnisses bestehen. Deshalb bleibt die Überzeugungskraft einer Autorität stets an die Vertrauenswürdigkeit ihres Trägers gebunden. Alles, was das Vertrauen der Schüler zu ihrem Lehrer stärkt, befestigt auch ihren willigen Gehorsam und stärkt damit zugleich auch die tatsächliche Autorität des Lehrers. Alles, was diese Bindung des Vertrauens

schwächt, löst mit dem freiwilligen Gehorsam zugleich auch Autorität auf. Vertrauen zu bilden ist folglich eine der wichtigen Voraussetzungen, die ein Erzieher erfüllen muß, um Autorität zu werden. Ein Kind vertraut überall dort, wo es Geborgenheit erfährt. Das gilt selbst noch für die Zeit der Flegeljahre, in der Knaben doch anscheinend mit Absicht aus der Geborgenheit ihrer Elternhäuser auszubrechen trachten. Dem Gefühl der Geborgenheit wiederum gehen verschiedene andere Erfahrungen des Kindes voraus: Ein verspürtes ursprüngliches Wohlwollen von seiten seiner Erzieher gehört dazu, das von keinen Vorleistungen des Kindes abhängig gemacht wird (die Einstellung mancher Erzieher zum Kind: »Ich hätte dich ja lieb, wenn du nur so wärest, wie ich es wünsche!« ist das genaue Gegenteil eines solchen ursprünglichen Wohlwollens und wahrscheinlich der Grund, weshalb viele Jugendliche daheim keine Geborgenheit finden, trotz äußerlichen Wohlergehens), die Gewißheit außerdem, daß die eigene Sorgebedürftigkeit in der Fürsorge der anderen aufgehoben ist, Bestätigungen schließlich, die aus Erfolgserlebnissen und Anerkennungen stammen, zu denen der Lehrer dem Kinde verholfen hat. Hier überall fühlt ein Kind sich bestätigt, gesichert, geborgen. Hier ist sein Vertrauen und mit ihm sein williger Gehorsam fundiert. Deshalb muß ein Lehrer außer auf fachdidaktische Zusammenhänge des Stoffes stets auch auf diese emotionalen Bindungen und Sympathierelationen achten. Er muß wissen, welche Lehrmethoden dieser affektivemotionalen Grundlage der Erziehung in besonderer Weise entsprechen, und muß solche Methoden meiden, die die emotionale Basis des willigen Gehorsams angreifen (wie es beispielsweise der »Frage-Antwort-Betrieb« [Ruppert] in einer Jahrgangsklasse bei einer größeren Zahl von Schülern immer tun wird).

4. Hier muß ich auf einen kritischen Einwand näher eingehen, daß Autorität nicht erst entstehe, sondern vielmehr vom kategorischen Anspruch des Amtes her einfach da sei. Der Vater sei feste Autorität, weil er Vater ist, mag der Sohn gleich ungehorsam sich gegen ihn stellen. Der Lehrer möge als Träger eines gesellschaftlichen Auftrags schon legitime Autorität; nicht erst dann, wenn die Schüler ihm gehorchten. Autorität gründe in der Objektivität und Rechtlichkeit des Amtes allein.

Dieser häufig zu hörende Einwand ist deshalb so schwerwiegend, weil ihm völlig andere Vorstellungen von der Qualität des Gehorsams und seiner moralischen Bewertung zugrunde liegen. Gehorsam wird jetzt *gefordert*. Dem Vater sei zu gehorchen, weil er Vater, dem Lehrer, weil er Lehrer ist. Die persönliche Beziehung zwischen

Vater und Sohn, Lehrer und Schüler habe rein psychologische Bedeutung, die mit moralischen Kategorien nicht vermengt werden dürfe. Gehorsam zu sein, dazu seien Kinder moralisch verpflichtet. Nach dieser Auffassung bedeutet Autorität eine Verpflichtung des anderen im Gewissen und liegt deshalb jenseits aller zwischenmenschlichen Beziehungen, aller vorausgehenden Fürsorge, aller vertrauenden Nachfolge.

Zweifellos ist die Voraussetzung wichtig, von der aus dieser Einwand erhoben wird. In ihr findet sich die Überzeugung, daß die Gültigkeit eines Amtes nicht von zufälligen subjektiven Führungsqualitäten und einer ja ebenso zufälligen Bereitschaft zum Gehorsam abhängen dürfe. Das ist richtig. Unsere Frage ist aber, ob dieses Recht, zu führen und zu binden, allein schon Autorität genannt werden soll oder ob nicht diese Bezeichnung erst auf jenes wirkliche Machtverhältnis zutrifft, wenn mit dem Rechtsanspruch im Rücken (den das Amt verleiht) wirklich Gehorsam gebildet worden ist. In der Literatur zum Autoritätsproblem ist zwischen diesen beiden doch wirklich recht verschiedenen Seiten selten richtig getrennt worden. Deshalb finden sich oft jene doch recht unglücklichen und sachlich auch unrichtigen Unterscheidungen zwischen sogenannten »echten« und »tatsächlichen« Autoritäten. Jene soll den Rechtsanspruch, diese die Anerkennung durch Gehorsam bezeichnen.

Natürlich wird die sachliche Gültigkeit eines Amtes, auch des Lehramtes, immer von gänzlich anderen Faktoren abhängen als der Gunst freiwillig Gehorchender. Die Legitimation einer Autorität ist deshalb keine Frage einer »Anerkennung von unten«. Ob der Rechtsanspruch dann aber auch zu tatsächlicher Anerkennung gebracht wird, ist ein anderes Problem. Auf jeden Fall ist Rechtsanspruch des Amtes allein noch keine ausreichende Ursache für ein funktionierendes pädagogisches Führungsverhältnis. Vielmehr schließt das Amt für seinen Träger die ausdrückliche Pflicht in sich, Autorität zu werden, denn sie ist kein Prädikat, das zusammen mit dem Amte verliehen wird, sondern eine Verpflichtung, die eingelöst haben muß, wer seinen Erziehungsauftrag ordentlich verwalten will.

5. Wir sprechen über die Genese der Autorität. Über die Lineamente dieser Entwicklung orientiert zu sein, sie sodann richtig zu handhaben ist die eine Seite des Erziehungsauftrags. Hinzu kommt eine augenscheinlich entgegengesetzte zweite. Ist Autorität während einer ersten Erziehungsphase eine zunehmende Größe, abhängig von der Erziehungskunst des Lehrers und des Vaters, so nimmt

sie in einer zweiten Phase ab. Weil Autorität eine mittelbare Form von Erkenntnis ist, darauf aus, dem Kinde beim Urteilen und Handeln so lange zu helfen, bis es nach und nach in immer neuen Bereichen selbständig wird, deshalb muß Autorität dann auch überall dort zurücktreten, wo sich der heranwachsende Mensch einen neuen Bereich an Selbständigkeit erschlossen hat. Bleiben mag dann noch eine Autorität des Rates, aufgegeben werden muß eine Autorität des Gebotes. Während es also zuerst für den Erzieher darauf ankam, Autorität zu werden, »die Gewalt zu erlangen, deren es bedarf« (Herbart), ist es jetzt seine vornehmliche Pflicht, die Schüler nach und nach wieder von seiner Autorität zu lösen. Im gleichen Maße, in dem pädagogische Autorität Urteilsvermögen schärfen, Selbstverantwortung entwickeln hilft, schränkt sie sich selber ein. Autorität zu werden ist eine zeitlich erste Aufgabe des Erziehers; sich selber überflüssig zu machen, sich nicht zu lange an das Verhältnis sozialer Macht zu klammern ist seine zweite. Gelingt die »Bindung« nicht, so wird Bildung nicht richtig in Gang kommen, die ohne vermittelnde Lehre schlecht möglich ist. Bleibt die »Befreiung« aus, so gelangt Bildung zu keinem richtigen Abschluß.

6. So wichtig Autorität für eine sach- und persongerechte Erziehung ist, so gibt es doch immer wieder Situationen, in denen der Erzieher, im Interesse der Kinder selber, sich auch einmal gegen ihren Willen durchsetzen muß. Keine gesellschaftliche Institution, auch keine Schule, kann sich auf freiwilligen Gehorsam allein stützen. Sie brauchen auch noch andere Machtmittel, mit denen Ordnungen auch dort noch erhalten werden können, wo sich Gehorsam weder aus Vertrauen noch aus Einsicht einstellen will. Doch gilt hier immer: Auch wenn sichernder Zwang nötig sein sollte, so wird durch ihn doch nicht erzogen. Er schützt allenfalls den Raum, in dem dann eigentliche positive Bildung vor sich gehen kann.

III

Fassen wir zusammen: Aus der Reihe unserer Überlegungen ergeben sich verschiedene Folgerungen. Betrachten wir zunächst jene im Hinblick auf das Kind. Weil auch das Kind, trotz aller für seine Entwicklung noch nötigen Fremdhilfe und Führung (heteronome Erziehungsmaßnahmen), schon immer Individuum ist – einmalig, einzigartig, unwiederholbar –, deshalb nimmt es nur den wirklich als Autorität an, der seine personale Eigenständigkeit nicht einschränkt, sondern stützt, ausweitet, mündig macht. Das bedeutet für den Erzieher: Er wird von seinen Schülern nur dann als Autorität anerkannt werden, wenn er sie vorher als Personen bestätigte. Damit begrenzt sich zugleich die Möglichkeit seiner, und das heißt, eben der pädagogischen Autorität. Sie ist kein mit absolutem Anspruch ausgestattetes Führungsverhältnis, sondern erhält von ihrer erzieherischen Bedeutung her – vormundschaftlich Hilfe bei der Bildung Heranwachsender zu leisten – eine Grenze gesetzt. Es kann geradezu als Gesetz geistiger Entwicklung formuliert werden, daß Individualität verkümmert, je fester die Bildungsvorgänge an einen Zwang gekettet werden, der sich zu Unrecht als Autorität ausgibt. Deshalb ist dem Führungsauftrag des Erziehers die Sorge für freien Gehorsam der Heranwachsenden so ausdrücklich überantwortet.

Autorität und Erziehung sind beide durch gegensätzliche Positionen bestimmt. Erziehung soll Führen und Wachsenlassen zusammenbringen, Autorität Gehorsam und Freiheit miteinander verbinden. Diese aus dem Verhältnis von Sachforderung und Reifeprozeß entstandene Gegensätzlichkeit wird in der Person des Lehrenden besonders deutlich. Ohne Annahme von Kultur, ohne Beugung unter ihre Inhalte kann keine Bildung geschehen. Die Verstandeskraft der Lernenden reicht selten von sich aus, niemals von vornherein so weit, die Notwendigkeit dieser Beugung einzusehen, die wiederum äußerlich bleibt und sogar von schädigender Wirkung sein kann, wenn sie einfach nur erzwungen wird. Die Chance pädagogischer Autorität liegt darin, über dieses Dilemma hinwegzuhelfen, weil sie, »sinnlich einlenkend« (Pestalozzi), mit Hilfe emotionaler Verbundenheit sachliche Forderungen vermitteln hilft. Für den Lehrer aber wachsen die Schwierigkeiten. Er muß sachliches Wissen stets mit der Kunst richtiger Menschenführung zusammenbringen, die Fachmethode mit einer richtigen Erziehungslehre verbinden.

Andere Schwierigkeiten gehen noch weiter. Ohne persönliche Nähe zu einem Lehrer, das heißt ohne Autorität, bleibt Bildung für ein Kind ein fragliches Unterfangen. Doch die in jeder Autorität enthaltenen Führungsmomente können zugleich die Entwicklung zur Mündigkeit hemmen, wenn nicht gar verbiegen, weil kein Lehrer verhindern kann, daß sich durch seine Vermittlungen und Vorinterpretationen nicht auch Vorurteile bilden, die Entscheidungen vorwegnehmen, ehe noch die Voraussetzungen für echte Entscheidungen überhaupt erfüllt sind. Jeder Lehrer steht deshalb vor dem Gegensatz: Er muß an seine Autorität binden, damit die Lehrgegenstände in ihrem objektiven Gehalt sichtbar werden, und er muß zugleich auch wieder von seiner Lehrmeinung distanzieren können, weil sie von subjektiven Interpretationen nicht frei sein wird. Schließlich zeigt sich uns noch ein letzter Aspekt, in dem die vielfältige Verantwortung des Autoritätsträgers besonders deutlich wird. Ohne Zweifel sollte jeder Lehrer über die Technik eines Autoritätsaufbaus Bescheid wissen. Nur so kann er ja dem Auftrag entsprechen, Autorität zu werden. Damit erhält allerdings auch eine organisierte Bildung in einem verstärkten Maße Möglichkeiten an die Hand, beliebige, auswechselbare oder auch ganz bestimmte, vorgeschriebene Inhalte so zu vermitteln, daß sie der Jugend die Tendenz späterer weltanschaulicher Entscheidungen unbemerkt vorschreiben. Das, was später als eigene Entscheidung auftreten mag, ist in Wirklichkeit durch eine geschickt verfahrende Autoritätsbindung manipuliert worden.

Beide Fehlformen können sich in jedem Autoritätsverhältnis zwischen Erziehern und Kindern zeigen. Es gibt letztlich nichts, was den Erzieher davor zurückhält, daß die gerade durch den willigen Gehorsam der Kinder ihm in die Hand gelegte Macht nicht nun ihrerseits entartet, so wie der Zwang in der Erziehung oft entartet ist, nichts als die durch Sachforderungen wie durch die anvertrauten Personen gebundene erzieherische Verantwortung.

Peter Brückner

Zur Pathologie des Gehorsams

»Erziehung«, heißt es bei St. Bernardus, einem spanischen Jesuiten und Pädagogen, »Erziehung beugt den Nacken, verbannt übermäßiges Gelächter, beherrscht die Zunge, zügelt den Gaumen, beschwichtigt den Zorn und regelt den Gang.« Das Medium, in dem Erziehung sich hier bewegt, ist das des *Gehorsams*, der gefordert werden muß, wenn neben der sozialen auch die biologische Existenz des Heranwachsenden unterjocht werden soll. Noch heutzutage wird in Diskussionen über Strafprobleme in der familiären oder schulischen Erziehungspraxis vorgeschlagen, man solle Gehorsam fordern, auf daß das Kind lerne, seine eigene Natur zu meistern. Die Erziehung findet dann ihr Ende darin, daß aus der Beherrschung Selbstbeherrschung geworden ist und der Heranwachsende seinem Gewissen so folgt wie vordem nur der Autorität. Insofern wurde er dann Herr und Meister seiner Natur. Ein solches asketisches Ideal haben wir nicht gemeint, als wir uns eben dieser Worte bedienten; ist uns doch die »Natur« des Menschen vor allem seine Gesellschaft. St. Bernardus nicht anders als M. Luther und gegenwärtige Erzieher wollen, daß eine mehr oder weniger explizit als biologisch gedachte Natur im Gewissen bemeistert werde.

Hier stößt freilich die Reflexion auf einen höchst bewegenden Tatbestand: Diese (biologische) Natur des Menschen, die zu beherrschen die soziale und gesellschaftliche Erziehung von ihm fordert, ist selbst schon weitgehend gesellschaftlich determiniert. Es gibt keine präsoziale menschliche Natur, sowenig wie es anthropoide Frühformen des Menschen gibt, die das Werkzeug und damit Arbeit noch nicht kannten. Das Neugeborene ist gesellschaftliches Wesen in statu nascendi; die ersten extrauterinen Kontakte mit der Mutter sind schon Gesellschaft in actu. An die Stelle angeborener Verhaltensregulationen haben sich bei dem homo sapiens Lernprozesse gesetzt; ebendiese Lernfähigkeit des Menschen und die Lehrfähigkeit seiner Mitwelt machen es aus, daß schon das frühe Zusammenleben des Säuglings mit der Mutter unter einem normativen Zusammenhang steht. Aus diesem Grunde ist die Gattung »Mensch« ihrer Sozialgeschichte gegenüber alles andere als unabhängig – *die* menschliche Natur, zu deren Bemeisterung Gehorsam gefordert wird, muß auch im einzelnen weitgehend Produkt ebendieser Sozialgeschichte, Produkt von Vergesellschaftung sein. Man wird deshalb die Frage zulassen, ob nicht vieles, zu dessen Zügelung es des Gehorsams bedürfte, damit soziales Leben funktioniere, nicht überhaupt erst sozialem Verhalten entspringt. Jene Forderungen, die an ein Kind gerichtet werden um des reibungslosen Funktionierens in der Familie und Schule willen, erzeugen Verhaltensweisen mit, die wir dann durch Autoritätsakte zu inhibieren trachten. Von dem doch auch sozial anerkannten pädagogischen Ideal, Erziehung solle danach streben, sich selbst überflüssig zu machen, sind wir weit entfernt; es sei denn, diese ideale Forderung reduzierte sich darauf, ein funktionierendes Gewissen als Geßlers Hut im Heranwachsenden aufzupflanzen.

Wie für die Gattung, sind auch für den Einzelnen als erste Tatbestände der Sozialisation demnach gegeben: seine physische Organisation, die ihn nach Nahrung begehren läßt und die als lernfähige auf Gesellschaft angelegt ist, und die Mutter, die ihm die Nahrung gibt. Indem sie dem Säugling sich zuwendet, gibt sie mehr: »... Ideen, die sich des Kindes in der Wiege bemächtigen und sich ihm mit der Liebkosung der Mutter mitteilen, es in seinen Spielen umgeben, in der Form verschiedener Gefühle mit der eingeatmeten Luft bis auf das Knochenmark durchdringen«,[1] gibt ihm Tradition, die im gesamten emotionalen Verhalten und Umgangsstil der Mutter unthematisch anwesend ist. Die *Tradition* ist ja jene besondere Form der Konservierung gattungs- und kulturspezifischer Verhaltensweisen (im weitesten Sinne auch rezeptive, präreflexive Schemata einbeziehend), die dem Menschengeschlechte leistet, was dem Tier die Vererbung ist.

An dieser Stelle läßt sich eine kurze Erinnerung an die deutschen Verhältnisse nach 1933 nicht recht vermeiden. Sie haben gezeigt, daß Erbtheorien auf die Frage nach dem konkreten Ursprung menschlichen Sozialverhaltens keine befriedigende Antwort mehr geben. Denn zugestanden selbst, daß der erbliche Pykniker, die »Frohnatur«, sein Unrecht anders verübt hat als der Leptosome mit »des Lebens ernstem Führen«, so war doch die Differenz im Entscheidenden *für die Opfer* gering. Die Mörder, deren Sprache schon wieder unter uns laut zu werden beginnt, folgten nicht einer Stimme des Blutes, sondern dem Befehl; sie rekapitulierten kein gen-gespeichertes Sozialverhalten, sondern waren gehorsam; so angenehm dies ihnen auch immer gewesen sein mag. Das gesamte Phänomenfeld »Deutschland unter Hitler«, dessen Vergegenwärtigung uns nachts nicht schlafen läßt, ist überhaupt erst einer Analyse zugänglich, wenn wir einräumen, daß solche menschliche »Natur«, dieses Verhalten nicht vererbt werden, sondern daß sie konstituiert sind von der Wirksamkeit aktueller Kräfte im sozialen Feld und dann von gemeinsamen Traditionen – beginnend mit der Sprache, endend bei nichtformulierten, fast mythisch anmutenden Bereitschaften, der Macht des Stärkeren sich zu fügen, Befehlen zu folgen und einmal eingeschliffene Ausführungsgewohnheiten nie mehr in Frage zu stellen. Hier gewinnt freilich das Gehorsamsproblem ein neues Antlitz; wir werden darauf zurückkommen.

Die Forderungen der Tradition nun also, die von den Eltern gegenüber den Heranwachsenden repräsentiert wird, stoßen im Prozeß der Erziehung auf ebenso mächtige Forderungen, die von der biologischen Organisation an das Neugeborene gestellt werden. Triebbedürfnisse heischen sofortige Befriedigung; der neue Erdenbürger bringt noch keine innere Instanz mit, die etwa einen Aufschub der geforderten Befriedigung autonom erzwingen könnte. Sobald das Kind später über seinen Bewegungsapparat einigermaßen verfügt, strebt es zu jenen Objekten, die seinem Bedürfnis lustvolle Befriedigung versprechen. Bedürfnisse, die bald nicht mehr die gleichsam organische Natur haben wie die frühesten nach Nahrung, Schlaf, Wärme. Kinder lernen, ursprüngliche Objekte gegen andere auszutauschen, doch bleibt unter den uns bekannten sozial-klimatischen Bedingungen den Triebansprüchen der kategorische Charakter ein ganzes Stück weit erhalten. Die kulturelle Tradition, der soziale Leitwert setzen diesen Triebforderungen ebenso kategorisch Barrieren.[2] Bornierte Erziehung nimmt nie zur Kenntnis, daß bereits auf der frühesten Stufe gehorsamsartiger Verhaltensweisen, der des Triebgehorsams, das Kind nicht einfach einem »Befehl!« konfliktlos pflichtig sein kann, eben dem seiner Bedürfnis- und Lustwelt, sondern ins Handgemenge mit der Kultur gerät. Die Annahme kultureller Tradition und sozialen Wohlverhaltens findet in einem Alter statt, wo die Kinder »auf Treu und Glauben«, auf Autorität und Vertrauen annehmen müssen, was die Eltern ihnen anbieten. Die intimen sozialen Bezüge der Kindheit, bestimmen in der Art einer archaischen Matrix ungeprüft auch spätere Sozialerfahrung; hierin liegt ihre gesellschaftliche Bedeutung als Stabilisator ebenso wie die fürs Individuum – als Konfliktgenese. Über die individuelle Störung erhält sich Gesellschaft als die, die sie ist. Gewiß nicht nur für den unmündigen kleinen Partner bei der Produktion des künftigen Werktätigen, nicht nur für das Kind also verläuft hier das meiste undurchsichtig, auch die großen Partner der Sozialisation, die Eltern, folgen den traditionspflichtigen Techniken der Erziehung oft ebenso unreflektiert, wie sie deren sachlichen Gehalt unkritisch übernehmen. Denn die Ziele und Techniken der Sozialisation und Enkulturation des Kindes bedürfen keiner Thematisierung oder bewußten Einübung, weil sie, von der Elterngeneration verinnerlicht, auch durch das gesamte kulturelle Angebot einer Epoche wie mit feinen Fäden gewebt sind. Sie werden der Reflexion überdies durch gleichfalls verinnerlichte Abwehrmechanismen entzogen. Immer versteht sich für Eltern das von selbst, was sie erzieherisch vom Kinde fordern; gerade das Selbstverständliche, das, was in Gewohnheiten sich verbirgt, wird nicht in Frage gestellt, es wird eher noch von Gelehrten als ein Apriori philosophisch wiedergefunden und bestätigt scheinbar, was es bloß redupliziert.

Die Ziele und Techniken der Sozialisation des »kleinen Wilden« sind keineswegs immer rational ausgewiesen und reichen tief in die Selbsterfahrung eines jeden von uns. Im soziologischen Labor des Psychoanalytikers findet sich am Grunde der Selbsterfahrung des Analysanden *Angst*; die Angst, dem gesellschaftlichen Verband bei nicht konformem Verhalten nicht mehr anzugehören. Diese hat sich offensichtlich mit der uralten Angst vor leiblicher Vernichtung verschmolzen (Th. W. Adorno). Wie geht das zu? Warum ist so vieles am Ich des einzelnen ein Stück Non-Ego? – in Gehorsamsakten übernommen, unter sozialem Druck verinnerlicht und deshalb bis zum oft bösen Ende sich überliefernd? Das Kind, nicht nur in der psychischen Entwicklung, auch in der bloßen physischen Existenz von der Mutter abhängend, »Frühgeburt« also, erfährt zutiefst die Ambivalenz seiner Lebensquelle. Die Mutter darf ja nicht nur gewähren, sie muß auch verwehren, denn allemal setzt Autonomie, um derentwillen Erziehung und Pflege sein sollten, Anpassung voraus. Autonom könnte der Heranwachsende nur werden, wenn er überlebt. Selbst für die bloße Fristung der physischen Existenz, für die Überlebenschance in einer für kleine Kinder am wenigsten geeigneten technisierten Welt bleiben verwehrende Eingriffe der Mutter unentbehrlich; in ihrer Härte spiegelt sich manchmal die Größe der Gefahr, die unsere Umwelt ihr zuspielt. Mit wachsender Reife aber erinnert sich das Kind, wenn bestimmte Tendenzen in ihm sich melden, auch gleich der Strafe, die es seinerzeit bei ihrer Realisierung betroffen hat. Die Anpassung an die sozial zugänglichen Weisen der Lebensfristung und auch der Triebbefriedigung vollzieht sich im *Lerngehorsam*, der den *Triebgehorsam* aufheben soll. Nun also beginnt der Konflikt der Pflichtigkeiten, der für das heranwachsende Kind äußerst quälend werden kann, sind doch Triebimpuls und soziale Regel gleichermaßen unbedingt und kategorisch. Am quälendsten aber wird der Konflikt, wo die Eltern sich gemäß einer verbreiteten Auffassung verhalten, nach der dem Menschen nur beizukommen sei, wenn man ihm so früh wie möglich Schuldgefühle einpflanzt. Es bedarf, wie jedermann weiß, hierzu keines explizierten Strafkatalogs, es genügt, wenn das Kind Grund hat zu fürchten, daß ihm im Konfliktsfalle die affektive Zuwendung der Eltern entzogen werde.

Die vielen Erziehungsstile, die dazu führen können, Kinder zu ängstigen, sollen nicht im einzelnen erörtert werden. Für die *Erziehung zu politischer Reife* ist die folgende Beobachtung generalisierbar: Waren die emotionalen Begleiterscheinungen im Konflikt der Pflichtigkeiten zu angsterweckend, so regrediert der Heranwachsende auf einen Verhaltensstil, der ihm Angst erspart. Sein Sollwert für Verhaltenssteuerung ist durch Vermeidung definiert; in allen sozial spannungsreichen Situationen wird er bevorzugt solche Wege gehen, von denen er meint, er bliebe auf ihnen relativ unbehelligt. Der Spielraum für sachgerechte Entscheidungen, die zugleich auch ich-gerecht wären, ist dabei sehr eng. Frühe rigorose Gehorsamsforderungen oder, was auf dasselbe hinausläuft, eine frühe Atmosphäre von Angst, in die elterliche Forderungen eingetaucht waren, bedingen später Konformität und Risikovermeidung. »Der Imperativ: ›Gehorche, wenn du ein wertvolles Glied unserer Gruppe sein willst‹, dieser Imperativ kann später das Sozialverhalten so dominieren, daß die Frage, was denn nun eigentlich im Gehorsam getan werden soll, relativ unwichtig bleibt.« (M. Mead)

Die psychogenetischen Folgen repressiver Erziehung sind freilich verschiedenartig. A. *Mitscherlich* hat beschrieben, wie das auf die Omnipotenz der Eltern und Lehrer abgerichtete Kind in seiner zeitig entwickelten Passivität immer erwarten wird, daß omnipotente Figuren für es sorgen; wo diese Omnipotenz der Autoritäten epochaltypisch oder zum Stil einer Nation wird, mag sich das so dressierte Kind später auch unter den neuen Bedingungen demokratischer Freiheit wie ein Säugling verhalten, der vom Staat nur noch erwartet, daß Milch und Honig fließe; der nicht mehr leistungsverpflichtete, sondern anspruchsberechtigte Bürger opfert dem Konsumwohlstand jedes soziale oder politische Experiment. Die klinische Erfahrung lehrt, daß dort, wo die Befehlsgewalt der Eltern ebenso diktatorisch sich gab wie die Triebwünsche, gegen die sich Befehle richteten, das heranwachsende Individuum unter Umständen zeitlebens der Spielball beider Pflichtigkeiten bleiben wird: Je nach der gerade dominierenden Befehlsquelle folgt es bald blind seinen Triebimpulsen, bald uneinsichtig einem äußeren sozialen Befehl. Und immer warten die im Gehorsam unterdrückten Triebimpulse darauf, sich wider den Sündenbock zu kehren, den die Gesellschaft zur Verfolgung freigibt. Der Volksschullehrer, der etwa ein Kind vor den »Klassenkameraden« bloßstellt und den Konformitätsdruck der Vielen vor seinen eigenen Wagen spannt, fügt sich in ebendieses soziale Muster ein. Die Verachtung des Sündenbocks, die Übertragung aggressiver Regungen auf den, der von irgendwelchen Leitwerten abweicht, wird den Kindern schon in den ersten Schuljahren eingeimpft.

Übrigens ist bloßes Laissez-faire nicht das, was dem Erzieher hier empfohlen wird. Wir sagten bereits, daß die Mutter wirklich nicht nur gewähren darf, sondern dem Kinde auch wehren muß; der auferlegte Verzicht wie die zärtlich erfüllende Zuwendung sind beide gleich unabdingbar, und dies gilt mutatis mutandis für jede erziehende oder pflegende Person. Wie die analytische Sozialpsychologie gezeigt hat, steht daher das Imago früher Beziehungspersonen im doppelten Aspekt des Gewährens und des Versagens: Tief im archaischen Muster werden die emotionalen Bindungen des Kindes zur Mitwelt ambivalent angelegt. Ob aber das Kind Ambivalenzen in sich zu schlichten vermag, hängt mit davon ab, mit welcher Nachsicht und Einfühlung oder aber mit welcher Rücksichtslosigkeit in früher Kindheit Gehorsam erzwungen wurde. Es ist, wenn wir A. Mitscherlich folgen, letztlich die Toleranzgrenze der Erwachsenen selbst, die darüber entscheidet, ob das Kind vom Konflikt der Pflichtigkeiten mit voller Härte getroffen wird oder nicht. Das Toleranzmaß der Eltern und Erzieher ist mit Sicherheit die Funktion ihrer Fähigkeit, inneres Erleben bei sich selbst im Sinne einer gelungenen »Bindung der Affekte« zuzulassen. Der Erzieher darf sich angesichts eigener aggressiver, sexueller, oraler oder sonstiger Triebregungen nicht in Angst und Schuldgefühl verstricken: Solange Erzieher in der Auseinandersetzung mit Triebimpulsen des Zöglings die Versuchung, gern selbst das gleiche tun zu wollen, rigoros niederkämpfen müssen, vernichten sie im autoritativen Akt symbolisch das Kind, das dann als Handlungsgehilfe ihrer eigenen tabuierten Antriebe oder gar als Versucher auftritt. Erzieherisches Verhalten läßt sich ein Stück weit als *Lernprozeß des Erziehers* lesen, der, indem er andere erzieht, seine eigenen Normen und Vorurteile verstärkt. Auch das impliziert die oft geäußerte Ansicht, der Erzieher lerne selbst am meisten. ...

Es wurde bislang von zwei Formen des Gehorsams berichtet: vom *Triebgehorsam* und vom *Lerngehorsam* (A. Mitscherlich). Eines Tages aber beginnt das Erlernte, als ein Steuerungsvorgang vom Innern des Kindes her zu wirken. Es bedarf bald nicht mehr der Anwesenheit der Eltern, um ein Kind von verbotenem Verhalten abzuhalten oder es, im Falle der Durchbrechung bestimmter Gebote, in Strafangst zu setzen. Soziale Forderungen wandern als regulativer Mechanismus in das Innere des Heranwachsenden, werden zur psychischen Struktur, gar zum »Charakter«, und vertreten die Gesellschaft gegenüber dem Triebbedürfnis und dem Verlangen nach Lust. Soziale Leitwerte, von der Umwelt zugesprochen, wenn das Kind seinen Bedürfnissen und Wünschen nachging, werden zur inneren Stimme, zum »Gewissen«, zu einem Teil unserer selbst, zu dem wir später kaum kritischen Abstand gewinnen.[3] ... So wie die Eltern das Kind von außen lenkten, so regiert nun das Gewissen das Ich wie von außerhalb. Im Laufe der Entwicklung nimmt dieses Gewissen alle Einschränkungen in sich auf, denen das Ich sich so fügen soll, wie sich das Kind den Imperativen der Erzieher zu fügen hatte. Die analytische Sozialpsychologie spricht dann von *Gewissensgehorsam*; wir haben uns an der einen oder anderen Stelle unserer Erörterung schon im Medium dieses Gewissensgehorsams bewegt.

Aus der umfangreichen Ich / Über-Ich-Problematik sei ein für die politische Erziehung und für die Erziehung zur Politik sehr bedeutsames Moment herausgehoben: Nichts ist verhängnisvoller für die Ziele solcher Erziehung als ein terroristisches Gewissen, weil jedes diktatorisch aufgebaute Über-Ich an starre Vorentscheidungen gebunden bleibt und von Denkprozessen abgeschnitten wird. Überhaupt entscheidet das Gewissen nicht, wie der Verstand es tun sollte, in der Dimension »falsch–richtig«, sondern in der Dimension »gut–böse«. Wenn es Gedanken prüft, so ist es an deren sachlichem Gehalt weiter nicht interessiert, sondern fragt nach dem Grade ihrer Konformität mit kollektiv verpflichtenden Sollwerten. Über den Gang des Denkens entscheiden dann nicht die Sachzusammenhänge, denen der Gedanke sich widmet, sondern vorgeschaltete Normensysteme, die dem, was rational wäre, seinen Weg vorzuschreiben trachten. Was etwa schon als bloßer Sachverhalt kollektiven Indoktrinationen nicht konform ist, den Konsensus verweigert, wird bei rigorosem Gewissensdruck gleichsam unsichtbar. Das ist wenig wünschenswert; wer nachdenkt, sollte gewissenlos werden. Die Versteinerung der Imperative, die unser Gewissen samt vorgelagerten Vorurteilssystemen und »sentiments« … aufbewahrt, notwendig auch das Denken und Hoffen der einzelnen mitbetreffend, käme einer Kapitulation der kritischen Vernunft vor dem sozialen Leben gleich, nämlich als eine Annäherung an die Organisation des Verhaltens bei Tieren. Deren Sozialverhalten ist in der Tat in Form unentrinnbarer Zwänge gesichert; damit wird, solange die Umwelt der Tiere sich nicht eingreifend ändert, die Existenz der Gattung gewährleistet. Aber die Umwelt des Menschen ändert sich, indem *er* sie ändert; jede Wandlung in den ökonomischen, politischen und sozialen Verhältnissen, denen unsere Sollwerte (und Herrschaftsformen) sich verdanken, wird zu tiefen Anpassungsverlusten zwischen sachlich gefordertem Verhalten und verinnerlichter Moral führen. Sogar die Existenz der Gattung mag dann nicht mehr gesichert sein.

Politische Erziehung, Erziehung zu politischer Reife, setzt voraus, daß sich Denken von Tabus befreit und Vorurteilsbefangenheit überwunden wird. Dies kann keiner kommandieren; Einengung des Denkens und Befangenheit in Vorurteilen sind ja selbst Ergebnisse des Lern- und Gewissensgehorsams. »Der Hauptgrund unserer Irrtümer liegt in den Vorurteilen unserer Kindheit, in den Grundsätzen, von denen ich mich in der Kindheit überzeugen ließ, ohne sie um ihre Wahrheit befragt zu haben« (Descartes). Das in autoritären Erziehungsstilen kollektiv verhängte Verbot, außerhalb der offenen, zugelassenen Problemfelder zu suchen, zu zweifeln, zu fragen, erweckt im Fragenden Angst, wenn er jene Forderungen introjiziert hat; sogar Abweichungen von einer etablierten Methodik beunruhigen ihn. Hier endet die Bildung und beginnt der soziale Gehorsam.

Die in der familiären und schulischen Erziehung dominierende Strategie vermittelt zwar dem Heranwachsenden, über Anpassung und Lernerfolg, das Handwerkszeug, das er zum Nachdenken benötigt, aber dem Aufkommen der Gewohnheit, immer neu nachzudenken, wie *B. Brecht* vorschlug, ist sie nicht gleichermaßen günstig. Es wäre überhaupt zu fragen, ob die Familie – von der Schule nicht zu reden – gegenwärtig ein Zentrum des Widerstands gegen die Vorurteilsstrukturen der Gesellschaft sein kann. Ihre soziale Funktion scheint primär in der Erzeugung gesellschaftlich erwünschter seelischer Strukturen zu liegen (H. Marcuse). Kinder müssen, was immer ihnen dabei geschehen mag, den besser angepaßten Eltern möglichst ähnlich werden. Ebendies gilt auch für die extrafamiliäre Erziehung. Schulen beispielsweise vermitteln ja nicht nur Wissen (und selbst in der Selektion des als vermittlungswürdig anerkannten Wissens regiert zu oft ein Interesse daran, gegenwärtige Zustände zu ewigen zu machen), die Schule bildet berufsmäßig »Charaktere«. Auf die Frage, was »Charakter« konkret bedeutet, kann man kaum anders antworten als mit dem Hinweis darauf, daß er ein Begriff für das Ensemble solcher überdauernder Dispositionen ist, deren die Gesellschaft um des erwünschten Konformismus willen, aus Gründen der Integration, dringend bedarf. Charakterbildung hat nach *M. Buber* der Lehrer zu leisten, der im Bewußtsein lebe, eine bestimmte Auswahl des Seins, nämlich: die des »Richtigen«, dessen, was sein soll, dem Werdenden gegenüber zu vertreten. In dieser Rolle hat es der Lehrer schwer, nicht konservativ zu sein; bei vernünftigen Gehalten bleibt er doch immer noch in der Technik der Weitergabe, also in der Organisation des Unterrichts und des sozialen Lebens in der Klasse. In bangen Stunden fragt man sich, wie es nach der Errichtung sozialer Sollwerte im einzelnen, wie es nach der Inthronisation des Gewissensgehorsams überhaupt noch möglich sein soll, die Bedingungen unseres politischen und sozialen Lebens vorbehaltlos, offen zu untersuchen. Eine neue Gesellschaft, die sich selbst durchschaubar geworden wäre und die sich vernünftiger steuerte, bedürfte der Individuen, die ohne allzu große Angst die Grundlagen des eigenen Werdens und Verhaltens untersuchen. Individuen sind nur durch Enkulturation möglich, Anpassung geht der Autonomie zwangsläufig voraus. Andererseits verhindert gegenwärtig weniges so sehr die Reife des Individuums wie gerade der Anpassungsprozeß, dem es sich verdankt. Dieser Widerspruch, der sich hier abzeichnet, ist nur prima facie unabweisbar; ihn zu ontologisieren hieße, die historische Relativität menschlichen Verhaltens und Schicksals gerade für das, worin es gebraucht wird, außer Kraft zu setzen. Wessen wir freilich dringend bedürfen, und darin folgen wir wieder A. Mitscherlich, ist ein Modell, das den Übergang von der Pflicht zu gehorchen zu der ganz anderen Pflicht: Gehorsam zu verweigern, deutlich machen kann. Die Erziehung des Kindes, die nun einmal auf Gehorsam nicht schlechtweg und überall verzichten könnte, muß dennoch Ungehorsam möglich machen, d. h. zu der Tugend erziehen, den Konsensus zu verweigern. Zur Technik dieser Tugend-Erziehung gehört auch die Unterweisung darin, wie, wo und auf welche Weise Ungehorsam zu üben wäre. Erst bei einer Erstarrung des gesellschaftlichen Apparates und der Versteinerung eines faulen sozialen Friedens würde das unbedingte Nein zur unbedingten Tugend – so unbedingt freilich, daß sie, wie manche der klassischen Tugenden des Bürgertums, schlechtweg unpraktizierbar wäre. Zumindest müssen wir gegenwärtig halten, daß Erziehung generell eine dialektische Funktion zu erfüllen hat: Sie soll, indem sie in die Gesellschaft einübt, gleichzeitig gegen sie immunisieren. Einübung setzt ein Maß an Gehorsam voraus, wie denn Lichtenberg die Tatsache, daß alte Leute oft nichts Neues mehr lernen, darauf zurückführt, daß alte Leute sich nichts mehr befehlen lassen. Erziehung soll uns aber ineins damit gegen Befehle immunisieren (und seien es unausgesprochene oder gar vorsprachliche, die im kulturellen und sozialen Angebot des Alltags liegen), und zwar immer dort, wo wir dazu gezwungen wären, statt einer rational ausgewiesenen und einsichtigen Maxime irgendwelchen Vorurteilen, etwa dem »Befehle des Gewissens«[4] oder anderen Stereotypen, zu folgen. Das Ziel der Erziehung hätte zu sein, Kinder zu lehren, das Denken als Mittel zur Orientierung in der Welt zu benutzen; jedes Denk- oder Frageverbot, das vom Lerngehorsam her zum Kern des Gewissens werden könnte, steht dem im Wege.

Der analytischen Sozialpsychologie schwebt bei dergleichen Überlegungen vor, was A. Mitscherlich als »Ich-Gehorsam« bezeichnet hat: Im »Ich-Gehorsam«, der kein eigentlicher mehr wäre, wird das reflexartige Unterwerfungsverhalten unter innere oder äußere Zwänge zugunsten einer Synthese von Einsicht und Einfühlung überwunden, und jeder Herrschaftsanspruch in der sozialen Welt wird nur auf Widerruf eingeräumt. In den Entscheidungen dieses kritischen »Ich-Gehorsams«, gleichzeitig ich- und sachgerecht und mit Einfühlung in die Mitspieler, wäre die Triebfeder sozialen

Verhaltens nicht mehr der Druck ungleicher Machtverhältnisse. Auf der Seite der Eltern und Erzieher fordert die Erziehung zum »Ich-Gehorsam« eine eigentümliche Wechselseitigkeit von Erziehung und Selbsterziehung. Die Einfühlung in das Kind und dessen Welt *und* die duldsame Vergegenwärtigung der eigenen Affektivität sind Voraussetzungen für die Förderung aller Ich-Funktionen. Der Anfang ist wieder ganz schlicht: Voraussetzung rechter Erziehung ist das Erlebnis der Nähe; wir müssen Kinder verstehen, ehe wir ihnen Lösungen für soziale Situationen anbieten, Lösungen, die nicht kurzweg von irgendwelchen tradierten Ordnungsvorstellungen abgeleitet wurden und deren Legitimität dann nur darin besteht, daß die Erwachsenen sie als ihr »Gewissen« idealisieren. Einfach: keine Aggressionen in unser Verhalten dem Schwächeren gegenüber einfließen lassen, Aggressionen, die wir gegen eigene, nicht zur Selbstwahrnehmung zugelassene Triebregungen mobilisieren. Einfühlung, Einsicht, mögliche Freiheit von Aggressivität, das wäre *Toleranz*. In toleranter Erziehung wird das Kind sein natürliches Ohnmachtserlebnis gegenüber den Erwachsenen nicht noch dämonisieren, und auch das Gewissen wird nicht in der Art eines Terrorsystems aufgebaut.

»Doch die Verhältnisse, die sind nicht so.« Die Pathologie des Gehorsams, darin sind wir uns sicher, fände erst im Zuwachs von innerer Unabhängigkeit auf der Seite der Erzieher ihr Ende. Innere Unabhängigkeit zu gewinnen und vom Denken Gebrauch zu machen ist leicht zu fordern, wird aber keineswegs nur durch individuelle Schwäche, sondern auch durch soziale Gegebenheiten überaus erschwert. Die gesellschaftliche, die politische und wirtschaftliche Situation, wie sie sich jeweils in Struktur und innerem Klima der Familie spiegeln, haben seit langem den Zuwachs an Unabhängigkeit, an Autonomie, haben die Individuierung des Heranwachsenden wenig begünstigt: namentlich, möchte man hinzufügen, in Deutschland, wo sich das Gefühl der Schuld allemal eher an die Unterlassung des Gehorsams, ans Nichtfolgen, heftet als an die Unterlassung kritischer Prüfung dessen, was befohlen wurde. Sowenig wie sich der einzelne hinter ein Allgemeines flüchten kann und sich mit dem Verhängnis aller herausreden darf, sowenig verfügt er über die Kraft, ungeachtet allgemeiner Verhältnisse aufzubrechen, wohin immer er will.

»Gesellschaft«, was man so politische, wirtschaftliche, sittliche Zustände usw. nennt, ist freilich kein der Person nur Äußerliches, dem sie anheimgegeben wäre; sie ist selbst Produkt der sozialen

Mitwelt, da die Vergesellschaftung des Neugeborenen jene relativ überdauernden Verhaltensdispositionen setzt, die von der Psychologie emphatisch als »Charakter« bezeichnet werden. Insofern die Gesellschaft eine Matrix von Geboten und Verboten bereitstellt, ist sie im einzelnen gar als Strukturkern dynamischer Prozesse der Verhaltenssteuerung vertreten, den die Psychoanalyse »Über-Ich« nennt. Für ein starres Über-Ich aber, an Gehorsam und Autorität gewöhnt, in Konformitätszwänge eingesperrt und Kern eines Individuums ohne Talent oder Ausdauer zum taktisch richtigen Ungehorsam, liegt, politisch betrachtet, das »Recht« immer auf der Seite der sogenannten ordnungserhaltenden Mächte, liegt es eindeutig auf der Seite kollektiv verbindlicher Verhaltensregeln und gruppenspezifischer Vorurteile. In dieser Haltung wird es durch geeignete Lustprämien und Strafen bestärkt, die keineswegs materiell sein müssen. »Benimmt sich einer dumm, so muß er sich schämen und ärgern, und das ist die peinliche Hölle, in welcher er schwitzt. Ist er dagegen aufmerksam gewesen und hat sich geschmeidig benommen, so nimmt ihn jemand Unsichtbares an der Hand, etwas Trauliches, Genienhaftes, und das ist der Garten, die gute Fügung, und er lustwandelt nun unwillkürlich in traulichen, grünlichen Gefilden.«[5] Die sozialpsychologische Analyse der Vor- und Nachphasen des 20. Juli 1944 würde die Unsicherheit beweisen, die den Menschen befällt, wenn die als lebensnotwendig akzeptierte Ordnung von der Staatsmacht, von kollektiv übernommenen Subordinationsregeln auf wenige einzelne übergeht, die sich dem Befehlsverband erfolglos widersetzen. Deutlicher noch zeigen die gegenwärtigen Auschwitz- und verwandten Prozesse, wie sehr bei manchem unserer Mitbürger das »ich bin« ein Stück hochgefährliches Non-Ego enthält, den noch die sadistische Perfektion des Tötens deckenden Leitwert »Pflicht-Gehorsam« (A. Mitscherlich). Es ist eben nicht jede staatliche Ordnung von Gott! ...

Abschließend sei versucht zusammenzufassen, was am Problem des Gehorsams unter politischem Aspekt als besonders dringlich und wesentlich erscheint. Es wäre zu fordern, daß künftig das Recht zum Ungehorsam psychologisch wie pädagogisch analysiert und fundiert wird. Wie immer dies im einzelnen aussehen mag – Erziehung, die zur Reife des Ungehorsams führen soll und vermittelt, wie und wann der Konsensus zu verweigern sei, müßte zunächst das natürliche Machtgefälle in der asymmetrischen Sozialsituation der Erziehung mildern, indem sie vermeidet, was die Omnipotenz der Autoritätsfiguren auch noch dämonisiert. Daß nämlich Kinder auch als Erwachsene der erworbenen Gewohnheit, letzten Endes doch zu gehorchen, dem Druck oder der Verlockung, sich zu fügen, treu bleiben, erklärt sich nicht zuletzt aus der Ökonomie des Gehorchens. Gehorsam erspart Unlust und verleiht eine wenn auch vom Wohlleben der Mächtigen abhängige Sicherheit. Erziehung sollte deshalb lehren, wie man Unsicherheit erträgt, und hätte in wechselseitiger Offenheit zwischen Zögling und Erzieher davon auszugehen, daß das soziale Leben nun einmal unbequem ist, weil es ohne Konflikte und die mit ihnen verbundene Unlust nicht abgeht. Ruhe, *soziale* Ruhe, die durch Abwesenheit schmerzhafter Konflikte charakterisiert wäre, ist immer der Friedhof der Freiheit ... Was sich an faktischer Auflehnung in Familie und Schule abspielt, findet gegenwärtig selbst dort, wo unterdrückende Gegenaktionen ausbleiben, seine innere Niederlage im Schuldgefühl, das nur zu oft dazu antreibt, auf die Suche nach Strafe zu gehen. Diese und andere Formen oder Folgen pathologischen Gehorsams können nur dort vermieden werden, wo dem einzelnen so früh wie möglich das Recht eingeräumt und die Freiheit gegeben wird, soziale Verhältnisse vorbehaltlos und ohne Angst vor Sanktionen zu erforschen.[6]

Was die analytische Sozialpsychologie zum Problem der gesellschaftlichen Erziehung beiträgt, ist das Angebot, sich mit dem »Ich-Gehorsam« auseinanderzusetzen. Erst im Ich-Gehorsam können das reflexartige Unterwerfungsverhalten des Zwanges und die Konformität der Anpassung ebenso wie blinde Willkür, die der Zwang gebiert, zugunsten einer Synthese von intellektueller Einsicht und emotionaler Einfühlung überwunden werden. Dies zu erreichen setzt voraus, daß der Heranwachsende dazu erzogen werde, seine Vorurteile und festgeglaubten Selbstverständlichkeiten fortwährend zu überprüfen. Diese Forderung stößt nicht nur bei den konservativen Heranwachsenden auf Widerstand, die ihre Vorurteile lieben, in denen sich ihre Welt so zweckmäßig ordnet, sondern auch bei den Erziehern, die von autoritärer Praxis oft nur abrücken, um einem Laissez-faire Raum zu geben, an dem sie manchen Zögling später scheitern sehen. Zumindest auf der Seite der Erzieher sollten Fügsamkeit gegenüber Sozialtabus im intimen wie im politischen Feld ebenso zugunsten einer rationalen Realitätsprüfung zurücktreten wie der Konformismus, der sich mit moralischen Leitwerten wie Pflicht, Gehorsam oder Arbeitsmoral bloß tarnt. Immer enthebt die »Identität von Freiheit und politischer Bindung« nicht, sondern zwingt zu der Frage, wie dieses Gemeinwesen aussieht, an das ich mich binden soll.[7]

So wichtig wie die Forderung, daß Macht und sozialer Befehl sich rational auszuweisen haben, ist die zweite: im sozialen Kontext die

Situation und ihre Akteure emotional zu erfassen. Nach Mitscherlichs Worten enthielte, was er als »Ich-Gehorsam« bezeichnet, insofern ein liberales Moment, als er die Bereitschaft fordert, den Mitspieler im sozialen Feld wach und mit Wohlwollen anzuhören und nach Verständnis für die Partner zu trachten; insofern er aber darauf bestehen wird, Anforderung und Ansprache intellektuell zu prüfen und von dieser Prüfung das eigene Verhalten abhängig zu machen, wäre Ich-Gehorsam *rationalistisch*. Insofern das autonom werdende Individuum danach strebt, gesellschaftliche Bedingungen zu schaffen, die der »Befreiung jedes einzelnen Individuums« günstig sind und es zulassen, daß einer seine Vorurteile aufgibt, gehört zum Ich-Gehorsam politische Aktivität. Die Abhängigkeit von Befehlszentren in einer auf den Ich-Gehorsam gestützten liberalen und rationalen Gesellschaft erschiene wie das Einräumen eines Herrschaftsanspruchs auf Widerruf und wäre doch nicht weniger ordnungsgewährend.

GÜNTHER BITTNER

Gehorsam und Ungehorsam

»Gehorsam besteht dort« – nach der Definition eines neueren pädagogischen Lehrbuches –, »wo einer des anderen Willen tut.« Dies kann aus verschiedenen Motiven und in verschiedenen Formen geschehen: »Es gibt widerstrebendes, unwilliges, ja haßerfülltes Gehorchen, dann Gehorsam, der aus kalter Berechnung stammt, einen mehr einmaligen und zufälligen Gehorsam aus momentaner Laune heraus und schließlich willigen Gehorsam.« Das genannte Werk läßt auch keinen Zweifel, welche Art des Gehorsams die pädagogisch erstrebenswerte sei: »Der Erzieher braucht einen gleichsam zur Haltung gewordenen, willigen, freudigen Gehorsam.«[1]

Angesichts solcher Gehorsamsfreudigkeit möchte man wohl – zum Ausgleich gewissermaßen – den Ungehorsam als pädagogische Tugend preisen. Doch müßte nüchterne Überlegung der Vermutung Raum geben, daß die Verfechter des Gehorsams wie des Ungehorsams gleichermaßen, nur mit jeweils umgekehrten Vorzeichen, Gefangene eines überkommenen pädagogischen Sprachspiels sein könnten – eines Sprachspiels, in dem sich nichts weiter artikuliert als eine Selbstverborgenheit der Erzieher, eine Unbewußtheit hinsichtlich der Bedingungs- und Motivzusammenhänge erzieherischer Wirkungen. Entschließen wir uns, diesen Gedanken weiter zu verfolgen, so werden zwei Gesichtspunkte eingehender zu erörtern sein:

Es ist, erstens, zu fragen, ob die Begriffe Gehorsam und Ungehorsam in ihrer traditionellen Verwendung nicht eine Wertung implizieren, die dem gegenwärtigen gesellschaftlichen Bewußtsein nicht entspricht, indem sie den Gehorsam als »gut«, den Ungehorsam als »böse« kennzeichnen, und ob diese Begriffe, zweitens, ihres unangemessenen Wertanspruchs entkleidet, als rein deskriptive Termini überhaupt einen pädagogisch relevanten Bedeutungsgehalt besitzen oder ob man nicht ohne Schaden ganz auf sie verzichten könnte, wenn es darum geht, erzieherische Vorgänge verständlich zu machen.

Der Psychologe *Stanley Milgram* von der Yale-Universität unternahm in den Jahren 1960–1964 ein denkwürdiges Experiment, mit dem er Einblick in die Bedingungen des Gehorsams in moralischen Konfliktsituationen gewinnen wollte. Milgrams Frage, auf die experimentelle Situation zugespitzt, lautete: »Wenn ein Versuchsleiter einer Versuchsperson aufträgt, eine andere Person zu verletzen, unter welchen Bedingungen wird dann die Versuchsperson dieser Anweisung Folge leisten, und unter welchen Bedingungen wird sie den Gehorsam verweigern?« Zur experimentellen Überprüfung diente die folgende Versuchsanordnung: Eine Person wird gebeten, bei einer wissenschaftlichen Untersuchung mitzuhelfen. Sie soll eine andere Versuchsperson, mit der sie vorher bekannt gemacht worden ist, eine Liste von Assoziationswörterpaaren lehren und jedesmal Strafe anwenden, wenn die lernende Versuchsperson einen Fehler macht. Die Strafe besteht in einem elektrischen Schock, den die lehrende Versuchsperson mittels eines Schockgenerators an die lernende verabreicht. Die Stärke des elektrischen Schlages steigert sich von einem Fehler zum andern; laut Aufschrift auf dem Schaltbrett können Schocks bis zu 450 Volt gegeben werden. [2]

Natürlich ist das Ganze nur eine Vorspiegelung: Die technische Apparatur funktioniert nicht, die lernende Versuchsperson steht mit dem Psychologen im Bunde, sie macht absichtlich Fehler, stößt gespielte Schmerzensschreie aus, fleht den anderen an, aufzuhören – die ganze Situation ist mit großer Sorgfalt konstruiert. Viele Versuchspersonen, die Schläge austeilen mußten, kamen in große Gewissensnot: Sie wandten sich an die Psychologen mit der Frage, ob sie nicht aufhören dürften. Mit Bestimmtheit, aber ohne Drohungen wurden sie aufgefordert, fortzufahren. 65 % der Versuchspersonen waren, wenn sich die lernende Versuchsperson nicht im gleichen Zimmer befand, dazu zu bewegen, den Maximalschock von 450 Volt – trotz der Aufschrift auf dem Schaltbrett »Gefahr: Schwerer Schock« – zu geben. Um dem Einwand zu begegnen, daß die

Versuchspersonen sich nur im Vertrauen auf die Hintergrundsautorität der berühmten Universität hätten dazu bringen lassen, das Verlangte zu tun, verlegte man das Unternehmen in eine völlig unbedeutende amerikanische Industriestadt und gründete eine obskure Gesellschaft, welche die gleichen Versuche in einem »etwas herungergekommenen Geschäftsgebäude« durchführte. Auch unter diesen, sehr wenig vertrauenerweckenden Rahmenbedingungen fanden sich auf Entfernung vom Opfer immer noch 48 % der Versuchspersonen bereit, den Maximalschock zu geben.

Milgram zieht aus seinen Ergebnissen recht pessimistische Folgerungen: »Mit ermüdender Regelmäßigkeit sah man nette Menschen sich den Forderungen der Autorität unterwerfen und Handlungen ausführen, die gefühllos und hart waren. Menschen, die im Alltagsleben verantwortungsbewußt und anständig sind, wurden durch den Anschein der Autorität und durch die kritiklose Übernahme der vom Experimentator gesetzten Bestimmungen der Situation zu grausamen Taten verführt.« »Die Ergebnisse ... beunruhigen den Verfasser. Sie lassen die Möglichkeit aufscheinen, daß von der menschlichen Natur oder – spezifischer – von dem in der amerikanischen Gesellschaft hervorgebrachten Charaktertyp nicht erwartet werden kann, daß er ihren Bürgern vor brutaler und unmenschlicher Behandlung auf Anweisung einer böswilligen Autorität Schutz böte.«[3] Es erscheint überflüssig, zu fragen, ob vom deutschen Charaktertyp in dieser Hinsicht Besseres zu erwarten wäre.

Es ist der Einwand zu erwarten, daß Versuche solcher Art weniger über die menschliche Anfälligkeit für blinden Gehorsam aussagten als vielmehr über die Geistesverfassung von Psychologen, die solche Experimente erfinden. In der Tat – es bedarf einer ganz bestimmten Geistesverfassung, eines umschriebenen geschichtlichgesellschaftlichen Erfahrungshorizonts, welche Fragen solcher Art überhaupt erst untersuchenswert erscheinen lassen. Der Zweite Weltkrieg, das Hitler-Regime und seine Taten, vielleicht auch das amerikanische Engagement in Korea dürften bei der Konstruktion des Versuchs Pate gestanden haben. Milgrams Versuch gründet sich somit auf eine geschichtlich-gesellschaftliche Vorerfahrung, die besagt, daß Autorität, besonders politische, nicht immer gut und ihr Verlangen nicht immer rechtens sei. Insoweit setzt die Versuchsanordnung ein kritisch-politisches Bewußtsein voraus. Nicht ohne tieferen Grund ist der Versuch als Lernexperiment getarnt. Die Lernforschung darf heute als Prototyp einer Forschungsrichtung mit imponierender methodenkritischer Exaktheit, doch gerade ohne zureichendes gesellschaftlich-kritisches Bewußtsein gelten. Aufgrund dieser Bewußtseinslücke hat sie sich zu einem der gefährlichsten Vehikel einer gleichsam technischen Erzeugung von Gehorsam entwickelt. Der Lernpsychologe weiß genau, wie man Ratten, Kinder oder neurotische Patienten durch Belohnung oder Bestrafungen – ganz pragmatisch selbstverständlich, ohne allzuviel über das Wie und Warum zu spekulieren – dazu bringen kann, das Verlangte zu tun, und das heißt: zu gehorchen. Die umgekehrte Frage, wie man Ratte, Kind oder Patienten dazu bringen könnte, trotz Belohnung oder Bestrafung das Verlangte *nicht* zu tun und seinen eigenen Bedürfnissen zu folgen, findet kennzeichnenderweise ein sehr viel geringeres Interesse.

Man kann Milgrams Studie auch als eine Art makabrer Parodie auf allzu simple lernpsychologische Experimente lesen. Denn dies ist ja der Konflikt, in den er seine Versuchspersonen bringt und der zugleich einen der beherrschenden Konflikte des aktuellen pädagogischen Bewußtseins spiegelt: daß Autoritäten Gehorsam erwarten, ohne sich legitimieren zu können; daß also die Versuchsperson davon ausgehen muß, die Autorität könne genauso Böses wie Gutes verlangen.

Es ist eine verwandte Bewußtseinslage, welche in unserem Lande die Theologin Dorothee Sölle formuliert, für den Theologen genüge »schon der wiederholte Hinweis auf den Gehorsam im Munde Eichmanns, Höss' und tausend anderer, um das Wort in der Kehle stecken zu lassen. Es ist nicht möglich, nach diesem Sprachgebrauch von Gehorsam in der theologischen Unschuld des Begriffes zu reden.«[4]

Nun, die Pädagogik redet seit alters und bis heute von *Gehorsam in der vorpolitischen und vorkritischen Unschuld des Begriffes.* Die Wurzeln dieses pädagogischen Gehorsamsverständnisses reichen weit zurück in die christliche Tradition, bis zu Paulus und Luther. Noch heute erscheint manchen Pädagogen der Rat des Pfarrers an den Vater in Christian Gotthilf Salzmanns Erziehungsroman »Konrad Kiefer« weise:

»Wenn er nach Hause kommt, so commandiere er ihn fein oft. Lasse er sich Stiefeln, Schuhe und die Tabakspfeife holen und wieder wegtragen, lasse er ihn die Steine im Hofe von einem Platz zum andern legen ...

Ich commandierte nun das Kind, wie mir der Herr Pfarrer geraten hatte, und es hatte seinen guten Nutzen. Wenn ich ihm etwas befahl, so fiel es ihm gar nicht ein, sich zu weigern; es glaubte, es müsse so sein, daß es gehorche.«[5]

Das ist die *aufgeklärte Unschuld* des Gehorsamsverständnisses, welche das Wort der Eltern mit der Stimme der Vernunft und der Ordnung identifiziert.

In einer anderen, *religiösen Unschuld* begründet *Pestalozzi* den Gehorsam des Kindes. Zwar erkennt er, der Gehorsam sei »in seinem Ursprunge eine Fertigkeit, deren Triebräder den ersten Neigungen der sinnlichen Natur entgegenstehen«.[6] Gehorsam und Liebe, Dankbarkeit und Vertrauen ist jedoch die Tetras kindlicher Tugenden, die dem Naturverhältnis zwischen dem Säugling und seiner Mutter entkeimt. Und wenn das Kind der Mutter nicht mehr bedarf, dann findet es sich von ihr auf Gott verwiesen: »Das Kind, das von nun an an das Auge Gottes glaubt wie an das Auge der Mutter, tut jetzt um Gottes willen recht, wie es bisher um der Mutter willen recht tat.«[7]

Zwischen diesen beiden gleich »unschuldigen« Begründungen des Gehorsams, der aufklärerisch vernünftigen und der religiösen, bewegt sich das pädagogische Verständnis noch heute. Manche Autoren unternehmen es gar, unter Berufung auf eine religiöse Weltdeutung die Möglichkeit des Gehorsams zu einer »ontologischen Realität im Menschen« hinaufzustilisieren, wobei das Gehorchen durch allerlei etymologische Interpretationskünste zu einem Hören, Horchen, Hinhorchen entschärft wird.[8] Andere beziehen die gegenwärtige Fragwürdigkeit der Gehorsamsforschung zwar in ihre Überlegungen ein, kehren aber dann doch unberührt von der tieferliegenden Problematik zum traditionellen Gehorsamsverständnis zurück. Einige Vorbehalte werden eingebaut, etwa ein »echter« Gehorsam, der frei macht, von einem untertänigen »Scheingehorsam« unterschieden[9], oder es wird von einem »Doppelgesicht« des Gehorsams gesprochen.[10] Doch eine pädagogische Theorie des Gehorsams angesichts der Tatsache, daß Autoritäten – auch pädagogische, selbst elterliche Autorität! – nicht mehr von vornherein als legitimiert gelten können, daß sie auch böse sein können und auch im günstigen Falle selten genug allein das Wohl des Kindes im Auge haben – eine pädagogische Theorie, die alle diese Momente berücksichtigt, die also keine »unschuldige« Theorie mehr wäre, ist bis heute nicht vorgelegt worden. Selbst das Problem wurde bisher fast nur von pädagogischen Außenseitern aus dem Lager der psychoanalytischen Kulturkritik anvisiert, so z. B. von *A. Mitscherlich*, der für die Erziehung ein neues Modell fordert, das »den Übergang von der Pflicht, zu gehorchen, zu der andern Pflicht, Gehorsam zu verweigern, deutlich machen kann«.[11] Noch deutlichere Umrisse gewinnt der gleiche Gedanke in der Schrift des Mitscherlich-Schülers *P. Brückner* »Zur Pathologie des Gehorsams« (s. oben S. 87ff.).

Gehorsam und Ungehorsam wären nach dieser Meinung prinzipiell gleichwertige Verhaltensweisen, deren Wert sich nach den Umständen der jeweiligen Situation bestimmt. In der Tat gibt es in der Erziehung für das Kind typische und immer wiederkehrende Gehorsams- und Ungehorsamsnotwendigkeiten:

Gehorsam ist vielfach notwendig zum Schutz des Kindes selbst. Beispiele dafür gibt es reichlich. Das Kind, dem verboten wurde, auf den zugefrorenen Teich zu gehen, ist im allgemeinen noch zu klein, um selbständig zu entscheiden, ob das Eis trägt. »Messer, Gabel, Scher' und Licht sind für kleine Kinder nicht«, sagte man den Kindern früher. Heute gibt es noch viele andere Dinge, die auch »nicht für kleine Kinder« sind: Strom und Gas, Putzmittel und Arzneien, der Zündschlüssel am Auto. Das Kind ist vor allen diesen Gefahren besser geschützt, wenn es gehorchen kann.

Zum andern verlangt das Gemeinschaftsleben gewisse Einschränkungen, die der kindlichen Natur zuwiderlaufen und für die deshalb ein Verständnis nicht erwartet werden kann: etwa gewisse Ordnungsformen zu Hause und in der Klasse. »Ein Unterricht, bei dem der Lehrer dauernd umständlich begründen müßte, warum er jetzt etwas lesen oder zeichnen oder rechnen läßt, würde zur Farce, ein Unterrichtsgang mit Schülern, die die Anweisungen des Lehrers nicht sofort zu befolgen gelernt haben, zur öffentlichen Belästigung.«[12] Doch Gehorsam in diesem Sinne kann allenfalls ein technisches Erfordernis der Erziehung, keinesfalls eine kindliche Tugend sein.

Lernen, aus Einsicht zu gehorchen, dagegen bedeutet, wenn damit keine verschleiernde Leerformel gemeint sein soll, immer zugleich: lernen, nicht zu gehorchen. Es erscheint zweifelhaft, ob man diese Unterwerfung aus Einsicht überhaupt noch als Gehorsam bezeichnen sollte, sofern Gehorchen heißt, den Willen eines andern zu tun. Nicht umsonst kennzeichnet der Übergang von der uneinsichtigen zur einsichtigen Befolgung der Regel nach *Piaget* zugleich den Umschlagspunkt von der heteronomen zur autonomen kindlichen Moral.[13]

Beim *Ungehorsam* sind drei Typen mit jeweils unterschiedlicher Bedeutung für die Entwicklung des Kindes zu unterscheiden. Der psychologisch einfachste Fall ist der Verstoß gegen eine einsichtige und vom Kinde akzeptierte Regel. Dieser Ungehorsam ist Ausdruck eines Übergewichts der affektiv-triebhaften Motive über die Steuerungskräfte des Ichs und Über-Ichs, unter Umständen auch nur Resultat der von Piaget beschriebenen zeitlichen Diskrepanz zwischen den Stadien der Regelerfassung und Regelbefolgung beim

Kinde. Auch erzieherisch gesehen stellt sich diese Form recht un-
kompliziert dar: Sofern man nicht darauf vertraut, das Gleichgewicht zwischen Einsicht und Handeln werde sich von selbst
wiederherstellen, mag allenfalls eine Stärkung der Ich- oder Über-
ich-Kräfte am Platze sein.

Der zweite Ungehorsamstyp, den ich in Anlehnung an Ausführungen des holländischen Psychoanalytikers *P. Kuiper* »neurotische
Aufsässigkeit« nennen möchte, stellt einen unvollständigen, auf
halbem Wege stehengebliebenen und damit unter die Gewalt des
Wiederholungszwangs geratenen Versuch der Emanzipation des
heranwachsenden Individuums dar. Kuiper demonstriert diese neurotische Aufsässigkeit an der Krankengeschichte eines jungen Mannes, der sich zunächst auf das katholische Priesteramt vorbereitet
und der nach dem Abbruch seiner theologischen Studien seinen Eifer darein setzte, möglichst viele Mädchen zu verführen, und dabei
das Gefühl hatte, damit eine Mission zu erfüllen. Gerade in seinem
Ungehorsam kam der junge Mann von seiner kirchlichen Gehor-
samsbindung nicht los. Er mußte sich immer wieder beweisen, daß
er jetzt frei sei und tun dürfe, was er wolle, und versuchte damit
vergeblich, sein fortbestehendes Schuldgefühl zu überspielen. Zu
diesem Typus der neurotischen Aufsässigkeit, einer eigentlich miß-
lungenen Emanzipation, rechnet Kuiper auch manche der gegenwärtig praktizierten Formen jugendlichen Protests.[14]

Eine dritte Form des Ungehorsams dagegen ist als entwicklungs-
notwendig zu betrachten, in ihr vollzieht sich die fortschreitende
Emanzipation des jugendlichen Individuums. Dieser Typus ist mit
dem etwas abgegriffenen Terminus »Tabu-Bruch« exakt zu bezeichnen. Unter »Tabu« sind im Sinne *Freuds* Verbote zu verstehen, die
jeder rationalen Begründung entbehren. »Sie sind unbekannter
Herkunft; für uns unverständlich, erscheinen sie gerade jenen
selbstverständlich, die unter ihrer Herrschaft leben.« Tabus sind
also, in einem ersten, weitesten Sinne, kulturelle Selbstverständlichkeiten. Und, zum zweiten: »Grundlage des Tabu ist ein
verbotenes Tun, zu dem eine starke Neigung im Unbewußten besteht.« Endlich, drittens, wird das Tabu durch irrationale, magische
Kräfte und Gewalten sanktioniert: »Allen diesen Verboten scheint
etwas wie eine Theorie zugrunde zu liegen, als ob diese Verbote
notwendig wären, weil gewissen Personen und Dingen eine gefähr-
liche Kraft zu eigen ist ...« »Es darf uns ahnen, daß das Tabu der
Wilden Polynesiens doch nicht so weit von uns abliegt ...«, schreibt
Freud an anderer Stelle.[15] Und dies gilt nicht nur für die von Freud
konstatierte Ähnlichkeit des Tabus mit gewissen Elementen der

Zwangsneurose. Jede Kinderstube kennt eine große Anzahl solcher Tabus mit magischen Strafsanktionen: »Gott sieht alles, er sieht dir auch ins Herz.« »Wenn man das tut, wird man krank« – mit solchen Formeln läßt sich etwa die kindliche Onanie vortrefflich tabuisieren. Die heute noch verbreiteten Struwwelpeter-Geschichten enthalten weitere Beispiele für die Tabuisierung unerwünschter kindlicher Verhaltensweisen durch magisch-irrationale Strafandrohung. Auch in einer anderen wichtigen Literaturgattung für Kinder, dem Märchen, spielen Tabu und Tabu-Bruch eine wichtige Rolle. L. *Röhrich* hat dazu neuerdings von volkskundlicher Seite einiges interessante Belegmaterial veröffentlicht.[16] Die Märchen scheinen es jedoch, anders als der Struwwelpeter, auf irgendeine heimliche Weise mit dem Ungehorsamen, mit dem Tabu-Verletzer zu halten. Gewiß – wenn Rotkäppchen sich an das Gebot der Mutter gehalten hätte und auf dem rechten Wege geblieben wäre, dann wäre es nicht vom Wolf gefressen worden, doch dann lebte auch der Wolf noch heute. Oder wenn im Grimmschen Märchen von den Schlangenblättern der Diener nicht verbotenerweise von der weißen Schlange des Königs gegessen hätte, dann verstünde er die Sprache der Tiere nicht und hätte die Prinzessin nicht gewinnen können. Und endlich das in Märchen so häufige Tabu der verschlossenen Tür, im »Marienkind« beispielsweise oder im »Blaubart«: Blaubarts junge Frau mußte die verbotene Kammer betreten – hätte sie es nicht getan, so wäre sie zwar nicht in Todesgefahr geraten, doch sie wäre dafür dem Blaubart ihr Leben lang untertan geblieben, und die Geschichte hätte nicht gelohnt, als Märchen erzählt zu werden. Unfolgsamkeit, so scheint die heimliche Moral des Märchens zu sein, schafft zwar Leiden und Verwicklungen, doch letzten Endes gewinnt sie alles, was das Herz begehrt: Königreiche, Reichtümer und die schöne Prinzessin.

Brechen wir das Spiel mit symbolischen Andeutungen ab. Das Kind kann im Märchen etwas Wichtiges lernen: daß man oft gerade das tun muß, was tabu ist – ob es sich nun um eine heimliche Entdeckungsreise, um die erste Zigarette oder das erste Rendezvous handeln mag. Das Kind vergewissert sich seiner Freiheit nicht durch Denken, sondern durch Handeln. Indem es das tut, was tabu ist, reduziert es das magische oder mit göttlicher Autorität sanktionierte Verbot auf ein von Menschen gemachtes, dem allenfalls Achtung als einer zwischen Menschen geltenden Regel, doch keine darüber hinausgehende Reverenz gebührt. Im Ungehorsam vergewissert sich der junge Mensch, daß Gebote von Menschen gemacht sind und bloß menschliche Autorität beanspruchen dürfen.

In diesem Zusammenhang ist die von *Wolfgang Loch* vorgetragene, auf psychoanalytische Argumente gestützte Apologie des Sexualtabus zu erwähnen, die der hier vertretenen Auffassung widerspricht. Loch meint gegenwärtig zu beobachten, daß »die totale Aufhebung der sexuellen Tabus wenn nicht zur Neurose ..., so doch sehr leicht zur Verwahrlosung und zur Verflachung der Bewußtseinsstrukturen« [17] führen kann. Doch scheint mir die Beweisführung Lochs auf zwei ungeklärten Voraussetzungen zu beruhen:

1. erweist sich das, was Loch als Verwahrlosung bezeichnet, vielfach als eine kompliziertere Form von Neurose; wo er Anomie zu sehen vermeint, konstatieren andere psychoanalytische Beobachter wie Kuiper in seinem obenerwähnten Aufsatz – und mir scheint, mit größerem Recht – eine Abwehr neurotischer Schuldgefühle. In diesem Falle wäre das Symptombild gerade nicht durch den Verlust der Norm, sondern durch eine mangelhaft gelungene Emanzipation vom Tabu bedingt;

2. verwendet Loch den Begriff des Sexualtabus unscharf und zu wenig spezifisch: Er setzt Triebverzicht, Sexualverbot, Repression und Tabu annähernd gleich. Doch ist diese unscharfe Verwendung der Begriffe nicht berechtigt: Ich-syntoner Triebverzicht als Voraussetzung von Sublimierungsleistungen ist im Sinne Freuds keineswegs identisch mit tabu-gesteuerter Verdrängung. Von daher erscheint Lochs Schlußfolgerung, Sexualtabus müsse es gerade um der Freiheit willen geben, terminologisch mißverständlich und in der Sache eher verwirrend.

Wo der Unterschied zwischen Ich- und Überich-Gehorsam im Sinne Mitscherlichs, d. h. zwischen freiwilliger Befolgung als notwendig anerkannter Spielregeln des Zusammenlebens und andressiertem Autoritätsgehorsam, nicht in aller Schärfe gesehen und durchgehalten wird, bleiben alle pädagogischen Folgerungen im Vagen und Ungefähren stecken. Nur der Tabu-Ungehorsam kann zur befreienden Tat werden, nicht der Ungehorsam gegen akzeptierte und eingesehene Regeln des menschlichen Zusammenlebens. Niemand wird dadurch innerlich frei, daß er bei »rot« die Straße überquert. Ein großer Teil der Spannungen zwischen den Generationen mag allerdings daher rühren, daß den Jüngeren vieles als Tabu erscheint, was die Älteren für wohlbegründete und notwendige Spielregeln halten. »Um der Freiheit willen« – um noch einmal Lochs Formulierung aufzugreifen [18] – wird es zwar nicht nötig sein, Tabus zu konservieren, wohl aber allgemein akzeptable Spielregeln zu finden und einzuhalten, unbeschadet des Vorrechts einer jeden Generation, »to test the limits«, d. h. immer wieder neu die Grenzen jenes Freiheitsspielraums abzustecken, der in der jeweiligen gesellschaftlichen Situation erreichbar ist.

Kehren wir noch einmal zurück zu der eingangs zitierten Definition von Gehorsam: *den Willen eines anderen tun*. Dies ist eine rein pragmatische Festlegung, und die traditionelle Erziehungslehre hätte wohl hinzugefügt: »den Willen eines andern tun, sofern dieser andere ausgewiesene Autorität ist, sofern er in sittlicher Verantwortung für das Kind steht« – oder so ähnlich. Die vorangegangenen Überlegungen haben gezeigt, daß es derzeit unmöglich ist, Autorität von gemeinsamen Wertkategorien her überzeugend zu legitimieren. Gehorsam und Ungehorsam können heute nicht mehr »an sich« als Tugenden oder Untugenden gelten, sondern gewinnen Wert und Sinn im Kontext der Situation. Gehorsam läßt sich daher allgemein nicht mehr wertbezogen, sondern nur formal als Merkmal eines Verhaltens – eben der Übereinstimmung mit dem Willen eines anderen – definieren.

Doch nun stellt sich die zweite der eingangs formulierten Fragen, ob unter diesen Umständen »Gehorsam« und »Ungehorsam« überhaupt noch pädagogisch sinnvolle Termini sein können. Den Willen eines anderen tun, ohne daß vorausgesetzt werden kann, daß dieser Wille der maßgebliche, der bessere und wertvollere sei – ist das noch ein hervorhebenswertes Merkmal kindlichen Verhaltens? Den Willen eines anderen zu tun bzw. nicht zu tun reduziert sich unter diesen Umständen auf ein sozialpsychologisches Phänomen, einen Aspekt der Interaktion zwischen Erwachsenen und Kindern.

Ob und unter welchen Umständen Kinder das tun, was die Erzieher von ihnen wollen, hängt von mannigfachen Bedingungen und Motivverflechtungen ab – oftmals auch davon, wie weit die Erzieher ihrerseits bereit sind zu tun, was die Kinder wollen. Man kann mit Helena Stellwag geradezu von einer »erzieherischen Funktion des Kindes« sprechen: Die Rollen des Erwachsenen und des Kindes sind wechselseitig aufeinander bezogen und voneinander abhängig; allenfalls läßt sich von einem Aktivitätsgefälle in dem Sinne sprechen, daß beim Erwachsenen mehr an Initiative liegt, daß von ihm stärkere Impulse ausgehen als vom Kinde[19]. Gehorsam und Ungehorsam können also nur als geglückte oder mißglückte Kompromisse, als erreichtes oder verfehltes Gleichgewicht zwischen den Wünschen des Erwachsenen und den Wünschen des Kindes verstanden werden.

Die Begriffe »Gehorsam« und »Ungehorsam« wecken jedoch Assoziationen, die diesem Verständnis im Wege stehen. »Gehorsam« suggeriert einen Wirkmechanismus einseitiger Art; der Erwachsene befiehlt, und das Kind gehorcht. Diese Vorstellung ist geeignet, unbewußte Allmachtsvorstellungen beim Erwachsenen zu beleben: Ich spreche ein Wort, und mein Wille geschieht. In dem Sprachspiel *Gehorsam versus Ungehorsam* wird die Wechselseitigkeit des Verhältnisses, der Kompromißcharakter der Willensanpassung nur unzureichend formuliert. Manche Mutter braucht ein Kind, dessen Willen unbedingt mit dem ihren übereinstimmt. Sie würde sonst unerträgliche Angst bekommen. Daher ist in diesem Falle »Gehorsam« der einzig mögliche Kompromiß. Denn welches Kind, das ja umgekehrt genauso auf die Liebe der Mutter angewiesen ist wie die Mutter auf den »Gehorsam« des Kindes, wird sich im Ernst Appellen von der Art entziehen können: »Wenn du mich lieb hast, dann tust du das und das«? – Andere Mütter brauchen ungehorsame Kinder – zur Überwindung der Langeweile beispielsweise. Man kann in der Erziehungsberatung Kinder sehen, deren Ungebärdigkeit schlagartig verschwindet, sobald das Leben der Mutter auf andere Weise abwechslungsreicher und interessanter geworden ist.

Diese Auffassung, die Gehorsam und Ungehorsam als Modi einer versuchten Konfliktbewältigung versteht, läßt sich von psychoanalytischen Gedankengängen her begründen. *Alice Balint* hat in ihrem Aufsatz »Liebe zur Mutter und Mutterliebe« auf die Wechselseitigkeit der Stimulation von Mutter und Kind in der allerfrühesten Lebensphase hingewiesen. In der ursprünglichen Mutter-Kind-Einheit, meint sie, seien die Impulse der Mutter und des Kindes vollständig aufeinander abgestimmt, daß sie sich gegenseitig volle Befriedigung zu spenden vermögen. Diese völlige Übereinstimmung zwischen zwei Menschen werde erst in der genitalen Partnerbeziehung wieder erreicht. Für die menschliche Entwicklung sei es charakteristisch, daß diese beiden Phasen völliger und ungetrübter Harmonie nicht unmittelbar aufeinanderfolgten, sondern durch eine zeitliche Kluft getrennt seien. »Der für den Menschen charakteristische zeitliche Abstand zwischen Kleinkind-Periode und Erwachsenheit ... führt jene Unstimmigkeit herbei, die ausgeglichen werden muß.« »So wird das Kind vor die Aufgabe gestellt, sich den Wünschen jener anzupassen, deren Liebe es bedarf.«[20]

In diesem Anpassungsprozeß, den man als Erziehung im weitesten Sinne verstehen kann, spielen die Gehorsamsforderungen der Eltern schon frühzeitig eine Rolle. Dies konnte *R. Spitz* in seiner subtilen Studie »Nein und Ja – Die Ursprünge der menschlichen Kommunikation« zeigen: Indem sich das Kind mit dem »Nein«, mit den Verboten der Eltern, identifiziert, ihnen gehorcht, lernt es erstmals, sich als Ich seinen Triebwünschen entgegenzustellen, im

Worte und in der semantischen Geste des »Nein« von ihnen zu abstrahieren. Das am elterlichen Verbot erlernte »Nein« ist damit einer der wichtigsten und frühesten Organisatoren des kindlichen Ich. Diese von Spitz beschriebene Phase scheint die einzige in der gesamten menschlichen Entwicklung zu sein, in der die Gehorsamsforderung einen psychologisch angebbaren, positiven Sinn gewinnt.[21]

Doch die Gehorsamsforderung wird noch lange darüber hinaus aufrechterhalten. Von den späteren Anforderungen der Eltern an das Kind bleibt vieles, vielleicht das meiste, irrational. Schon aus dem Kreise der psychoanalytischen Pädagogen der zwanziger Jahre liegen einzelne Studien vor, die zeigen, wie die Forderungen der Eltern vielfach deren eigenen, unbewußten Motiven entspringen. *H. E. Richter* hat diesen Ansatz erweitert und vertieft und mit eindrucksvollen klinischen Fallanalysen belegt. Richter zeigt, wie die Erziehungsanforderungen der Eltern aus einem unbewußten Wunsch- und Vorstellungsbild erwachsen, das die Rolle des Kindes in der Familie bestimmt. »Die elterlichen Phantasien, die dem Kind gewidmet sind, enthalten positive Erwartungsvorstellungen: wie das Kind sein soll. Sie enthalten ebenso negative Erwartungsvorstellungen: wie das Kind gerade nicht sein soll. Manche Vorstellungen sind jedoch auch zugleich mit positiven und negativen Affekten besetzt: Das Kind soll so sein, zugleich aber auch nicht so sein. Zwanghaft drängt sich das Bedürfnis auf, daß das Kind ein bestimmtes Verhalten realisieren möge.«[22] Diese Erwartungen und Rollenvorschriften an das Kind bleiben im allgemeinen unbewußt. Gewinnen sie in Gestalt von ausgesprochenen Gehorsamsforderungen Zugang zum Bewußtsein, so mag schon darin ein Indiz liegen, daß die Forderung selbst konfliktträchtig, ihre Erfüllung fragwürdig geworden ist.

Ist die Gehorsamsforderung im Umgang zwischen Erwachsenen und Kindern ersetzbar? Gestatten Sie mir, die Antwort auf diese Frage über einen kleinen Umweg zu versuchen – einen Umweg, der durch Erfahrungen in der praktischen Ausübung der Psychoanalyse motiviert ist. Obgleich wir es uns nicht allzu gerne eingestehen: Es kommt auch in psychoanalytischen Behandlungen gelegentlich vor, daß uns die besonderen Umstände dazu zwingen, einem Patienten eine Vorschrift zu machen: etwa die, eine für ihn selbst oder andere unmittelbar schädliche Lebensgewohnheit aufzugeben. Freud selbst trug keine Bedenken, Patienten auch ohne diese begrenzte Indikation gelegentlich eine – sagen wir – perverse Sexualbetätigung zu verbieten, wenn er sich davon einen Fortschritt in der Behandlung versprach. »Er will nicht glauben«, klagte er in einem Brief an

Pfister über einen jungen Patienten, bei dem er einen Einspruch dieser Art erfolglos versucht hatte, »daß solche Abstinenz ... für den Fortgang der Kur unerläßlich ist.«[23] Auch heute kommen wir nicht immer umhin, unseren Patienten solche Vorschriften zu machen. Doch anders als Freud werden wir die Gehorsamsforderung, zu der wir uns gedrängt fanden, selbst als Ausdruck des Konflikts nehmen, den der Patient an uns agiert, um sie so bald wie möglich durch das Verstehen ihres Motivhintergrundes überflüssig zu machen.

In der Erziehung scheint ein analoges Vorgehen grundsätzlich möglich zu sein. Ist die Gehorsamsforderung Ausdruck eines Konflikts zwischen den Wünschen des Erziehers und den Wünschen des Kindes, so läßt sich dieser Konflikt, statt im Durchsetzen des Gehorsams agiert zu werden, auch als Vehikel eines tieferen Verstehens der wechselseitigen Bedürfnisse von Kind und Erzieher benutzen.

Ein instruktives Beispiel einer solchen im Verstehen überstiegenen Gehorsamsforderung wird von Father Flanagan, dem Begründer der berühmten amerikanischen Jungenstadt, berichtet. Ein achtjähriger Junge, der nach einem Bankraub nach Boys Town gekommen war, hatte alle Erziehungsversuche an seinem wütenden und ungebärdigen Widerstand scheitern lassen. Father Flanagan hält auch bei diesem Kind an seiner Überzeugung fest: »Es gibt keinen schlechten Jungen« – und stachelt damit seinen Widerstand nur immer mehr an. Die Wende bringt der folgende Dialog:

»Eddie, ... was ist ein guter Junge? Ein guter Junge ist gehorsam, stimmt das?«

»Tja.«

»Er tut das, was seine Lehrer ihm sagen, ja?«

»Darauf können Sie wetten.«

»Nun, das hast du je und je getan, Eddie. Das Unglück ist nur, daß du an die falschen Lehrer geraten bist – hartgesottene, schwere Jungen am Hafen und kleine Gauner, die an den Ecken herumstehen. Aber du hast ihnen fraglos gehorcht. Du hast alle Übeltaten begangen, die sie dich lehrten. Wenn du nur hier den guten Lehrern ebenso folgen würdest – du wärest ein famoser Junge.«

Die Wirkung dieser einfachen Worte soll plötzlich und nachhaltig gewesen sein; der Bericht vergleicht sie mit einer Geisterbeschwörung oder einer Teufelsaustreibung.[24]

Was hat Father Flanagan mit seiner Bemerkung pädagogisch bewirkt? Man könnte seine Intervention (»Wenn du nur hier den guten Lehrern ebenso folgen würdest ...«) als eine besonders geschickte, ja raffinierte Verkleidung der Gehorsamsforderung verstehen; und vielleicht würde Father Flanagan sie selbst in diesem Sinne verstanden haben. Doch nicht das ist es, was den exemplarischen Charakter der geschilderten Situation ausmacht, und nicht diesem letzten Endes doch wieder naiven Appell dürfte der erzieherische »Erfolg« zu verdanken sein. Indem der Erzieher meinte, den Jungen zum Gehorsam gegen die »guten« Lehrer zu ermuntern, unterlief ihm unversehens und unbewußt etwas ganz anderes, und dieses andere darf als das eigentlich psychodynamische Agens gelten. Daß ein »gehorsames« Verhalten des Jungen die Folge war, ist dabei fast unwesentlich. Father Flanagan weckte bei dem Jungen eine Einsicht in die Hintergründe und Verknüpfungen seines bisherigen Tuns – eine Einsicht, die ihm half, seine Identität zu finden: Denn wird der seitherige Ungehorsam als Gehorsam verstanden und darin gleichsam dialektisch aufgehoben, so erlaubt diese Einsicht dem Jungen eine Versöhnung seiner ungehorsamen Vergangenheit mit seiner gehorsamen Zukunft – und durch die Relativierung der Begriffe von Gehorsam und Ungehorsam noch ein weiteres: ein Verständnis erzieherischer Bindung und Befreiung jenseits von Gehorsam und Ungehorsam.

HEINRICH ROTH

Begabung und Begaben

I

Es geht in dieser Untersuchung um die problematische Frage, inwieweit Begabung nichts anderes ist als *Anlage, Reifung, Entfaltung*, und inwieweit Begabung so etwas ist wie *Begaben*, eine Gabe verleihen, Erweckung von außen, Aufwecken. Es handelt sich sowohl um ein theoretisches Problem als auch um eine praktische Frage des pädagogischen Alltags: Wir kennen alle das große berufliche Glücksgefühl, wenn wir Begabungen sich entfalten sehen, und wir werden uns schmerzlich unserer Unzulänglichkeit bewußt, wenn wir fehlende Begabungen (oder sagen wir vorsichtshalber »scheinbar fehlende Begabungen«) nicht zu erwecken, entzünden oder irgendwie zu ersetzen und auszugleichen vermögen. Der Kampf um die Methoden ist ja oft die Hoffnung, einen solchen Zauberschlüssel in die Hand zu bekommen, der auch schwer aufschließbare Schlösser (mit verborgenem, verstecktem oder fremdem Mechanismus) noch aufzuschließen vermag.

Gibt es etwas Derartiges? Und kann uns die moderne Psychologie und pädagogische Menschen- und Charakterkunde dazu Hinweise geben?

Wir brauchen zu diesem Zweck einen *pädagogischen Begabungsbegriff*, der das trifft, was wir in der Schule (im weitesten Sinne) tun, wenn wir (ich überspringe andere Aufgaben des Unterrichts) zu mathematischem, geschichtlichem, naturkundlichem, staatsbürgerlichem, sprachgerechtem *Denken* erziehen und junge Menschen in diesen Fächern bilden wollen. Was machen wir da eigentlich?

Wenden wir hier nur, wie man so landläufig annimmt, die Intelligenz des Schülers auf ein bestimmtes Unterrichtsfach an? Es scheint mir, daß diese Auffassung in eine Sackgasse geraten ist, nämlich in die Sackgasse der *Intelligenz*. Die Begabungsforschung der Psychologie hat sich auf die Intelligenzforschung verengt. Sie hat mit einer unerhörten Intensität den Schleier des Geheimnisses, was Intelligenz ist, zu lüften versucht und ist bei dem erschreckenden Ergebnis angelangt, daß Intelligenz das ist, was der Intelligenztest untersucht und mißt. Diese zynische Bemerkung Spearmans ist nicht so absurd, wie es zunächst aussieht. Die Erforschung der Intelligenz mit Hilfe von Tests hat nämlich schließlich zu dem Ergebnis geführt, daß sie eine Fähigkeit ist, mit neuen Situationen erfolgreich fertigzuwerden. Wir brauchen uns nicht mit den Feinheiten der verschiedenen Definitionen aufzuhalten, das Wesentliche ist, wie es zuletzt *Richard Meili*[1] wieder herausgestellt hat: »Wir überwinden Schwierigkeiten (lösen Probleme theoretischer und praktischer Natur), die nicht durch schon bekannte, angeborene oder angelernte Mittel und Methoden beseitigt werden können.« Genau das ist es auch, was der Test im besten Fall prüft und mißt: die intelligente Anfangsleistung neuen Aufgaben gegenüber. Und alle Intelligenztests der Welt tun das mehr oder weniger geschickt.

Nun muß man aber eine Konsequenz dieser Reduzierung der Begabung auf die so definierte Intelligenz bedenken: Die Intelligenztests müssen, weil sie jedesmal eine neuartige, aber möglichst erfahrungsfreie Aufgabe zu repräsentieren haben, notwendigerweise relativ einfach sein. Weil sie nicht an Erfahrung und Lernen appellieren dürfen, müssen sie so konstruiert sein, daß die Intelligenz (die Fähigkeit, das aktuell Wesentliche zu erfassen) imstande ist, in einem »Aha!-Erlebnis« die Lösung der Aufgabe zu finden. Der Test ahmt im Grunde eine echte Erfindungs- oder Entdeckungssituation nach, aber in künstlich vereinfachter Form. Er erfaßt die intelligente Anfangsleistung solchen Aufgaben gegenüber, aber deckt sich diese so definierte Intelligenz mit dem, was wir als pädagogischen Begabungsbegriff suchen? Was meint eigentlich der Pädagoge, wenn er von einem Schüler aussagt, er sei begabt für Musik, Zeichnen, Mathematik, Deutsch usw.?

Der Psychologe versucht, möglichst die angeborene, naturgegebene Intelligenz in den Griff zu bekommen. Sie erfaßt er in dem, was der Test mißt. Der Test mißt die Fähigkeit, neuartige Aufgaben zu lösen. Der Psychologe weist nach, daß diese Fähigkeit, wenn sie exakt erfaßt wird, relativ konstant bleibt (Intelligenzquotient). Es ist aber immer die gleiche Größe, die da gemessen wird, nämlich die spezifische Anfangsleistung neuen Situationen oder Aufgaben gegenüber. Es ist die Testintelligenz, wie man sie neuerdings mit Recht nennt.

Den Pädagogen interessiert ebenfalls die angeborene und naturgegebene Intelligenz, aber noch mehr die Seite an ihr, die sich entfalten läßt, ihn interessiert auch die denkerische Anfangsleistung neuen Aufgaben gegenüber, aber noch weit mehr die mögliche Endleistung. Nun muß auch der Psychologe schon zugeben, daß die Intelligenz eine sich entwickelnde und sich entfaltende Größe ist. Er ist ja gezwungen, seine neuartigen Testaufgaben dem jeweiligen Altersniveau anzupassen, muß also einer Erweiterung der Intelligenz durch Erinnerung, Lernen und Erfahrung Rechnung tragen, muß also zugeben, daß Intelligenz etwas Dynamisches ist.

Den Pädagogen interessiert also im besonderen, wie aus intelligenten Anfangsleistungen bestimmte Hochleistungen in Sprachen, Mathematik, Physik usw. zustande kommen. Eine Begabung kann sich für ihn nicht in der Lösung von Testaufgaben erweisen (daran erweist sich Intelligenz), sie kann sich grundsätzlich für ihn nicht an erfundenem Material erweisen, sondern nur in der Bewältigung objektiver, teilweise standardisierter Leistungsformen, wie sie die kulturelle Entwicklung als historische Bedingung für die Art unserer Lebensmeisterung geschaffen hat. Begabung kann sich infolgedessen nur in der Aneignung, Beherrschung und Vollendung tatsächlicher Leistungsformen unserer Daseinsbewältigung und Kulturbetätigung dartun. Erst dann kann sich Begabung zu jener Stufe entfalten, wo wieder neue Aufgaben und Probleme auf Lösung harren. Diese lösen, heißt dann nicht nur intelligente Anfangsleistungen vollbringen, sondern »erlernte Lösungsoperationen beweglich bereit haben« (B. Petermann) und so frei über sie verfügen, daß der Vorstoß zu wirklicher Produktivität echten neuen Aufgaben gegenüber gelingt. Diese letzteren Leistungen einer Begabung werden aber erst möglich, wenn die ursprünglichen Fähigkeiten, so reichhaltig sie auch angelegt sein mögen, einen langwierigen und mühevollen Prozeß der Auseinandersetzung mit den alle individuelle Begabung übersteigenden Erkenntnis- oder Gestaltungsformen eines Faches durchgemacht haben. Die naturgegebene Begabung kann das aus eigener Mächtigkeit niemals leisten, sie kann sich nur in dem Grad und in der Art der Aneignung der Leistungsformen erweisen. Ein hoher Intelligenzquotient (als Maß für Anfangsleistungen neuen Aufgaben gegenüber) kennzeichnet zwar eine gewisse Chance für das Gelingen dieses Aneignungsprozesses, aber in der Regel nur in Hinsicht auf die jeweils geforderte, *denkerische* Leistung und nur in bezug auf gewisse Intelligenzfaktoren, die der Test zu unterscheiden imstande war. Die bis jetzt gründlichste und umfangreichste Untersuchung, die Individuen mit hohen Intelligenzquotienten auf ihre spätere Lebensleistung hin verfolgt, die des Amerikaners *L. M. Terman*[2], ergab allerdings positive Resultate: Etwa 80% der Versuchspersonen hatten es auch im Leben weit gebracht. Wir können aber annehmen, daß so hohe Intelligenzquotienten gleichzeitig ein Anzeichen für ein hohes seelisch-geistiges Gesamtniveau überhaupt waren. Wir halten deshalb fest, daß es bei der Intelligenz mehr auf die denkerische Anfangsleistung neuen Situationen und Aufgaben gegenüber ankommt, bei der Begabung mehr auf die Aneignung bestimmter Leistungsformen eines Faches, auf ihre Steigerung bis zur freien Verfügbarkeit, ja bis zur produktiven Anwendung echten neuen Aufgaben gegenüber.

Das erste Ergebnis wäre also, daß Begabung noch etwas bedeutend Komplexeres meint als Intelligenz. Wenn nun schon die Intelligenz etwas Komplexes ist, wie *Thurstone* einwandfrei nachgewiesen hat, wie viel mehr muß es dann die Begabung sein. Jede Intelligenzleistung erweist sich in der Faktorenanalyse als Effekt verschiedener und verschieden stark beteiligter Gruppen- oder Wurzelfaktoren. Meili unterscheidet bis heute 4, Thurstone unterscheidet mit Sicherheit 5 (Sinn für sprachliche Zusammenhänge, Wortfindung, Erfassung von Raumbeziehungen, Zahlensinn, eine Regel finden), laboriert aber an 10–20. Begabung als Bewältigung komplizierter Leistungsformen unserer Zeit und Kultur muß deshalb noch mehr als Intelligenz das Ergebnis eines Zusammenwirkens der verschiedensten Anlagefaktoren sein. Wir können also nicht erhoffen, daß »Begabungen« einfachen Anlagen entsprechen. Keinesfalls entsprechen die Erkenntnis- und Gestaltungsformen unserer Zeit und Kultur, wie sie sich im Laufe der Geschichte entwickelt haben, bestimmten Genen in uns, und selbst dann, wenn einzelne scharf umgrenzbare Leistungsformen bestimmten Genen in uns entsprächen, sind diese Gene in den seltensten Fällen »Mußanlagen« (G. Pfahler), die in strenger Gesetzmäßigkeit gradlinig zu fertigen Leistungen reifen.

Die heutigen kulturellen Betätigungen wie Rechnen, Schreiben, Lesen, aber auch Radfahren, Autofahren, Fliegen, Gedichtemachen und Klavierspielen usw. entsprechen nicht ebenso vielen Genen in uns, die nur der Reifung und Selbstentfaltung, allenfalls noch einer Entwicklungshilfe bedürften. Das Angeborene dessen, was wir als Leistungen sehen, beruht vermutlich im Vergleich mit der Unzahl von möglichen Leistungsformen auf verhältnismäßig wenigen, aber komplexen, plastischen, flüssigen (R. Meili) Wurzelfaktoren, auf deren Vorhandensein es ebenso ankommt wie auf ihr spezifisches Zusammenspiel. Diese Wurzelfaktoren sind vermutlich sehr allgemeiner Natur, decken sich auf jeden Fall nicht mit Dividieren, Wurzelziehen und dergleichen spezialisierten Leistungsformen, aber auch nicht mit unseren Schulfächern, diesen »Dispositionskomplexen umfassendster Art« (R. Meister), sondern waren vermutlich im eiszeitlichen Menschen schon in gleicher Weise als Anlagen, d. h. Möglichkeiten vorhanden, nur daß sie damals für andere Lebensaufgaben beansprucht wurden und gemäß diesen Lebensaufgaben sich andersartig zu Leistungen differenziert und kombiniert haben.

Sie wachsen auch heute noch heraus aus den Urfähigkeiten, die Welt erlebend in uns aufzunehmen, denkend zu erfassen und gestaltend auf sie zurückzuwirken. Sie sind in ihrem Ursprungsstadium nicht mehr als eine »lebendige Bereitschaft in einer bestimmten Richtung zu reagieren«. Selbst die strengste Erbforschung, wie sie etwa in *Günther Just*[3] vertreten ist, kommt zu der Formulierung: »Erbanlagen sind nicht verkleinerte Eigenschaften, nicht Merkmale in nuce, sondern sind ›potentielle Energien‹.« Wie viel mehr dürfen wir dann mit Recht annehmen, daß wir es bei den Begabungen mit seelisch-geistigen Energien zu tun haben, bei denen es wesentlich auf die Umwelt ankommt, ob und wie sie sich in Leistungen ausformen. »Denn wie haben sich«, so fragt der Pädagoge *Georg Reichwein* mit Recht, »die Begabungen, die das heutige Leben verlangt, des Wirtschaftsorganisators oder Ingenieurs, des Fliegers oder Gewerkschaftsorganisators im Mittelalter ausgewirkt?«

Es gibt keine Anlagen, die direkten Leistungsformen entsprechen würden, höchstens sehr allgemeinen Leistungsformen wie der Sprachfähigkeit, dem Sprach- und Wortsinn, dem Raum- und Zahlensinn und so fort. Diese allgemeinen Leistungsformen sind in ihrer Entwicklung auf spezifische Leistungsformen ihrer Zeit und Kultur als auf die eigentlich sie erweckenden und entwickelnden Anreize angewiesen. »Wir wissen heute«, sagt *Peter R. Hofstätter*[4], den ich hier zitiere, weil er besonders auch die amerikanische psychologische Literatur überschaut, »daß die Aussage, A ist intel-

ligent, außerordentlich situationsspezifisch ist.«»Intelligenz bedeutet im Großstadtleben etwas anderes als auf dem Land, bedeutet
für einen Europäer etwas anderes als für einen Indianer.«»Sachver-
hältnisse bestehen nicht an sich, sondern nur in bezug auf die Lebenssituation eines bestimmten Menschen.«
Damit ist das Ziel erreicht, das wir angestrebt haben, nämlich der
Nachweis der entscheidenden Abhängigkeit der Intelligenz, aber
noch mehr der Begabung und Begabungsentfaltung von der *Lebenssituation.* Begabung entfaltet sich im Hinblick auf ein Lebensfeld.
Wir dürfen Begabungsentfaltung nicht auffassen als das Größerwer-
den einer in nuce schon vorhandenen seelischen Eigenschaft, sondern als einen stufenreichen Entfaltungsprozeß, der sich in der Auseinandersetzung mit den Hochleistungen der heutigen Formen unserer Daseinsbewältigung und Kulturbetätigung vollzieht.

II

Wir versuchen deshalb, um zu einem pädagogischen Verständnis
der Begabung und Begabungsentfaltung vorzustoßen, im folgenden
nicht die Begabung als Eigenschaft zu definieren, sondern diesen
Prozeß der Begabungsentfaltung zu beschreiben bzw. beschreibend
nachzubilden. Untersuchungen und Überlegungen an konkreten
Begabungsentfaltungen lassen folgende entscheidende Stationen
und Stufen an einer in sich geschlossenen Verlaufsgestalt erkennen:
1. Eine spezifische Ansprechbarkeit auf ein bestimmtes Material,
eine bestimmte Sache, eine bestimmte Aufgabe und eine auffallende
Neigung, an diesem Material, dieser Sache, dieser Aufgabe interessiert zu werden.
2. Eine gewisse lustbetonte Leichtigkeit, sich diejenigen Leistungen anzueignen, die zur Bemeisterung dieses Materials, dieser Sache, dieser Aufgabe dienen.
3. Ein intimes Heimischwerden und wachsendes Werterleben im
Bereich des Materials, der Sache, der Aufgabe, das zu einem gestei-
gerten Bedürfnis nach vermehrten und erhöhten Erlebnissen auf
diesem Gebiet und zu einem freiwilligen Opfer an Zeit und Kraft für
die Sache führt.
4. Eine produktive Unzufriedenheit mit den erreichten Lei-
stungsstufen, welche die Anstrengungsbereitschaft erhöht, die
Schwierigkeiten immer wieder überwindet und schließlich zur Meisterschaft strebt.
5. Ein wachsendes Selbstvertrauen, das zu einem immer freieren

Verfügen und inneren Überlegensein über die Arbeitsweisen, Erkenntnis- und Ausdrucksmittel drängt und das über die Erfüllung von technischen Regeln hinaus zu einer relativen Vollendung und beweglichen Sicherheit im Vollzug und Gebrauch der Leistungsformen führt, wie wir sie im »Talent« vor uns haben.

6. Eine schöpferische Produktivität, die sich aus spontanen Anfängen zu einer immer deutlicheren originalen Erkenntnis- und Gestaltungskraft steigert, wie wir sie in höchster Form im Genie vor uns haben.

Begabung, so sagen wir nun, erweist sich in der Entfaltung menschlicher Betätigungen von Punkt 1 zu Punkt 6. Begabung erscheint nicht als einmalige Leistung in der Erfassung des aktuell Wesentlichen einer neuartigen Aufgabe gegenüber wie die Intelligenz, sondern als »Hinordnung auf ein bestimmtes Betätigungsfeld« (O. Kroh), als die geduldige Fähigkeit zu lernen (wie schon Thorndike die Intelligenz definieren wollte), als die Fähigkeit, Erfahrungen zu machen und aus den Erfahrungen Nutzen zu ziehen, als die Fähigkeit, vorgesteckte Ziele zu erreichen und nach Erreichen der Ziele neue Ziele zu sehen. Begabung erscheint hier geradezu als »Organwerden für eine Sache«, nämlich Umformen der ganzen Person zur Erfüllung einer Aufgabe. Die gesamte Lebensleistung eines Menschen wird zum wahren Maßstab seiner Begabung, wie es K. Gottschaldt auf dem Psychologen-Kongreß in Göttingen formulierte. Begabung wird zur gesammelten Kraft einer Persönlichkeit für eine geliebte Aufgabe. Das Endergebnis ist eine Umkehrung der alltäglichen Auffassung: Nicht »Begabungen« entfalten sich, sondern Menschen passen sich Aufgaben an, wachsen in Leistungen hinein, werden »Organ für ...«.

III

Wir haben nun eine gewisse Auflockerung des Begabungsbegriffes erreicht. Anlagen sind nichts Festes, Starres, keine Leistungsformen oder Eigenschaften in nuce, sondern potentielle Energien. Diese Energien sind nur in der allgemeinsten Form gemäß gewissen Urfähigkeiten vorbestimmt, aber setzen sich nicht in geradliniger Selbstverwirklichung in Leistungsformen unserer Zeit und Kultur um, sondern sind abhängig von der Lebenssituation. Sie entfalten sich zu spezifischen Leistungsformen in Abhängigkeit vom »Daseinsrahmen und Lebensfeld« (B. Petermann), und sie stehen in engem Zusammenhang mit dem seelisch-geistigen Gesamtpotential einer Persönlichkeit. Für ihre Entfaltung bis zu einer Hochleistung ist die

Lebenssituation als persönlich erlebte Aufforderung zur Bewältigung und Gestaltung eines Materials, einer Sache oder Aufgabe ebenso wichtig wie die angelegte und angeborene Fähigkeit oder Kraft.

Nach diesen Voraussetzungen unternehmen wir es nun, nach den *Lebenssituationen* zu fragen, in denen sich »potentielle Energien« in konkrete Begabungen umgießen, welche die schon vorgegebenen Leistungsformen unserer heutigen Zivilisation und Kultur bis zu einer gewissen Vollendungsstufe zu bewältigen vermögen. Bei aller gebotenen Kürze ist es meine Absicht, eine gewisse Vollständigkeit in der Aufreihung der wichtigsten situativen Bedingungen für die Entfaltung einer Begabung zu erreichen, allerdings weniger, was die Zahl der Bedingungen, als was die innere Folgerichtigkeit in der Art der Aufreihung anbetrifft.

1. Wir müssen uns zunächst darüber klar sein, daß jedes Schulfach für das Kind etwas zu seinem Leben Zusätzliches darstellt, eine Aufgabenerweiterung seines Lebens, die es nur mit *überschüssiger Energie* leisten kann. Wir müssen also zunächst für freie, überschüssige Energie sorgen, wenn eine gesteigerte Anteilnahme geweckt werden soll an einer Umwelt, die von den kindlichen Interessen hier zunächst immer wieder als eine Art Luxus erscheinen mag. Glutaminsäure, mit der heutige Hilfsschulkinder behandelt werden, ändert nicht die Begabung (im Sinne einer Eigenschaftsveränderung), sondern erhöht die allgemeine Antriebslebendigkeit. Eine erhöhte Bereitschaft, lebendig zu reagieren, ist abhängig von der überschüssigen vitalen Energie eines gesunden und guternährten Kindes. Sie ist die Voraussetzung des Tätigkeitsdranges, den wir einspannen wollen.

2. Eng damit zusammen hängt der Umstand, daß die schulische Betätigung (als eine zusätzliche und überschüssige Betätigung) in einem Raum der *sozialen Sicherheit und Geborgenheit* stattfinden muß. Fremdheitsgefühle, familiäre Sorgen und Ängste, Unsicherheiten in der sozialen Beziehungsaufnahme, Lieblosigkeit usw. ersticken selbst den vorhandenen Kraftüberschuß oder kanalisieren ihn in bloße Sicherungs- und Anpassungstendenzen. *Maslows* berühmte »Hierarchie der Bedürfnisse«[5] setzt zuunterst die Befriedigung der körperlichen Bedürfnisse, aus ihnen wächst Sicherheit gegenüber Hunger, Durst, Lebensgefahr, Krankheit; darauf baut sich ein Verlangen nach Wärme, Anschluß und Liebe auf. Erfüllung der sozialen Ansprüche durch eine Rolle und einen Platz in der Gemeinschaft bringt Selbstvertrauen und Selbstachtung. Erst dann erwächst das Bedürfnis nach Selbstdarstellung, Selbstausdruck, Selbstentfaltung, Gebrauch der schöpferischen geistigen Fähigkeiten.

3. Ein Kind, das diese Stufe erreicht hat, zeigt nun zwei sich ergänzende Tenzenzen zur Beziehungsaufnahme mit der Umwelt: einen überschüssigen *Tätigkeits*drang und einen breit ansprechenden *Erlebnis*drang, die einander wechselseitig beeinflussen. Soll sich eine Begabung entfalten, muß aus dem Tätigkeitsdrang eine Gestaltungskraft für ein bestimmtes Gebiet und aus dem Erlebnisdrang eine Vorliebe, ein Interesse für ein bestimmtes Gebiet werden. Begabung ist in diesem Stadium »Ansprechbarkeit für ...« und »Tätigkeitsdrang nach ...«.

Ebenso wichtig wie die Umwandlung des Erlebnisdranges in echtes Interesse ist die Umwandlung des Tätigkeitsdranges in *Gestaltungskraft*. Sie hat zwei Seiten, die wir hier betrachten müssen: Gestaltungskraft im Ausdruck und Gestaltungskraft im Schaffen. Im Ausdruck ist mehr die subjektive Seite der Selbstdarstellung betont, im Schaffen mehr die objektive Werkgestaltung. *Ludwig Klages* hat darauf aufmerksam gemacht, daß jede Begabung zu ihrer Verwirklichung auf das Medium des Ausdrucks angewiesen ist. Jede Betätigung ist immer gleichzeitig auch Ausdruck, Sich-Ausdrücken, Selbstdarstellung. Begabungsentfaltung ist daher notwendig an Ausdruckspflege gebunden. Das Kind darf niemals den Mut zum Ausdruck der eigenen Stimmungen, Gefühle und Erlebnisse verlieren. Wir dürfen die impulsiven, von innen kommenden Antriebe nicht hemmen, notfalls aber enthemmen. Zunächst muß das Sichausdrücken-Dürfen selbstverständliche Lebensluft werden. Ein Kind, das seine Liebe nicht zeigen darf, nicht in Blicken, Streicheln, Anschmiegen, Küssen usw. ausdrücken darf, sondern abgewiesen und immer wieder abgewiesen wird, lernt auf dieses Ausdrucksgelände verzichten, resigniert, wird herb; die Ausdruckshemmung wirkt zurück auf die tatsächliche Gabe: Die Begabung zum Lieben erstickt. Natürlich geht es erzieherisch um die Ausdruck*pflege*. Es ist aber ein Unterschied, ob das, was aus dem Kinde herausleben will, im Keim unterdrückt oder aufgefangen und aufgenommen, versittlicht und kultiviert wird. Ähnliches beweisen die Unterschiede des Sprachschatzes bei gleichbegabten Kindern aus sprachlich gepflegtem und ungepflegtem Milieu, was nachweisbar nicht auf Unterschiede der Intelligenz, sondern der Lebenssituation, der fördernden Anreize, zurückzuführen ist. Ich darf auf keinen Fall den Sprachdrang hemmen, sondern muß ihm Gelegenheit geben, ihn beanspruchen und gleichzeitig binden und verpflichten. Ich muß mithelfen, »irgendein Tun bis zum Rand mit Ausdruck zu füllen« (L. Klages).

Die Umwandlung des Tätigkeitsdranges in *Schaffen* bedarf der verschiedensten Bedingungen. Wir erwähnen hier: reichhaltiges

Spiel- und Arbeitsmaterial, Ermutigung zum ersten Schritt, Gelegenheit zum Ausprobieren, Erhöhung und Spannung auf die Lösung, mitunter auf die beste Lösung als »gute Gestalt«, die Erlaubnis, Fehler machen zu dürfen, Anreiz zur Improvisation, um den Mut zum Entwurf und zur Produktivität zu fördern, Freiheit zum persönlichen Werk. Es ist unmöglich, diese Stufenfolge der Entfaltung der Gestaltungskraft im einzelnen hier durchzugehen.

4. Zu einer glücklichen Begabungsentfaltung gehört nun, daß all das Aufgezählte, sowohl das, was das Erleben, wie das, was das Gestalten unterstützt, im *richtigen Moment* und im *richtigen Maß* geschieht. Erst dann werden die objektiven Maßnahmen zum »fruchtbaren Moment«. Gemeint ist also das Problem der Vermeidung von Verfrühungen und Verspätungen, weil dasjenige an der Anlage, was von innen heraus reift und sich entfalten will, nicht beliebig lang in lebendiger Bereitschaft bleibt, sondern wieder verschwindet, verkümmert und abstirbt, wenn die Umwelt keine Handreichung bietet zur Ausformung.

Wir benötigen ein detailliertes Wissen um den richtigen psychologischen Zeitpunkt für unsere pädagogischen Maßnahmen in Beziehung auf das Kind im allgemeinen und das einzelne Kind im besonderen, wenn wir nicht mangelnde Begabung mit mangelnder rechtzeitiger Hilfe verwechseln wollen. Wahr ist, daß wir noch viel zuwenig wissen von der phasenspezifischen Empfänglichkeit für bestimmte Materialien, Betätigungen und Aufgaben.

5. Ein nächster wichtiger Schritt zur Entfaltung und Intensivierung einer Begabung im Sinne einer Erhöhung der Anstrengungs- und Opferbereitschaft ist die Transponierung einer Betätigung aus der Ebene der überschüssigen kulturellen Betätigung in die *Ebene der echten Daseinsbewältigung*. Wie ist es zu erklären, daß kulturelle Betätigungen, die wie Rechnen, Schreiben, Lesen, Autofahren, Fliegen, Gedichtemachen, Bücherschreiben usw. zunächst nur von wenigen ausgeübt wurden, später von einer zunehmenden Zahl von Menschen, ja manche heute nahezu von allen ausgeübt werden können? Wir müssen es so verstehen, daß Leistungen der Kulturbetätigung, die zur notwendigen Daseinsbewältigung herabsinken, auch von der Masse in breiter Front bis zur Meisterschaft erlernt und beherrscht werden können. So lernt der »für Englisch unbegabte« Volksschüler als Auswanderer ein perfektes Englisch, nicht nur, weil er mehr Gelegenheit zum Sprechen hat, sondern weil es ein integrierender Bestandteil seiner Daseinsbewältigung geworden ist. Latein erlebt der Gelehrtensohn als Notwendigkeit zur Berufserfüllung, der Arbeitersohn als Fremdkörper. Ähnlich verhält es sich mit

dem Erlernen von Fußballregeln und Grammatikregeln. Wir strengen uns um so mehr an, je mehr Bedeutung eine Sache für unser Leben hat. So kommt es auch in der Schule darauf an, daß wir für ein Fach die *Situation der Lebensnotwendigkeit* zu erzeugen vermögen. Das ist natürlich leichter gesagt als getan. Es handelt sich darum, die Betätigung in einem Fach zum vitalen Bedürfnis zu machen oder umgekehrt die in Erscheinung tretenden vitalen Bedürfnisse auf die Werte des Faches zu orientieren. Das gelingt, wenn die Bewältigung eines Schulfaches in die natürliche Entfaltungstendenz, z. B. den Aufstiegswillen einer jungen Persönlichkeit, eingepaßt und eingespannt wird, gelingt aber auch, wenn umgekehrt die Bewältigung eines Faches als wichtige Chance zur Erhöhung des Wertes der Gesamtpersönlichkeit einleuchtet. Das Fach muß auf alle Fälle am Gesamtauftrieb der Persönlichkeit teilhaben können, es muß im Lebensfeld einer Persönlichkeit einen zuständigen Ort erhalten oder muß umgekehrt in ihr ein neues Lebensfeld anbieten und aufschließen. Was so auch über die Schule hinaus zum Lebensinhalt wird, erhöht den Einsatz und macht die letzten Reserven potentieller Energien flüssig. Begabung entfaltet sich auf die Dauer nur dort, wo echte Lebensziele und Lebenserfüllungen winken. Erst wenn sich einer sozusagen persönlich mit seiner Begabung identifiziert, das Motiv sich zum Lebensmotiv, die Melodie sich zur Lebensmelodie steigert, wird die Begabung voll ausgeschöpft.

6. Gelingt der Erweis der Daseinsnotwendigkeit für ein Fach nicht, so muß wenigstens der Erweis der Lebensbereicherung, *Lebenserweiterung* und Lebenssteigerung gelingen.

Das geschieht am stärksten im Erleben eigener Erfolge. Wir müssen Kinder und Jugendliche immer wieder zu Erfolgen führen. Dabei spielt das echte Lob eine wichtige Rolle. Amerikanische Untersuchungen haben ergeben, daß alle Belobigungen kaum je vergessen werden. Erfolge und Lob führen im Kind zur Erhöhung seines Anspruchsniveaus. Es erhöht von sich aus die Forderungen an sich selbst, und gerade darauf kommt es an.

Das Erlebnis einer Lebensbereicherung tritt auch ein, wenn das Kind unter geschickter pädagogischer Führung lernt, eine Sache selbst zu entdecken, selbst zu finden, ja selbst zu erfinden. Das entscheidende dabei ist, keine fertigen Ergebnisse zu vermitteln, sondern die Wege zur Lösung so spannend zu machen, daß das Selbstherausfinden-Wollen zum Genuß wird. Es ist nachweisbar, daß das Hinausschieben von Lösungen die Spannung und die Anstrengungsbereitschaft erhöht und unerledigt gelassene Arbeiten die Tendenz zur Wiederaufnahme wach erhalten. Beides sollten wir pädagogisch ausnützen, so daß das Selbsttun-Wollen zum Arbeitsstil und das Überwinden von Schwierigkeiten zum Arbeitsgenuß wird. Noch entscheidender ist die Verknüpfung der Ausübung einer Betätigung mit einer *sozialen Rolle*. Die Gelegenheit zu einer bestimmten Rolle in der Gemeinschaft macht die Begabung zur Lebenserfüllung. Als Beispiel sei der mittelmäßige Geigenschüler erwähnt, der musikalisch aufwacht und sich anstrengt, nachdem ihn sein Geigenlehrer in eine Hausmusikgemeinschaft eingereiht hat, wo sein Tun eine soziale Funktion erhält und die Bedeutung seiner Person in dieser Funktion sich erhöht und erfüllt. Wir brauchen das Beispiel nur auf die Schularbeit zu übertragen. Die Gruppenarbeit hat u. a. auch den Sinn, die Arbeit von einzelnen und von Gruppen zu unersetzbaren Bestandteilen des Gelingens einer Gemeinschaftsarbeit zu machen. An diesem Erleben eines persönlichen Beitrags zum Gelingen des Ganzen und dem Erleben der hohen sozialen Bewertung der eigenen Anstrengung stärkt sich das Selbstwertbewußtsein und erhöht sich mit Recht das gesamte Lebensgefühl. In dieses Erleben der Arbeitsgemeinschaft um einer Gemeinschaftsarbeit willen ist der faire Wettstreit um die bessere Leistung mit einbezogen, aber im Gemeinschaftserlebnis gleichzeitig sozial gebunden und ins Sachliche neutralisiert.

Das alles läuft auf eine Stärkung des geistigen Anspruchs hinaus, der die Bedürfnisspannung erhöht, Kräfte mobilisiert und die Anpassungstendenz nach oben steigert. Alle Begabung bedarf eines verlockenden Bildes ihrer künftigen Entfaltetheit, einer verlockenden Endgestalt als eines dauernd anziehenden Zieles.

7. Zum Schluß noch eine letzte notwendige Bedingung jeder Begabungsentfaltung: die Begegnung einer sich entfaltenden Begabung mit dem Meister. So irrational diese Bedingung erscheint, so entscheidend leuchtet sie aus den Bekenntnissen begabter Menschen oder ist sie aus Biographien zu erschließen. Wer keinen Lehrer findet, kann nicht Schüler werden. Wer ihn nicht gefunden hat, entbehrt der Übertragung schöpferischer Kräfte durch das Medium persönlichen Einanderverstehens. Am Miterleben des schöpferischen Moments im Lehrer entzündet sich das Schöpferische im Schüler. Die Begegnung mit dem Lehrer und Meister erfüllt hauptsächlich zwei notwendige Bedingungen aller Begabungsentfaltung: die *rechtzeitige Hilfe* und die *rechtzeitige Kritik*.

Zusammenfassend will ich nochmals herausstellen: Begabungen, die sich in eigener Stoßkraft entfalten, sind selten, die meisten sogenannten Begabungen sind auf Lebenssituationen bezogen. Sie entfalten sich, wenn eine Aufgabe erkannt und als lebensnotwendig und lebensbereichernd anerkannt ist. Begabung ist in einer Hinsicht Anlage, Reifung, Selbstentfaltung, in anderer Hinsicht ist aber ihre Entfaltung wesentlich abhängig von der Gesamtpersönlichkeit, ihrem Energieüberschuß, ihrer sozialen Sicherheit und Geborgenheit, der Erfüllung ihrer Ansprechbarkeit mit wertvollen Erlebnissen, der sorgfältig geplanten Verwandlung ihres Tätigkeitsdranges in Gestaltungskraft. Jede Begabung bedarf des Erwecktwerdens, bedarf lockender Bilder und Vorbilder, rechtzeitiger Hilfe und rechtzeitiger Kritik, echter Fortschritte, der Verknüpfung mit der Lebensplanung und Lebenserfüllung.

WOLFGANG KRAMP

Überforderung als Problem und Prinzip pädagogischen Handelns

Die Überforderung als pädagogisches Problem

Das Problem der Überforderung, dem die folgenden Überlegungen [1] gewidmet sein sollen, ist eines jener Probleme, denen sich gemeinhin schon *der angehende Pädagoge* bei seinen ersten Unterrichtsversuchen gegenübergestellt sieht. Mit dem reichen Wissen des Abiturienten ausgestattet und von seinem Wert überzeugt, durch die Arbeit im Wahlfach der Pädagogischen Hochschule wissenschaftlich zugerüstet und mit Fachausdrücken wohl versehen, tritt man vor die Kinder als ein verhinderter Privatdozent. Da man ihre Kräfte noch nicht richtig einzuschätzen weiß, überfordert man sie zunächst fast in jeder Stunde. Ich hatte während der vergangenen Jahre vielfältige Gelegenheit, das an Studenten zu beobachten. Dabei habe ich immer an meine eigene erste Probelektion denken müssen, in der ich ein viertes Schuljahr mit einer schneidigen Katechese über die Deklination des Adjektivs hoffnungslos überforderte. Wahrscheinlich verfügt jeder Lehrer über entsprechende Erfahrungen aus seiner Praxis.

Nun könnte und sollte man über derartige Erinnerungen den Schleier der Nächstenliebe breiten, wenn es sich bei der Überforderung lediglich um eine Anfängerkrankheit handelte. Das ist aber ganz offensichtlich nicht der Fall. Schon die durch *Martin Wagenschein* ausgelöste Diskussion um das »exemplarische Lehren« hat erkennen lassen, wie sehr auch *der erfahrene Lehrer* versucht, ja vielfach genötigt ist, die Kräfte seiner Schüler weit über das verantwortbare Maß zu belasten.[2] Seither sind die kritischen Stimmen nicht mehr verstummt. Sie besagen nichts anderes, als daß die Überforderung sich zum Krebsschaden unseres gesamten Unterrichtsbetriebes ausgewachsen habe. Der Umfang dieses Schadens ist freilich erst durch neuere Untersuchungen aufgedeckt worden, die von den Psychologischen Instituten der Universitäten Kiel und Köln sowie vom Max-Planck-Institut für Arbeitspsychologie in Dortmund durchgeführt wurden. Hier sei auf die Veröffentlichungen von *Karl Mierke, Udo Undeutsch* und *Joseph Rutenfranz* verwiesen, die darüber ausführlich berichten. Einen sehr instruktiven Überblick bietet außerdem die von der Gewerkschaft Erziehung und Wissenschaft herausgegebene Broschüre ›Der überforderte Schüler‹[3].

Die aktuellen Probleme, die in diesen Publikationen angeschnitten werden, sind überaus dringlich und bedürften gewiß einer sorgfältigen weiteren Behandlung. Wenn ich gleichwohl nicht näher auf sie eingehe, so hat das vor allem prinzipielle Gründe. Ein Blick in die pädagogische Literatur zeigt nämlich, daß die Überforderung nicht nur einen Notstand im Bildungswesen unserer Tage bezeichnet, dem mit methodischen, didaktischen und schulorganisatorischen Reformen ein für allemal abgeholfen werden könnte, so wichtig und nützlich derartige Reformen zweifellos sind. Überforderungen hat es offenbar gegeben, solange es Erziehung und Unterricht gibt. Schon die pädagogischen Schriften des späten Mittelalters berichten darüber; schon Ratke und Comenius, Rousseau und Pestalozzi, Herder und Schleiermacher haben sich mit der Frage befaßt. Anscheinend handelt es sich hier um ein Problem, das *im Wesen des pädagogischen Handelns* selbst begründet liegt. Ein solches Problem erfordert aber grundsätzliche Besinnung und systematische Erörterung. Das soll im folgenden meine Aufgabe sein. Ausgangspunkt der Betrachtung ist der gegenwärtige Stand der Diskussion, der zunächst wenigstens angedeutet werden muß.[4]

Begriff und Erscheinungsweisen der Überforderung

Eine verbindliche Definition des *Begriffs* der Überforderung liegt bisher nicht vor. Die meisten Autoren behelfen sich mit Umschreibungen des Phänomens, in denen das definitorische Bemühen nicht selten zu tautologischen Aussagen gelangt. Dabei wird immer wieder auf das »merkliche Überschreiten einer Toleranzgrenze der individuellen Leistungs-, Beanspruchungs- oder Belastungsfähigkeit« hingewiesen.[5] Eine entscheidende Modifikation erfahren diese Umschreibungen überall dort, wo von der Überforderung unter entwicklungspsychologischen und pädagogischen Aspekten gesprochen wird. Hier hat man vor allem Forderungen im Blick, denen die individuelle Leistungsfähigkeit *noch* nicht gewachsen ist. Mit anderen Worten: Jede Überforderung des Kindes und Jugendlichen stellt sich als Verfrühung dar, als eine Maßnahme also, die der sogenannten natürlichen Entwicklung vorgreift. Solche Verstöße gegen das »Prinzip der Entwicklungsgemäßheit« der Erziehung werden dem Elternhaus verhältnismäßig selten, der Schule hingegen sehr häufig zur Last gelegt. Aus der Fülle der in der Literatur genannten Erscheinungsweisen heben sich, wenn ich recht sehe, vier *Grundformen* der Überforderung ab, die im folgenden kurz charakterisiert werden sollen. Dabei begegnet uns zunächst

1. *die quantitative Überforderung*, auch »Überbürdung« genannt. Sie liegt dann vor, »wenn von einer Leistung, die an und für sich gut erbracht werden könnte, entweder in der Zeiteinheit zu *viel* – sei es in zu schnellem Tempo oder gleichzeitig mehreres – verlangt wird oder das Individuum mit solchen Leistungen zu *lange* beansprucht wird«.[6] Auf die Gefahren solcher Überbürdung der Schüler durch die Menge und Vielfalt der Unterrichtsfächer und -stunden, der »Stoffe« und Hausaufgaben wies bereits vor 130 Jahren der Arzt Lorinser hin. Seine Kritik entfachte eine heftige Diskussion, die bis zur Jahrhundertwende andauerte und als »Überbürdungsstreit« in die Geschichte der Pädagogik eingegangen ist.[7] Wie wenig sich seither an den Verhältnissen geändert hat, sei durch zwei Zitate belegt. Im Hinblick auf die Situation des Volksschülers hat *Artur Dumke* nachgewiesen, daß »dem Industriearbeiter heute mehr als doppelt soviel frei verfügbare Zeit zusteht als unseren 10–11jährigen Kindern«.[8] Udo Undeutsch berichtet andererseits über verschiedene Befragungen von Gymnasiallehrern, in denen Auskunft darüber erbeten wurde, wieviel Zeit die einzelnen Fachvertreter für Hausaufgaben in Rechnung stellen müßten. Die Summe der vorgetragenen Wünsche ergab nach Undeutsch »ungefähr ein(en) 24-Stunden-Arbeitstag«.[9] – Zu dieser quantitativen Überbürdung tritt nun

2. *die qualitative Überforderung*. Hier handelt es sich um Bildungsinhalte und -aufgaben, die schon als solche über das jeweilige Maß an Lebenserfahrung und intellektueller Reife des jungen Menschen hinausgehen. Derartigen Überforderungen sind unsere Schüler nach Auffassung sachkundiger Beobachter in allen Fachgebieten, ganz besonders aber im Deutsch- und Geschichtsunterricht, in der Politischen Bildung und in der Christlichen Unterweisung ausgesetzt. Tatsächlich findet man noch heute in vielen anerkannten

Schulbüchern und Arbeitsanweisungen eine Fülle absolut verfrühter »Stoffe« und Aufgaben. Einschlägige Beispiele aus der erfahrenen und beobachteten Unterrichtspraxis ließen sich ohne Mühe beibringen. Ich brauche nur an die Themen der deutschen Aufsätze zu erinnern. Sie sind seit Jensen und Lamszus zwar anders, aber im allgemeinen und vor allem auf dem Gymnasium pädagogisch nicht besser geworden. In diesem Zusammenhang begegnet uns gleich eine weitere Form der Überforderung, nämlich

3. *die Überforderung auf Grund der Methode.* Sie tritt überall dort auf, wo sachlogisch oder psychologisch notwendige Aneignungsstufen übersprungen werden, wo man also den Begriff vor der Anschauung, die Form vor dem Inhalt, die Lehre vor der Erprobung darbietet, wo man auswendig lernen und üben läßt, was noch nicht erlebt und verstanden wurde, wo man problematisieren und »vertiefen« will, bevor Wissen und Können gesichert sind, wo man Gliederung und Zusammenfassung verlangt, bevor die Sache selbst erfaßt worden ist. Diesen Gefahren ist die Arbeitsschule offenbar ebensowenig entgangen wie die vielgeschmähte »alte« Schule. Man kann das an den Unterrichtsbeispielen etwa Gaudigs und seiner Mitarbeiter leicht nachweisen. Daß wir selbst sehr oft derselben Gefahr erlegen sind und täglich wieder erliegen, dürfte uns bei gewissenhafter Prüfung kaum verborgen bleiben. – Weniger leicht zu erkennen ist dagegen

4. *die existentielle Überforderung.* Sie wird nämlich nicht in erster Linie durch bestimmte Maßnahmen des einzelnen Erziehers ausgelöst, sondern durch die mannigfaltigen, häufig unkontrollierbaren Einflüsse und Ansprüche der Erwachsenengesellschaft überhaupt. Dazu gehört neben der sogenannten Reizüberflutung des jungen Menschen vor allem die indirekte Vorverlegung der Berufswahl durch die frühzeitige Festlegung der Bildungswege. In der modernen Massengesellschaft ist die Schule, wie Schelsky treffend sagt, zur »Zuteilungsapparatur von Sozial-Chancen« geworden.[10] Dadurch hat sich der Beginn des Kampfes um den sozialen Status bis in die Kindheit vorverschoben. Vom Probeunterricht, ja vom Beginn des vierten Schuljahres an ist das Kind heute vielfach über Jahre hinaus – vor allem durch das Prestigestreben der Eltern – einem seelischen Druck ausgeliefert, der schwerer wiegt als alle körperlichen und geistigen Überforderungen, von denen bisher die Rede war.

Die Kritik der Überforderung und ihre Begründung

Während zur Zeit des »Überbürdungsstreites«, ja selbst vor zwanzig Jahren die Urteile der Fachleute noch erheblich voneinander abwichen, besteht heute in der Beurteilung der Überforderung zwischen Pädagogen, Psychologen und Medizinern nahezu vollkommene Übereinstimmung. Udo Undeutsch hat die vorherrschende Meinung folgendermaßen formuliert: »Überforderung ist eines der größten Übel und Gefahrenmomente im Raume der Erziehung. Sie muß daher gemieden werden wie die Pest!« [11] Diese einhellige Kritik erfolgt allerdings unter drei verschiedenen Gesichtspunkten, also auch mit unterschiedlicher Begründung.

1. Die meisten Lehrer verurteilen die Überforderung des Schülers wegen ihrer unterrichtlichen Ertraglosigkeit. Verfrühte Anforderungen, so sagt man, gefährden den *Unterrichtserfolg.* Der Schüler erfaßt den Gegenstand entweder überhaupt nicht oder eignet sich ihn ohne Verständnis, unvollständig und verfälscht an. Auf die Dauer gewöhnt er sich an das kritiklose Hinnehmen und das sinnlose Reproduzieren derart unverdauter Bildungselemente. Die Folgen sind Blasiertheit, Interesselosigkeit, Halb- und Scheinbildung. Sie werden zumeist erst im Berufsleben oder während des akademischen Studiums erkannt, lassen sich dann aber oft nicht mehr rückgängig machen.

2. Weniger handfest, doch um so gewichtiger sind die Bedenken jener Autoren, die bei ihrer Kritik vom sogenannten *Eigenrecht der Kindheit und Jugend* ausgehen. Für sie ist die Überforderung deswegen grundsätzlich zu verwerfen, weil sie das ruhige Ausreifen der einzelnen Entwicklungsphasen beeinträchtigt oder gar verhindert. In diesem Urteil stimmen Pestalozzi und Fröbel, Schleiermacher und Herbart, Jean Paul und Ernst Moritz Arndt, Ellen Key und Berthold Otto überein. Sie alle knüpfen an Rousseaus leidenschaftliche Kritik einer »barbarischen Erziehung« an, »welche die Gegenwart einer ungewissen Zukunft opfert, die einem Kind allerlei Fesseln anlegt und es gleich vom ersten Augenblick an unglücklich macht, um ihm in weiter Ferne ... ein vermeintliches Glück zu bereiten, das es vermutlich nie genießen wird«. [12]

3. In der neueren Erziehungswissenschaft wird nun die Überforderung unter einem Aspekt beurteilt, der die beiden soeben angeführten Gesichtspunkte in sich »aufhebt«. Verfrühte Anforderungen, so wird hier argumentiert, beeinträchtigen ohne Zweifel sowohl den Anspruch der Bildungsinhalte auf umfassende, sachgemäße Aneignung als auch das Recht des Kindes auf eine erfüllte

Gegenwart. Sie sind aber vor allem deshalb zu verurteilen, weil sie dadurch zugleich die *Zukunft des jungen Menschen* fixieren. Denn jede Abkürzung der Periode der Bildsamkeit, jede vorzeitige Spezialisierung auf Kosten des ruhigen Ausreifens aller Kräfte engt die Entwicklungsmöglichkeiten, damit aber auch die Entscheidungsfreiheit des künftigen Erwachsenen ein.

Vorschläge zur Lösung des Problems der Überforderung

Da die Bedeutung des Problems der Überforderung schon früh erkannt wurde und allmählich immer stärker in das allgemeine Bewußtsein trat, fehlt es in der pädagogischen Literatur seit Ratke und Comenius auch nicht an Vorschlägen zu einer Lösung. Die meisten von ihnen beruhen auf einer *Prämisse*, die durch die Begriffe »Überforderung« und »Unterforderung«, »Verfrühung« und »Verspätung« nahegelegt wird, auf der Voraussetzung nämlich, jede pädagogische Maßnahme sei an einen gewissen »rechten Augenblick« gebunden, der durch psychologische und pädagogische Gesetze bestimmt werde. »Es gibt«, so sagt dazu *Ludwig Lang*, »rechte Augenblicke für bestimmte Teilaufgaben der Erziehung, psychologische Optima für den Zugriff des Erziehers, andererseits Verfrühungen und Verspätungen, verpaßte oder ungenützte Gelegenheiten erzieherischer Art.«[13] Eine umfassende *Theorie des rechten Augenblicks* wurde neuerdings von *Emilie Bosshart* und *Michael Pfliegler* vorgelegt.[14] Ansätze dazu finden sich jedoch schon bei Rein, Petersen, Busemann, Meister, Eggersdorfer, Göttler, Kroh und besonders bei *Kerschensteiner*.[15] Im übrigen liegt die Idee des rechten Augenblicks mehr oder minder ausdrücklich nahezu allen zeitgenössischen Vorschlägen zur Lösung unseres Problems zugrunde. Die Vorschläge lassen sich auf drei entscheidende Grundsätze zurückführen.

1. *Der erste Grundsatz* lautet: Jeder Spezialisierung muß eine allgemeine *grundlegende Bildung* vorausgehen. Entscheidungen für spezielle Bildungswege, Festlegungen in beruflicher, religiöser und politischer Hinsicht dürfen erst gefordert werden, wenn die grundlegende Bildung abgeschlossen ist, ausgeprägte Begabungen hervortreten und ein selbständiges Urteil des jungen Menschen erwartet werden kann.

2. *Der zweite Grundsatz* lautet: Die Vermittlung von Einsichten, Kenntnissen und Fertigkeiten muß in einem lückenlosen Stufengang erfolgen, der durch den Aufbau des jeweiligen Gegenstandsbe-

reiches und durch allgemeine Gesetze der geistigen Aneignung bestimmt wird. Daraus ergeben sich die Prinzipien für einen »*stufengemäßen Unterricht*«, wie sie etwa in folgenden Regeln tradiert werden: Vom Einfachen zum Zusammengesetzten; Vom Ganzen zu den Teilen; Vom Nahen zum Fernen; Von der Anschauung zum Begriff – oder, wie es schon bei Wolfgang Ratke heißt: »Erst ein Ding an jhm selbst, hernach die weise von dem Ding.«[16]

3. *Der dritte Grundsatz* ist der umfassendste und wichtigste von allen. Als sogenanntes *Prinzip der Naturgemäßheit* oder »Entwicklungsgemäßheit« hat er eine überaus ehrwürdige Tradition. In moderner Fassung lautet er folgendermaßen: Die Entwicklung des Menschen vollzieht sich »als gesetzmäßige Abfolge von Anlagereifungen« in mehreren Phasen oder Schüben, die jeweils durch ein eigenes Verhältnis zur Umwelt und durch bestimmte Leistungsmöglichkeiten charakterisiert sind.[17] Die Erziehung darf diese Phasen nicht abkürzen, sondern muß zu ihrer vollen Entfaltung beitragen. Sie muß einerseits das Hervortreten der phasenspezifischen Anlagen abwarten, andererseits ihre natürliche Reifung durch geeignete »geistige Nahrung« im jeweils »rechten Augenblick« fördern. Das bedeutet, um mit Spranger zu reden: Erziehung und Unterricht müssen stets »an den wirklichen psychologischen Gang« der Entwicklung anknüpfen; denn »keine Lehrkunst kann erreichen, was gegen das Gesetz des geistigen Wachstums ist«.[18]

Einwände gegen den »naturgemäßen« Lösungsweg

Die eben in aller Kürze referierten Grundsätze eines »naturgemäßen« Weges zur Lösung des Problems der Überforderung sind heute so sehr Allgemeinbesitz des pädagogischen Denkens, daß ich mich näherer Erläuterungen dazu enthalten darf. Wenn gleichwohl das Problem bis heute ungelöst geblieben ist, so liegt das offenbar allein daran, daß diese Grundsätze noch immer nicht das pädagogische *Handeln* allgemein bestimmen. Dem Theoretiker bliebe also nichts mehr zu tun übrig, als seine Ausführungen hier mit einem Appell an die Praktiker abzuschließen: Geht hin und handelt nach jenen Grundsätzen, damit die »Pest« der Überforderung endlich ausgerottet werde!

Indessen zeigt sich bei genauerer Betrachtung, daß das Problem der Überforderung selbst theoretisch noch keineswegs restlos bewältigt ist. So ehrwürdig und vielzitiert nämlich jene Prinzipien sein mögen, auf denen die meisten zeitgenössischen Lösungsvorschläge basieren, so erheblich und wohlbegründet sind auch die Einwände, die dagegen von einigen Pädagogen erhoben worden sind. Wir werden diese Einwände zur Kenntnis nehmen müssen, können uns hier aber auf diejenigen beschränken, die sich gegen das umfassendste und wichtigste, also gegen das Prinzip der »Entwicklungsgemäßheit«, richten.

1. *Der erste Einwand* besagt: Es ist gewiß richtig, daß die Erziehung sich dem natürlichen Entwicklungsgang anzupassen habe. Dem Praktiker ist mit einer solchen Forderung freilich nur gedient, wenn die Wissenschaft ihm auch eindeutige und zuverlässige Angaben über diesen Entwicklungsgang bietet. Das ist aber bisher nicht der Fall. Die meisten Ergebnisse der entwicklungspsychologischen Forschung aus den zwanziger und dreißiger Jahren haben sich als überholt erwiesen. [19] Soweit sie durch neuere Untersuchungen revidiert wurden, konnte vielfach selbst unter Fachleuten keine Einigkeit darüber erzielt werden, was nun in der Erziehung jeweils als »entwicklungsgemäßer« Anspruch, was hingegen als Überforderung anzusehen sei. Das zeigt sich leider gerade dort, wo man des sicheren Urteils der Wissenschaft am dringendsten bedürfte, nämlich bei der Erörterung einschlägiger Fragen der religiösen, geschichtlichen und politischen Bildung. Im übrigen gelten alle derartigen Angaben immer nur für einen imaginären Durchschnitt, nicht aber für den konkreten Einzelfall, mit dem der praktische Erzieher es zu tun hat.

2. *Der zweite Einwand* besagt: Mag es auch theoretisch richtig sein, daß die Erziehung sich dem natürlichen Entwicklungsgang anzupassen habe, so kann doch die Schule praktisch nicht immer auf den psychologisch »rechten Augenblick« warten. Da sie ihren Auftrag bis zu einem bestimmten Zeitpunkt erfüllt haben muß, ist sie zuweilen genötigt, der natürlichen Entwicklung vorzugreifen. Daher sind Überforderungen vor allem im Geschichtsunterricht, in der politischen Bildung und in der religiösen Unterweisung schlechthin unvermeidlich. [20] Einige Autoren geben außerdem zu bedenken, daß eine gewisse Überforderung des jungen Menschen vielfach nicht nur unumgänglich, sondern aus erzieherischen Gründen geradezu geboten sei. So heißt es etwa bei *Ottomar Wichmann*: »Man beachtet gar nicht die Möglichkeit, daß unter Umständen auch eine Überschätzung des Jugendlichen ... erzieherisch äußerst fruchtbar werden kann.« [21] Der Grundsatz der »Naturgemäßheit« ist also nicht uneingeschränkt gültig. Dem entwicklungstreuen Verfahren steht vielmehr, wie nun sogar Spranger es formuliert hat, ein zweiter pädagogischer »Grundstil« gleichberechtigt gegenüber: die »vorgreifende« oder – überfordernde Erziehung. [22]

3. *Der dritte Einwand* besagt schließlich: Mag die Psychologie auch noch so viele gesicherte Erkenntnisse über den natürlichen Entwicklungsgang zutage fördern: die Erziehung wird grundsätzlich niemals wirklich »entwicklungsgemäß« verfahren können. In seiner schönen Jugendbiographie ›Die halbe Violine‹ behauptet *Hermann Heimpel* mehrfach: »Alle guten Erzieher« arbeiten mit der »Tugend der Verfrühung«.[23] Diese Behauptung eines pädagogischen »Außenseiters« wurde inzwischen von zahlreichen Erziehungswissenschaftlern bestätigt, ja vielfach selbst von den Verfechtern des Prinzips der Entwicklungsgemäßheit implizite anerkannt. Danach ist also die Überforderung nicht nur, wie Undeutsch sagte, »eines der größten Übel und Gefahrenmomente . . . der Erziehung«, sondern zugleich ein integrierendes Moment, ein Grundprinzip alles rechten pädagogischen Handelns.

Das Problem der »natürlichen Entwicklung«

Dieser letzte Einwand stellt nun nicht allein sämtliche bisher erörterten Vorschläge zur Lösung des Problems der Überforderung in Frage; er zwingt uns darüber hinaus zu einer grundsätzlichen Prüfung der Voraussetzungen, auf denen unser pädagogisches Denken überhaupt beruht. Denn daß die Erziehung sich der natürlichen Entwicklung anzupassen habe, gilt bis heute bei den meisten Pädagogen als unumstößliches Axiom. Nach herkömmlicher Auffassung wird aber die natürliche Entwicklung vor allem durch zwei Faktoren bestimmt: einmal durch das »Werdegesetz des individuellen Menschen«, wie *Kroh* sich ausdrückt,[24] nämlich durch die individuelle Veranlagung; zum anderen durch ein allgemeines »Werdegesetz«, nämlich durch das »Gesetz der Altersstufe«, das auf der »Schubhaftigkeit des Entwicklungsvollzuges« (Kroh) beruht, die in den psychologischen Phasenlehren begründet und näher beschrieben wird.[25] Dazu ist nun folgendes zu sagen:
    1. Die unter Pädagogen noch heute vorwaltende Interpretation der sogenannten *Veranlagung* im Sinne eines »individuellen Werdegesetzes« muß mit Ernst Kriecks treffender Formulierung als »metaphysisches Gespenst« betrachtet werden,[26] das von der Psychologie längst entlarvt wurde. Begabungen sind, wie schon *William Stern* erkannte, Konvergenzprodukte aus angelegten Dispositionen und Milieuwirkungen, unter denen erzieherische Einflüsse eine erhebliche Rolle spielen.[27] Nach dem heutigen Stand der Forschung ist aber »der Anteil von Anlage und Umwelt an der einzelnen Lei-

stung niemals abzugrenzen«.[28] Im übrigen sind die sogenannten Anlagen »keine Leistungsformen oder Eigenschaften in nuce, sondern potentielle Energien« sehr formaler Art, deren inhaltliche Bestimmung – vor allem im geistig-seelischen Bereich – durchaus offen ist.[29] Darum ist es auch, wie *Richard Meister* sagt, unmöglich, »über die Anlagen und Dispositionen seines Zöglings ein klares Wissen zu haben, ... ohne solche Dispositionen aktualisiert, den Zögling also zu bestimmten Leistungen planmäßig angeleitet zu haben«.[30] Mit anderen Worten: Begabung zeigt sich erst dort, »wo die Bildung schon wirksam ist, deren Möglichkeit sie zeigen soll«.[31]

2. Auch der unter Pädagogen noch heute verbreitete Glaube, die sogenannten *Phasen* der geistig-seelischen Entwicklung des Menschen unterlägen einer den Naturgesetzen analogen Regelhaftigkeit, hat sich längst als unhaltbar erwiesen. Soziologische und vergleichende erziehungswissenschaftliche Forschungen erbrachten schon früh den Nachweis, daß jene Phasen keineswegs naturgegeben, sondern nach Umfang und Charakter sozialkulturell bedingt und geschichtlich überaus variabel sind.[32] Vor allem zeigte sich, daß die vermeintlich »normalen« Merkmale der psychischen Pubertät, wie etwa Spranger sie beschrieben hat, nur unter ganz bestimmten Umwelt- und Erziehungsbedingungen auftreten, sich mit diesen innerhalb weniger Jahrzehnte entscheidend verändern und in gewissen sozialen Bereichen ebenso ausfallen können wie bei den sogenannten primitiven Völkern.[33] Auf entsprechende Unterschiede und Wandlungen im Erscheinungsbild der Kindheit haben die niederländischen Psychologen M. J. Langeveld und J. H. van den Berg hingewiesen.[34] Nach dem heutigen Stand der Forschung dürfen wir mit Heinrich Roth feststellen: »Die spontanen Reife- und Entwicklungsgesetze, die die klassische Kinder- und Jugendpsychologie gesucht hat, gibt es in dieser Form nicht. Das Kind steht von Anfang an unter dem Einfluß des erzieherischen Wertsystems der erwachsenen Kulturträger.«[35] Mit anderen Worten: Jene Phasen der geistig-seelischen Entwicklung, deren angeblich naturgegebener Gesetzlichkeit sich die Erziehung anpassen soll, sind selbst schon *auch* ein Ergebnis erzieherischer Einwirkung.

Die Überforderung als Movens der »natürlichen Entwicklung«

Mit der letzten Feststellung sind wir auf den Anfang unserer ganzen Überlegungen zurückgeworfen. Wenn es nämlich keine »natürliche« Norm für die Erziehung, wenn es keinen »naturgemäßen« Weg zur Lösung des Problems der Überforderung gibt, so ist offenbar auch der bisher verwendete *Begriff der Überforderung* selbst fragwürdig. Wir müssen daher mit unserem Gedankengang noch einmal von vorn beginnen. Wir können das aber in aller Kürze tun und uns auf einige grundsätzliche Erwägungen beschränken.

Nach herkömmlicher Auffassung, der wir uns bisher angeschlossen haben, ist jede Überforderung des Kindes und Jugendlichen als eine Verfrühung anzusehen, als eine pädagogische Maßnahme also, die der sogenannten natürlichen Entwicklung vorgreift. Inzwischen hat sich herausgestellt, daß die hier postulierte »reine«, von allen pädagogischen Maßnahmen unbeeinflußte Entwicklung im geistig-seelischen Bereich schlechterdings nicht nachgewiesen werden kann. Welche »reinen« Möglichkeiten in einem Individuum oder in einer Entwicklungsstufe schlummern mögen, entzieht sich jeder zulänglichen Aussage. Der Beobachtung und wissenschaftlichen Deskription bieten sich immer nur jene Möglichkeiten dar, die unter den mannigfachen, vielfach recht zufälligen Erziehungs- und Umwelteinwirkungen jeweils aktualisiert und verfügbar, also bereits zu ausgeprägten und erprobten Fähigkeiten geworden sind. *Als Überforderung wird man daher alle und nur solche pädagogischen Ansprüche bezeichnen dürfen, die eindeutig über die erprobten Fähigkeiten hinausgehen, die einem bestimmten jungen Menschen Leistungen, Haltungs- und Verhaltensweisen zumuten, welche er aus eigener Kraft bisher nachweislich nicht hervorgebracht hat.*

Nach herkömmlicher Auffassung ist ferner jede Überforderung des Kindes und Jugendlichen als schädlicher Eingriff in die »natürliche Entwicklung«, damit also als pädagogischer Kunstfehler anzusehen. Interpretieren wir die Überforderung jedoch in dem eben angedeuteten Sinne als *erzieherischen Vorgriff* auf noch nicht aktualisierte Leistungs- und Verhaltensmöglichkeiten eines Individuums oder einer Altersstufe, so erweist sich dieses gängige Pauschalurteil als durchaus problematisch. Bei unbefangener Betrachtung zeigt sich nämlich, daß derartige »Vorgriffe« keineswegs immer und grundsätzlich schädigende Wirkungen zeitigen, ja daß sie offensichtlich zum Wesen gerade jenes unreflektierten *Umgangs* zwischen Erwachsenen und Kindern gehören, den man seit langem als das Modell der sogenannten natürlichen Entwicklung, damit also auch als Vorbild aller »naturgemäßen« Erziehung zu bezeichnen pflegt.

Die Mutter, die ihren Säugling an regelmäßige Stillzeiten gewöhnt, obwohl er noch keinerlei Zeitbewußtsein besitzt und daher zunächst erbärmlich schreit, die aber gerade dadurch in ihm das Zeitbewußtsein weckt; die Mutter, die sich mit ihrem kleinen Kinde »unterhält«, obgleich es ihre Worte noch gar nicht versteht, die aber gerade dadurch »einen Sinn in die nach Inhalten begierige Seele des Kindes hinein(spricht)« [36]; der Vater, der seiner ältesten Tochter die Obhut über ihre jüngeren Geschwister anvertraut, wiewohl sie doch selbst »noch ein Kind« ist, der aber dieses Kind gerade durch sein Vertrauen reif macht für solche Verantwortung [37]; der Vater, der seinen Sohn zum ersten Male selbständig die Erntearbeiten leiten, mit der Kundschaft verhandeln, die Winterfeuerung einkaufen, den neuen Wagen steuern und ähnliche Aufgaben versehen läßt, in denen sich der Junge bisher noch gar nicht erprobt hat, der ihm aber gerade dadurch die Möglichkeit der Bewährung eröffnet [38]; der Großvater, der seinem Enkelkind aus längst vergangenen Zeiten berichtet, obwohl es nach Meinung der Psychologen noch gar kein geschichtliches Verständnis besitzt, der aber ein solches Verständnis gerade dadurch zu stiften vermag, daß er es stillschweigend voraussetzt [39]: sie alle greifen der spontanen Entwicklung vor, sie alle überfordern zweifellos die jeweils verfügbaren und erprobten Kräfte des Kindes.

Im Grunde ist solche Überforderung freilich mit *jedem* Anspruch verbunden, den die Erwachsenenwelt ausdrücklich oder allein durch ihr Vorhandensein, durch ihre Konventionen und ihr Ethos an den Heranwachsenden stellt. Wo etwa dem Kinde Tugenden wie Reinlichkeit und Pünktlichkeit, Achtsamkeit und Gewissenhaftigkeit zugemutet, wo dem Jugendlichen »bürgerliche« Pflichten auferlegt, objektive Leistungen abverlangt werden, da übersteigen diese Forderungen *zunächst immer* das Maß der bisher ausgebildeten und erwiesenen Fähigkeiten. Gewiß entzieht oder widersetzt sich der junge Mensch, gewiß leidet er auch an mancher derartigen Forderung. Wo er sie sich aber zu eigen macht und eine zunächst unübersteigbar scheinende Hürde nimmt, weil der Anspruch des Erwachsenen ihn emporreißt und sein Vertrauen ihn trägt, da gewinnt er aus der Erfahrung des Gelingens neue Kräfte und ein gesteigertes Könnensbewußtsein. [40] Soviel jedenfalls darf als gesichert gelten: Die sogenannte natürliche Entwicklung, die einer Erziehung ohne Überforderung zum Vorbild dienen soll, enthält selbst schon als ein wesentliches Merkmal, ja als ihr eigentliches Movens ebenjene Überforderung.

Die Überforderung als pädagogisches Prinzip

Wenn nun bereits jeder Anspruch, der sich im unreflektierten Umgang zwischen Erwachsenen und Kindern äußert, ein Moment der Überforderung enthält, so gilt das erst recht für alle bewußten erzieherischen Akte im Bereich der Schule. Gewiß soll die *Schule* »Kinderheimat«, »behüteter Jugendraum«, »zweckfreier Ort höheren geistigen Lebens« sein. Sie ist aber zugleich immer *auch* Repräsentantin der Erwachsenengesellschaft und ihrer Ansprüche an die heranwachsende Generation.[41] Selbst die reformfreudigste Schule kann ihrem Auftrag nicht entrinnen, die Entwicklung des jungen Menschen zu »beschleunigen«[42] und auf bestimmte Ziele zu lenken; selbst die »kindertümlichste« Schule stellt ihren Zögling vor Aufgaben, denen er sonst nirgends begegnet und denen er aus eigener Kraft zunächst niemals gewachsen ist. Man macht sich im allgemeinen kaum klar, welche Überforderung es für ein sechsjähriges Kind bedeutet, sich auf einmal bestimmten Zeit- und Verhaltensregeln unterordnen, still sitzen und geduldig »aufpassen«, zielstrebig lernen und partnerschaftlich arbeiten zu müssen. Wenn wir solche Überforderung für selbstverständlich zu erachten pflegen, so liegt das offenbar allein daran, daß auch das Kind sie gemeinhin als zum Wesen der Schule gehörig ansieht, ihr mit gutem Willen begegnet und durchaus geneigt zu sein scheint, auf die Ungebundenheit der frühen Jahre zu verzichten.[43]

Eine solche Einstellung des Kindes zu den Forderungen und Überforderungen der Schule muß unverständlich anmuten, wenn man an der seit der pädagogischen Reformbewegung weitverbreiteten Ansicht festhält, *der junge Mensch* lebe ausschließlich im Jetzt und Hier, sei ganz in seiner »Eigenwelt« und seiner Gegenwart befangen. Diese Auffassung, die nur als pädagogische Kampfthese ihren guten Sinn hat, wird aber in ihrer undialektischen Einseitigkeit dem höchst komplexen, ja widersprüchlich erscheinenden Charakter kindlich-jugendlichen Daseins nicht gerecht. Sie übersieht nämlich, daß der Heranwachsende zugleich immer *auch* auf die Welt der Erwachsenen bezogen, immer auch auf eine Zukunft, auf seine Zukunft in dieser Welt gerichtet ist. Sobald das Kind einmal seiner Besonderheit und seiner Hilfsbedürftigkeit in der Welt der »Großen« innegeworden ist, erwacht in ihm der Wille, »selbst auch jemand zu sein«.[44] Dieser Wille, auf den alle Erziehung angewiesen ist, schließt zwei anscheinend entgegengesetzte, in Wahrheit aber komplementäre Bestrebungen in sich: einerseits den Wunsch, in seinem So-Sein, in seinem gegenwärtigen Status anerkannt und respektiert, andererseits das »Verlangen, baldigst groß zu werden, d. h. den ›Großen‹ es gleichzutun« und an ihrem Leben teilzuhaben.[45]

Weil das Kind »groß werden« will, bemächtigt es sich so gern gerade der unverstandenen Worte, Gesten, Verhaltensweisen und Gegenstände aus der Welt der »Großen«, verlangt es – wie William Stern überzeugend nachgewiesen hat – im Umgang mit den Erwachsenen schon von früh auf nach »Mehrdarbietung«.[46] Weil Knaben und Jünglinge »gewagt werden« und sich als »Große« bewähren wollen, erproben sie sich so gern an Schwierigkeiten, die ihrem Alter offenbar noch nicht gemäß sind, verlangen sie in der Begegnung mit der Erwachsenenwelt nach großen Aufgaben, strengen Maßstäben, nach höchster Beanspruchung ihrer Kräfte.[47] Dieses *Verlangen nach Überforderung* wird der umsichtige Erzieher gewiß nicht immer wörtlich nehmen dürfen. Er sollte es aber als Hinweis darauf verstehen, daß der Heranwachsende von ihm Hilfe zum »Großwerden« erwartet, daß er im Grunde nur den als Erzieher respektieren wird, der ihm durch seine Forderungen selbst Respekt erweist. Wer sich allzusehr zum Kinde hinabneigt, wer seine Forderungen allzu sorgfältig der »Fassungskraft« des Zöglings anpaßt, begibt sich des erzieherischen Auftrags und verfehlt das Recht des jungen Menschen auf Lebenshilfe. Ihm gilt Hölderlins sarkastisches Epigramm: »O der Menschenkenner! Er stellt sich kindisch mit Kindern. Aber der Baum und das Kind suchet, was *über* ihm ist.«[48]

Nun wissen wir freilich alle recht gut, daß unsere Schüler letztlich immer *den* Lehrer am höchsten achten und am beständigsten lieben, zu dem sie sich am meisten emporrecken, in dessen Unterricht sie sich am kräftigsten anstrengen müssen. Wahrscheinlich erinnern wir uns alle auch jener eigenen Lehrer besonders dankbar, die uns durch ihr Vorbild, ihre unerbittlichen sachlichen Ansprüche und durch ihr Vertrauen zunächst anscheinend schwer überforderten.[49] Vielleicht sind wir selbst schon unzählige Male ähnlich verfahren, wenn wir etwa den größten Schmierfinken unserer Klasse zum Tafelordner, den schlimmsten Störenfried zum Gruppenführer, die unzuverlässigste Schülerin unserer Oberstufe zur Helferin bei den Kleinen ernannten – und gut dabei verfuhren. Wenn wir aber nach den Prinzipien unseres Handelns gefragt werden, berufen wir uns immer noch auf die Grundsätze der »naturgemäßen« Erziehung und des sogenannten Anpassungslernens, deren Fragwürdigkeit doch von William Stern und Ottomar Wichmann schon hinreichend ausgewiesen wurde.[50]

Die *These*, die sich aus den vorangegangenen Überlegungen notwendig ergibt, kann also nur lauten: *Die Überforderung ist ein legitimes Prinzip alles sinnvollen pädagogischen Handelns.* Diese These bedarf freilich einer begrifflichen Distanzierung gegenüber dem herkömmlichen Verständnis des Wortes »Überforderung«. Der seit Stern und Wichmann geläufige Ausdruck »Mehrdarbietung« reicht dazu nicht ganz aus, weil er den Sinn allzu einseitig auf das unterrichtliche Moment der Erziehung lenkt und überdies problematische methodische Assoziationen auslöst. So möge die pädagogisch legitime »Überforderung« mit dem von *Erich Weniger* und *Wilhelm Flitner* eingeführten Begriff *»Vorwegnahme«* bezeichnet und dadurch von der »Verfrühung« als pädagogisch unberechtigter Überforderung abgegrenzt werden.[51]

Recht und Grenzen erzieherischer Überforderung

Es ist hier nicht der Ort, den Voraussetzungen, Erscheinungsweisen und Auswirkungen pädagogisch recht verstandener »Überforderung« nun auch im einzelnen nachzugehen. Diese Aufgabe muß einer besonderen Untersuchung vorbehalten bleiben.[52] Der Zweck der vorliegenden Abhandlung wäre durchaus erfüllt, wenn man die abschließende These selbst weiter bedenken und gründlich überprüfen würde. Um naheliegende Mißverständnisse jedoch möglichst auszuschließen, sei noch auf zwei *Fragen* eingegangen, die sich bei solcher Prüfung zuerst aufdrängen dürften. Der kritische Leser wird nämlich fragen: Sollen durch jene These alle anfangs beschriebenen Erscheinungsweisen der Überforderung gebilligt werden? Sollen damit alle Aussagen der Entwicklungspsychologie als ungültig oder pädagogisch unerheblich abgetan sein? – In beiden Fällen kann die Antwort nur lauten: Keineswegs!
Der Sinn unserer Überlegungen bestand zunächst darin, auf jene Unzulänglichkeiten in der herkömmlichen Deutung des Begriffs und Problems der Überforderung hinzuweisen, die einer befriedigenden Lösung dieses Problems ebenso im Wege stehen wie einer zureichenden Begründung des erzieherischen Handelns überhaupt. Wenn wir dabei schließlich zu der Erkenntnis gelangten, daß nicht jeder erzieherische Vorgriff als ein Verstoß gegen pädagogische Grundgesetze bezeichnet werden dürfe, daß man vielmehr zwischen legitimer »Vorwegnahme« und unberechtigter »Verfrühung« theoretisch wie praktisch sorgfältig unterscheiden müsse, so sollte gerade dadurch der Blick erneut auf jene Mißstände und *Gefahren* in der Erziehungswirklichkeit gelenkt werden, von denen die Dis-

kussion um das Problem der Überforderung ausgegangen ist. Diese Gefahren sind heute aktueller und bedrängender als je zuvor.

Seit dem Abklingen der pädagogischen Reformbewegung und ihres oft übersteigerten, oft unzulänglich formulierten und begründeten Eintretens für das Recht des Kindes ist die Erzieherschaft weithin müde geworden in der Abwehr unberechtigter Ansprüche, hat vielfach selbst der Grundschullehrer sein bewährtes Maß für das dem Kinde Zumutbare und Dienliche verloren. So kommt es, daß Kinder und Jugendliche heute innerhalb wie außerhalb der Schule immer stärker von Forderungen bedrängt werden, die man zweifellos als Verfrühungen, ja als pädagogisch schlechthin unverantwortlich bezeichnen muß. Ein solches *Urteil* ergibt sich freilich nicht schon aus der Feststellung, daß bestimmte Anforderungen über die erwiesenen Fähigkeiten eines Individuums oder einer Altersstufe hinausgehen. Es ergibt sich vor allem nicht aus der schlichten Behauptung, derartige Anforderungen seien immer schädlich oder unwirksam, weil sie eben der »natürlichen Entwicklung« vorgreifen. Welch eindrucksvolle Wirkungen, welch erstaunliche Erfolge man gerade durch konsequente Verfrühung zu erzielen vermag, läßt sich an der mönchischasketischen Erziehung ebenso nachweisen wie an der pädagogischen Praxis totalitärer Gesellschafts- und Staatssysteme. Insofern kann hier von Verstößen gegen irgendwelche naturgegebenen Normen der Entwicklung und Erziehung keine Rede sein.

Da die »Natur« des Menschen mannigfacher Beeinflussung zugänglich, daher auch vielfältiger Deutung fähig ist, enthält jede Aussage über die sogenannte natürliche Entwicklung des jungen Menschen ein Bekenntnis zu einem bestimmten *Bildungsideal.*[53] Wer also behauptet, gewisse erzieherische Maßnahmen verstießen gegen die Normen *der* »natürlichen« Entwicklung, sagt damit nur, daß ihre Wirkung *seinem* Bild von einer »natürlichen«, gesunden, glücklichen und menschenwürdigen Entwicklung widersprechen. Daß dieses Bild bei den Pädagogen der verschiedensten Richtungen und Zeitalter mehr gemeinsame Züge aufweist, als man gemeinhin glaubt, zeigt sich gerade an der Einhelligkeit, mit der bei uns seit Comenius und Rousseau über bestimmte Erscheinungsweisen und Auswirkungen des erzieherischen Vorgriffs geurteilt wird. Wer aber – der abendländischen pädagogischen Tradition gemäß – das Recht des jungen Menschen auf freie und sachgemäße Aneignung der Bildungsinhalte, auf eine erfüllte Gegenwart und eine offene Zukunft als Grundlage und Kriterium aller wahren Menschenbildung anerkennt, der wird sich auch jener Beurteilung des erzieherischen Vorgriffs anschließen, die darin ihren Maßstab hat.

Sofern also und *nur* sofern die eingangs aufgezählten Erscheinungsweisen der Überforderung nachweislich Wirkungen zeitigen, die unseren gemeinsamen Vorstellungen von einer menschenwürdigen Entwicklung und Erziehung widersprechen, müssen sie um dieser Wirkungen willen als Verfrühungen bezeichnet und verurteilt, ja – wie Undeutsch ganz richtig sagt – gemieden und bekämpft werden »wie die Pest«. Dazu bieten uns nun die Aussagen der *Entwicklungspsychologie* eine unschätzbare Hilfe. Wir würden diese Aussagen allerdings mißverstehen, wenn wir uns fernerhin bemühten, aus ihnen allgemeingültige Gesetze der »reinen«, von aller Erziehung unbeeinflußt gedachten Entwicklung des jungen Menschen abzuleiten. Statt dessen sollten wir dankbar erkennen, daß uns durch sie etwas sehr viel Wertvolleres geboten wird, nämlich ein exakter *Erfahrungs*bericht über die Möglichkeiten und Grenzen erzieherischer Wirksamkeit in unserem Kulturraum und in unserer Zeit, ein Erfahrungsbericht also auch über die Möglichkeiten und Grenzen pädagogisch legitimer »Überforderung«.

Ein solcher Bericht gilt freilich immer nur für einen fiktiven Durchschnitt, enthält daher keine Rezepte für die besondere pädagogische Situation. Wie weit und auf welche Weise man im einzelnen Falle »überfordern« dürfe und müsse, kann jeweils nur der Erzieher selbst entscheiden. Er wird dabei wohl beachten müssen, daß der erzieherische Vorgriff dort seine *Grenze* hat, wo die »Gelöstheit der Seele« des Zöglings bedroht ist, in der man »seit Rousseau und Pestalozzi ein Zeichen für die Echtheit« *allen* erzieherischen Bemühens sieht.[54] Er wird darum außerdem stets bedenken müssen, daß die Vorwegnahme nur *ein* Prinzip, daß – wie Schleiermacher es ausdrückt – die Maxime der Unterstützung und Gegenwirkung nur *ein* Moment des pädagogischen Handelns darstellt.[55] In allem rechten pädagogischen Handeln muß aber auch das Moment des Behütens, das Prinzip des Wachsen- und Gewährenlassens wirksam sein.[56]

In welchem grundsätzlichen Verhältnis diese beiden Momente oder Prinzipien zueinander stehen, hat die pädagogische Theorie von Schleiermacher bis zu Theodor Litt sorgfältig erwogen. In welcher Weise sie aber hier und jetzt, im Hinblick auf einen bestimmten jungen Menschen, in einer bestimmten Situation wirksam werden sollen, darüber kann die Theorie nicht mehr befinden. Die *Entscheidung* darüber ist allein dem einzelnen Erzieher anheimgestellt. Hier zeigt sich deutlich der Wagnischarakter allen pädagogischen Handelns und mit ihm die Schwere der erzieherischen Verantwortung. Hier zeigt sich aber ebenso deutlich mit seiner Würde auch die Schönheit unseres Berufs.

JEAN PIAGET

Der Gerechtigkeitsbegriff des Kindes

[Im Rahmen unserer Untersuchungen über das moralische Urteil beim Kinde] baten wir die Kinder, selbst Beispiele für das, was sie als ungerecht betrachten, zu geben. [1]

Wir haben vier verschiedene Arten von Antworten erhalten: 1. das den vom Erwachsenen empfangenen Anweisungen zuwiderlaufende Verhalten: lügen, stehlen, etwas zerbrechen usw., kurz alles, was verboten ist; 2. das den Spielregeln zuwiderlaufende Verhalten; 3. das der Gleichheit zuwiderlaufende Verhalten (Ungleichheit in den Strafen wie in der Behandlung); 4. die Ungerechtigkeiten in bezug auf die Gesellschaft der Erwachsenen (wirtschaftliche oder politische Ungerechtigkeit).

Die Statistik gibt sehr deutliche vom Alter bedingte Ergebnisse:

	Verboten	Spiele	Ungleichheit	Gesellschaftliche Ungerechtigkeiten
6 bis 8 Jahre	64 %	9 %	27 %	–
9 bis 12 Jahre	7 %	9 %	73 %	11 %

Folgende Beispiele setzen die Ungerechtigkeit mit dem, was verboten ist, gleich

6 Jahre: *»Ein kleines Mädchen hat einen Teller zerbrochen«, »einen Ballon platzen lassen«, »die Kinder lärmen während des Gebetes mit den Füßen«, »lügen«, »etwas, was nicht wahr ist«, »es ist nicht recht zu stehlen«* usw.

7 Jahre: *»Sich schlagen«, »ungehorsam sein«, »sich ohne Grund schlagen«, »wegen nichts weinen«, »Unsinn machen«* usw.

8 Jahre: *»Sich streiten«, »Lügen sagen«, »stehlen«* usw.

Beispiele für Ungleichheiten:

6 Jahre: *»Dem einen einen großen und dem anderen einen kleinen Kuchen geben«, »dem einen ein Stück Schokolade und dem anderen zwei geben«.*

7 Jahre: *»Eine Mama, die einem unartigen Mädchen mehr gibt«, »einen (Kameraden) schlagen, der einem nichts getan hat«.*

8 Jahre: *»Einer, der (zwei Brüdern) zwei Rohre gibt, und eins ist*

größer als das andere« (erlebt!), *»zwei Zwillingsschwestern, die nicht gleich viel Kirschen bekommen«* (idem!).

9 Jahre: *»Die Mama gibt einem anderen ein größeres Stück Brot.« »Die Mama gibt der einen Schwester einen hübschen Hund und der anderen nicht.« »Dem einen eine größere Strafe als dem anderen.«*

10 Jahre: *»Wenn man dasselbe gearbeitet und nicht die gleiche Belohnung hat.« »Zwei Kinder sind gehorsam, und eins bekommt mehr als das andere.« »Ein Kind schelten und das andere nicht, wenn beide ungehorsam waren.«*

11 Jahre: *»Zwei Kinder, die Kirschen stehlen: Nur eins wird bestraft, weil es schwarze Zähne hat.« »Ein Starker, der einen Schwachen schlägt.« »Ein Lehrer, der einen mehr als den anderen mag und ihm bessere Noten gibt.«*

12 Jahre: *»Ein Schiedsrichter, der es mit der einen Gruppe hält.«*

Und Beispiele für gesellschaftlich bedingte Ungerechtigkeiten:

12 Jahre: *»Die Lehrerin bevorzugt wegen der Kraft, Intelligenz und der Kleidung.«*

»Oft wählen Menschen lieber reiche Freundinnen als arme, die besser wären.«

»Eine Mutter verbietet ihren Kindern, mit solchen zu spielen, die nicht so gut angezogen sind.«

»Kinder, die spielen und ein nicht so gut angezogenes Mädchen allein lassen.«

Diese Antworten, deren Spontaneität ersichtlich ist und welche wir zu der übrigen Untersuchung hinzufügen, ermöglichen es uns, in dem Maße, wie man im moralischen Leben von Stadien sprechen kann, auf das Vorhandensein von drei großen Perioden in der Entwicklung des Gerechtigkeitsbegriffs beim Kinde zu schließen: eine Periode, die sich bis zu 7 bis 8 Jahren ausdehnt, während der die Gerechtigkeit der Autorität des Erwachsenen unterstellt ist, eine etwa zwischen 8 und 11 Jahren liegende Periode, welche diejenige des fortschreitenden Gleichheitsbegriffs ist, und schließlich eine Periode, die mit 11 bis 12 Jahren beginnt, während welcher die auf dem Begriff der Gleichheit beruhende Gerechtigkeit durch Erwägung der Billigkeit gemildert wird.

Die erste Periode wird durch eine Nichtunterscheidung der Begriffe von gerecht und ungerecht einerseits und derjenigen von Pflicht und Ungehorsam andererseits charakterisiert: Recht ist, was den von der Autorität der Erwachsenen auferlegten Weisungen entspricht. Allerdings sieht auch schon in diesem Stadium das Kind gewisse Verfahren als ungerecht an: Dies ist der Fall, wenn der Erwachsene den Kindern gegenüber die von ihm selbst erlassenen Regeln nicht befolgt (für einen Fehler, den man nicht begangen hat, strafen, etwas verbieten, was man zuvor erlaubt hat usw.). Hält sich jedoch der Erwachsene an seine eigenen Regeln, so wird alles, was er vorschreibt, als recht betrachtet. Auf dem Gebiet der vergeltenden Gerechtigkeit wird jede Strafe als völlig berechtigt, notwendig und sogar als der Moral zugrunde liegend betrachtet: Wenn man die Lüge nicht bestrafte, wäre es erlaubt zu lügen usw. In den Geschichten, in welchen wir die vergeltende Gerechtigkeit und die Gleichheit miteinander in Konflikt gebracht haben, stellt das Kind in diesem Stadium die Notwendigkeit der Strafe über die Gleichheit. Bei der Wahl der Strafen hat die Sühnestrafe gegenüber der Gegenseitigkeitsstrafe den Vorrang, wobei das Kind das Prinzip dieses letzteren Typus der Strafe nicht einmal genau versteht. Hinsichtlich der immanenten Strafe glauben mehr als drei Viertel der befragten Kinder bis zum Alter von 8 Jahren an eine automatische, von der physischen Natur und den unbelebten Dingen ausgehende Gerechtigkeit. Bringt man Gehorsam und Gleichheit miteinander in Konflikt, so fällt die Wahl des Kindes immer zugunsten des Gehorsams aus: Die Autorität geht der Gerechtigkeit vor. In der Gerechtigkeit der Kinder untereinander schließlich wird die Gleichheit schon zu einem Bedürfnis, dem jedoch das Subjekt nur da freien Lauf läßt, wo kein Konflikt mit der Autorität möglich ist. Das Zurückgeben von Schlägen zum Beispiel, das einem Kind von 10 Jahren als eine Maßnahme elementarer Gerechtigkeit erscheint, wird von einem 6- bis 7jährigen Kind als »schlimm« betrachtet, obwohl es dies in der Praxis ständig tut (man erinnert sich, daß die heteronome Regel, sosehr sie auch im Bewußtsein des Subjekts respektiert werden mag, im wirklichen Leben nicht notwendigerweise geachtet werden muß ...). Andererseits siegt selbst in den Beziehungen der Kinder untereinander die Autorität des Großen über die Gleichheit. Kurz, wir können sagen, daß während dieser ganzen Periode, in der die einseitige Achtung über die gegenseitige vorherrscht, der Gerechtigkeitsbegriff sich nur dort entwickeln kann, wo sich die Zusammenarbeit unabhängig vom Zwang schon abzeichnet. In allen anderen Punkten wird das Rechte mit dem identifiziert, was durch das Gesetz vorgeschrieben wird, ein Gesetz, das ganz und gar heteronom und von dem Erwachsenen aufgezwungen ist.

Die zweite Periode macht sich auf dem Gebiete des Denkens und des moralischen Urteils erst mit etwa 7 bis 8 Jahren bemerkbar. Es ist jedoch klar, daß hier gegenüber der Praxis eine leichte Verspätung besteht. Diese Periode läßt sich durch die fortschreitende Entwicklung der Autonomie und den Primat der Gleichheit über die Autorität definieren. Was die vergeltende Gerechtigkeit anbetrifft, so wird der Begriff der Sühne nicht mehr mit der gleichen Gelehrigkeit wie früher hingenommen, und die einzigen wirklich als berechtigt angesehenen Strafen sind die, welche aus der Gegenseitigkeit hervorgehen. Der Glaube an die immanente Gerechtigkeit wird viel schwächer, und man strebt die moralische Handlung um ihrer selbst willen unabhängig von der Strafe an. Was die austeilende Gerechtigkeit anbetrifft, so siegt die Gleichheit über alle anderen Elemente. In den Konflikten zwischen Strafe und Gleichheit hat die Gleichheit grundsätzlich den Vorrang. A fortiori ist dies in den Konflikten mit der Autorität ebenfalls der Fall. Schließlich drängt sich in den Beziehungen der Kinder untereinander der Gleichheitsgedanke mit zunehmendem Alter immer mehr auf.

Mit 11 bis 12 Jahren etwa sehen wir eine neue Haltung sich herausbilden, die wir durch das Billigkeitsgefühl kennzeichnen können und die nur eine Entwicklung des Gleichheitsgedankens in Richtung der Relativität ist: Anstatt die Gleichheit in der Identität zu suchen, begreift das Kind das gleiche Recht der Individuen nur noch mit Berücksichtigung der besonderen Lage eines jeden einzelnen. Auf dem Gebiet der austeilenden Gerechtigkeit führt dies dazu, daß man nicht mehr alle gleich bestraft, sondern daß man für manche die mildernden Umstände berücksichtigt. Auf dem Gebiete der vergeltenden Gerechtigkeit läuft es darauf hinaus, daß man das Gesetz nicht als für alle identisch ansieht, sondern die persönlichen Umstände eines jeden in Anrechnung bringt (die Kleinen begünstigt usw.). Weit davon entfernt, zu einer Bevorzugung zu führen, wird durch ein solches Verhalten die Gleichheit wirksamer als zuvor.

Selbst wenn es sich bei dieser Entwicklung nicht um allgemeine Stadien handelt, sondern lediglich um Phasen, welche begrenzte Prozesse kennzeichnen, so haben wir schon hinlänglich darüber gesprochen, um nun zu versuchen, die psychologischen Ursprünge und die Bedingungen der Entwicklung des Gerechtigkeitsbegriffs herauszuarbeiten. Unterscheiden wir in dieser Hinsicht die *vergeltende* und die *austeilende* Gerechtigkeit, die nur dann solidarisch sind, wenn sie auf ihre letzten und wesentlichen Elemente zurückgeführt werden, und beginnen wir mit der austeilenden Gerechtigkeit, deren Schicksale im Verlauf der geistigen Entwicklung anzuzeigen scheinen, daß sie die ursprünglichste Form der Gerechtigkeit selbst bildet.

Die austeilende Gerechtigkeit kann auf die Begriffe der Gleichheit und der Billigkeit zurückgeführt werden. Für die Erkenntnistheorie können solche Begriffe nur a priori sein, wenn man natürlich unter a priori nicht eine eingeborene Idee, sondern eine Norm versteht, zu welcher die Vernunft in dem Maße, in welchem sie von ihr fremden Elementen bereinigt wird, notwendigerweise streben muß. Die Gegenseitigkeit zwingt sich in der Tat der praktischen Vernunft auf, wie sich die logischen Prinzipien der theoretischen Vernunft moralisch aufzwingen. Vom psychologischen Gesichtspunkte aus jedoch, d. h. de facto und nicht de jure, existieren die apriorischen Normen nur als Gleichgewichtsformen: Sie bilden das ideale Gleichgewicht, nach welchem die Phänomene streben, und die Frage bleibt offen, warum angesichts der gegebenen Tatsachen ihre Gleichgewichtsform so und nicht anders ist. Dieses letztere Problem, das kausaler Natur ist, darf mit dem ersten, welches logischer Natur ist, nicht verwechselt werden, solange Wirklichkeit und Geist nicht koextensiv geworden sind. Vorläufig begnügen wir uns daher mit der psychologischen Analyse, wobei ein für allemal feststeht, daß die empirische Erklärung des Gegenseitigkeitsbegriffs in keiner Weise zu der apriorischen Perspektive dieses gleichen Begriffs in Widerspruch stehen kann.

Von diesem Gesichtspunkt aus hat der Gleichheitsbegriff oder derjenige der austeilenden Gerechtigkeit unbestreitbar individuelle oder biologische Grundlagen, die die notwendigen, jedoch noch nicht ausreichenden Bedingungen seiner Entwicklung sind. Man kann sehr früh an dem Kind zwei Reaktionen beobachten, welche bei der Ausarbeitung dieses Begriffs eine große Rolle spielen werden. Die Eifersucht vor allem, welche bei den Säuglingen äußerst früh einsetzt; sehen sie ein anderes Kind auf dem Schoß der Mutter oder nimmt man ihnen ein Spielzeug weg, um es anderen zu geben, so äußern die Kinder von 8 bis 12 Monaten bereits einen heftigen Zorn. Andererseits lassen sich im Zusammenhang mit der Nachahmung und der sich aus ihr ergebenden Sympathie ebenfalls sehr frühzeitige Reaktionen des Altruismus und des Teilens beobachten: Ein 12 Monate altes Kind gibt seine Spielsachen einem anderen in die Hände usw. Es versteht sich jedoch von selbst, daß man aus dem Gleichheitsbedürfnis nicht eine Art Instinkt oder ein spontanes Produkt der individuellen Veranlagung machen kann. Die von uns angeführten Reaktionen führen zu einem launenhaften Wechsel von Egoismus und Sympathie. Gewiß verhindert die Eifersucht, sich von den anderen ausnützen zu lassen, und das Bedürfnis nach Umgang verhindert das Ich, die anderen auszunützen. Für eine wirkliche Gleichheit und ein echtes Bedürfnis nach Gegenseitigkeit bedarf es jedoch einer kollektiven Regel, eines eigentümlichen Erzeugnisses des Gemeinschaftslebens: Aus den Wirkungen und Gegenwirkungen der Individuen aufeinander muß das Bewußtsein eines notwendigen Gleichgewichts entstehen, welches das »alter« und das »ego« zugleich verpflichtet und einschränkt. Dieses bei jedem Streit und jeder Schlichtung geahnte und erstrebte ideale Gleichgewicht setzt natürlich eine lange gegenseitige Erziehung der Kinder untereinander voraus.

Zwischen den ursprünglichen individuellen Reaktionen, welche die Äußerungen des Gerechtigkeitsgefühls ermöglichen, und dem völligen Besitz des Gleichheitsbegriffs zeigt uns jedoch unsere Untersuchung das Bestehen einer langen Entwicklung. Tatsächlich löst sich die Gerechtigkeit erst mit 10 bis 12 Jahren von den ihr fremden Elementen; es ist dies das Alter, wo, wie wir andererseits sahen, die kindlichen Gesellschaften ein Maximum von Organisation und gesetzlicher Regelung erreichen. Man muß also hier, wie schon früher, den Zwang von der Zusammenarbeit unterscheiden, und die Frage ist, ob die mit dem Zwang verbundene einseitige Achtung bei der Entwicklung der austeilenden Gerechtigkeit der bestimmende Faktor ist.

In diesem Punkt scheinen uns die Ergebnisse unserer Analysen entscheidend zu sein: Die Autorität als solche kann nicht die Quelle der Gerechtigkeit bilden, da die Entwicklung der Gerechtigkeit die Autonomie voraussetzt. Natürlich bedeutet dies nicht, daß der Erwachsene bei der Entwicklung der Gerechtigkeit, selbst der austeilenden, nicht beteiligt ist. In dem Maße, wo er ein Gegenseitigkeitsverhältnis mit dem Kinde herstellt und mit dem Beispiel, nicht nur mit Worten, vorangeht, übt er hier, wie überall, einen sehr großen Einfluß aus. Die unmittelbarste Auswirkung der Autorität des Erwachsenen ist jedoch, wie *Th. Bovet* sehr gut gezeigt hat, das Pflichtgefühl, und es besteht eine Art Widerspruch zwischen der von der Pflicht geforderten Unterwerfung und der von der Gerechtigkeit vorausgesetzten völligen Autonomie. In der Tat kann die Gerechtigkeit, da sie auf Gleichheit und Gegenseitigkeit beruht, nur bei freier Zustimmung auftreten. Die Autorität des Erwachsenen, selbst wenn sie der Gerechtigkeit entspricht, hat dennoch die Wirkung, das abzuschwächen, was das Wesen der Gerechtigkeit selbst ausmacht. Daher die Reaktionen der Kleinen, die Gerechtigkeit und Gesetz verwechseln, wobei sie unter Gesetz das verstehen, was der Erwachsene vorschreibt. Daß das Rechte mit der Regel zusammenfällt, ist übrigens immer noch die Meinung vieler Erwachsener, aller derer, die nicht die Autonomie des Gewissens über das gesellschaftliche Vorurteil und das geschriebene Gesetz zu stellen vermögen.

So reicht die Autorität des Erwachsenen, wenn sie auch vielleicht in der moralischen Entwicklung des Kindes ein notwendiges Moment bildet, zur Bildung des Gerechtigkeitssinnes nicht aus. Dieser entwickelt sich nur im Maße der Fortschritte der Zusammenarbeit und der gegenseitigen Achtung, der Zusammenarbeit unter Kindern zuerst, dann der Zusammenarbeit zwischen Kindern und Erwachsenen in dem Maße, wie das Kind heranwächst und sich zumindest in seinem Innern auf gleichen Fuß mit dem Erwachsenen stellt.

Zugunsten dieser Hypothese ist die Feststellung bemerkenswert, wie sehr bei dem Kind wie in der Gesellschaft der Erwachsenen die Fortschritte der Gleichheitsidee mit denen der »organischen« Solidarität, d. h. den Ergebnissen der Zusammenarbeit, zusammengehen. Vergleichen wir die Gesellschaften der Kinder von 5 bis 7 Jahren mit denjenigen der Kinder von 10 bis 12 Jahren, so können wir in der Tat vier miteinander zusammenhängende Veränderungen feststellen. Erstens stellt, während die Gesellschaft der Kleinen ein amorphes Ganzes ohne Organisation bildet, in dem sich alle Individuen gleichen, die Gesellschaft der Großen eine organische Gesamtheit dar mit Gesetzen und Vorschriften und oft beinahe mit gesellschaftlicher Arbeitsteilung (Führer, Schiedsrichter usw.). Zweitens besteht bei den Großen eine viel entwickeltere moralische Solidarität als bei den Kleinen. Die Kleinen sind gleichzeitig egozentrisch und unpersönlich, geben allen Einflüssen und allen Bewegungen der Nachahmung nach: Der Geist der Gruppe wird daher für sie zu einer Art Gemeinschaft in der Unterwerfung unter die Älteren und die Leitung der Erwachsenen. Die Großen dagegen ächten unter sich die Lüge, den Betrug und alles, was die Existenz der Solidarität bedroht. Das Gruppengefühl wird daher unmittelbarer und bewußter gepflegt. Drittens entwickelt sich die Persönlichkeit in dem Maße, wie die Diskussion und der Gedankenaustausch an die Stelle der bloßen gegenseitigen Nachahmung der Kleinen treten. Viertens ist der Sinn für die Gleichheit, wie wir soeben sahen, bei den Großen viel stärker als bei den Kleinen, welche vor allem durch die Autorität beherrscht werden. Man sieht, daß das Band zwischen der Gleichheitsidee und der Solidarität eine allgemeine psychologische Erscheinung ist, welche nicht nur von politischen Faktoren abhängig ist, wie dies in der Gesellschaft der Erwachsenen scheinen mag. Es bestehen also beim Kinde wie beim Erwachsenen zwei psychologische Typen des gesellschaftlichen Gleichgewichts: ein Typus, der auf dem Zwang des Älteren begründet ist, welcher die Gleichheit sowie die »organische« Solidarität ausschließt, den individuellen Egozentrismus jedoch kanalisiert, ohne ihn abzuschaffen, und ein auf der Zusammenarbeit gegründeter Typus, welcher auf Gleichheit und Solidarität beruht.

Gehen wir nun zur vergeltenden Gerechtigkeit über. Im Gegensatz zu Prinzipien der austeilenden Gerechtigkeit scheint es uns nicht, daß in den Begriffen der Vergeltung oder Strafe ein apriorisches oder eigentlich rationales Element besteht. Tatsächlich scheint, wenn der Wert der Gleichheitsidee entsprechend der intellektuellen Entwicklung wächst, die Idee der Strafe an Boden zu verlieren. Um genauer zu sein, muß man, wie wir es schon versucht haben, bei der Idee der Vergeltung zwei Elemente unterscheiden: einerseits die Begriffe der Sühne und der Belohnung, die das bilden, was der Idee der Strafe eigentümlich zu sein scheint, und andererseits die Ideen der Wiederherstellung des ursprünglichen Zustandes oder der Wiedergutmachung sowie die Maßnahmen, welche dazu bestimmt sind, das durch das Vergehen zerrissene Band der Solidarität aufs neue zu knüpfen. Diese letzteren von uns unter der Bezeichnung »Gegenseitigkeitsstrafen« zusammengefaßten Begriffe scheinen nur von den Ideen der Gleichheit oder der Gegenseitigkeit abhängig zu sein. Es sind die ersteren dieser Begriffe, welche ausgeschaltet zu werden streben, wenn auf die Moral der Heteronomie diejenige der Autonomie folgt. Die zweite Gruppe von Begriffen ist im Gegenteil viel widerstandsfähiger, gerade weil sie auf etwas anderem als auf der Idee der Strafe fußt.

Wie es sich auch immer mit dieser Entwicklung der Werte verhalten mag, man kann hier wie bei der austeilenden Gerechtigkeit den drei wichtigsten Aspekten der Vergeltung drei Quellen zuschreiben: Wie wir gesehen haben,[2] bedingen gewisse individuelle Reaktionen das Erscheinen der Vergeltung, erklärt der durch den Erwachsenen ausgeübte Zwang die Bildung des Begriffs der Sühne, während die Zusammenarbeit die weiteren Schicksale des Begriffs der Strafe bestimmt.

Für die Idee der Strafe lassen sich unbestreitbar psycho-biologische Wurzeln finden. Die Schläge führen zu Schlagen, die Freundlichkeit zu Freundlichkeit usw. Die instinktiven Reaktionen der Verteidigung und der Sympathie sind so für eine Art elementarer Gegenseitigkeit bestimmend, welche die Grundlage für die Entwicklung des Vergeltungsbegriffs bilden. Aber natürlich genügt diese Grundlage nicht, und die individuellen Faktoren allein können über das Stadium der spontanen Rache nicht hinausgehen, ohne zu jener zumindest impliziten Regelung der Kodifizierung der Strafen zu gelangen, welche von der vergeltenden Gerechtigkeit vorausgesetzt werden.

Mit dem Begriff des Erwachsenen ändern sich die Dinge. Schon sehr früh und sogar noch vor dem Auftreten der Sprache wird das

Kind ständig bestraft oder belohnt. Je nach den Umständen billigt man das Verhalten des Säuglings und lächelt ihm zu oder macht ihm ein böses Gesicht und läßt ihn weinen, und allein schon der Tonfall der Stimmen, welche ihn umgeben, reicht zur Schaffung einer Atmosphäre unaufhörlicher Vergeltung aus. Während der folgenden Jahre wird das Kind ständig überwacht. Alles, was es sagt und tut, wird kontrolliert, gibt Anlaß zu Zuspruch oder Schelten, und die ungeheure Mehrheit der Erwachsenen sieht die Anwendung von Strafen (beliebigen Strafen oder körperlichen Züchtigungen) als völlig berechtigt an. Offenbar bilden diese gewöhnlich auf Grund von Ermüdung oder nervöser Anspannung erfolgenden Reaktionen des Erwachsenen, die jedoch oft auch »kalt« kodifiziert werden, den psychologischen Ausgangspunkt der Idee der vergeltenden Strafe. Würde das Kind für den Erwachsenen nichts als Furcht oder Mißtrauen empfinden, wie dies in den Grenzfällen der Fall sein mag, so wäre dies einfach ein offener Krieg. Da aber das Kind seine Eltern liebt und ihnen gegenüber die von Bovet so gut analysierte Achtung empfindet, erscheint ihm die Strafe als moralisch verpflichtend und notwendigerweise an die Handlung, die sie hervorgerufen hat, gebunden. Der Ungehorsam – Prinzip jeder »Sünde« – ist ein Bruch der normalen Beziehungen zwischen Eltern und Kind; eine Wiedergutmachung ist somit notwendig, und da die Eltern ihren »gerechten Zorn« durch diese verschiedenen Reaktionen äußern, die in Form von Strafen auftreten, so bildet die Annahme der Strafen die natürlichste Wiedergutmachung: Der auferlegte Schmerz scheint so die vorübergehend unterbrochenen Beziehungen wiederherzustellen, und der Gedanke der Sühne nimmt unter den Werten der autoritären Moral seinen Platz ein. Dieser »primitive« und materialistische Begriff der Sühne wird also unserer Meinung nach als solcher dem Kind nicht vom Erwachsenen aufgezwungen und ist vielleicht niemals von einem psychologisch erwachsenen Bewußtsein erfunden worden. Er ist jedoch das zwangsläufige Ergebnis der Bestrafung, welche von der mystisch realistischen Mentalität des Kindes refraktiert wird.

Wenn aber so die Idee der Strafe mit der einseitigen Achtung und der Autoritätsmoral Hand in Hand geht, so ergibt sich daraus, daß jeder Fortschritt im Sinne der Zusammenarbeit und der gegenseitigen Achtung zur allmählichen Ausschaltung des Sühnegedankens im Begriff der Strafe und dessen Zurückführung auf die Proportionen einer einfachen Wiedergutmachung und einer einfachen Gegenseitigkeitsmaßnahme führen wird. Dies entspricht durchaus dem, was wir beim Kinde beobachtet zu haben glauben. In dem Maße, als die Achtung vor der Strafe des Erwachsenen abnimmt, entwickeln sich gewisse Verhaltensweisen, welche man nicht umhin kann, der vergeltenden Gerechtigkeit zuzuschreiben. Ein solches Beispiel haben wir bei den Urteilen unserer Kinder über die zurückgegebenen Schläge gesehen: Immer mehr erscheint es dem Kind als richtig, sich selbst zu verteidigen und die empfangenen Schläge zurückzugeben. Es handelt sich hier zwar um eine Vergeltung, jedoch scheint die Idee der Sühne bei diesen Beurteilungen nicht die geringste Rolle zu spielen. Es handelt sich lediglich um Gegenseitigkeit: Dieser oder jener nimmt sich das Recht heraus, mir einen Faustschlag zu geben, folglich verschafft er mir dasselbe Recht. Ebenso ist der Falschspieler in dem Maße, wie er falsch spielt, bevorzugt, es ist also gerecht, die Gleichheit wiederherzustellen, indem man ihn vom Spiel ausschließt oder ihm die gewonnenen Murmeln wieder abnimmt.

Man wird vielleicht behaupten, eine solche Moral führe nicht weit, da die Elite der Erwachsenen in der Praxis des wirklichen Lebens mehr als eine einfache Gegenseitigkeit fordert. Die Barmherzigkeit und die Verzeihung gehen in den Augen vieler über die bloße Gleichheit hinaus. In dieser Hinsicht haben die Moralisten oft die Konflikte zwischen Gerechtigkeit und Liebe betont, wobei die Gerechtigkeit oft das vorschreibt, was die Liebe ablehnt, und umgekehrt. Wir sind jedoch der Meinung, daß das Streben nach Gegenseitigkeit gerade dazu führt, über die etwas kurzatmige Gerechtigkeit jener Kinder hinauszugehen, die mathematisch genau ebenso viele Faustschläge zurückgeben, wie sie erhalten haben. Wie alle geistigen Wirklichkeiten, die sich nicht aus einem äußeren Zwang, sondern aus einer autonomen Entwicklung ergeben, hat die Gegenseitigkeit zwei Seiten: eine tatsächliche und eine ideale. Das Kind setzt anfänglich einfach nur die Gegenseitigkeit in die Tat um, was übrigens nicht so leicht ist, wie man annehmen könnte. Ist es einmal an diese Form des Gleichgewichtes der Handlungen gewöhnt, so findet dann eine Art Rückwirkung der Form auf den Inhalt statt. Es sind nicht mehr nur die gegenseitigen Verhaltensweisen, welche als gerecht angesehen werden, sondern vornehmlich diejenigen Verhaltensweisen, welche eine undefinierbare Gegenseitigkeit nach sich ziehen können. Der Grundsatz »Was Du nicht willst, das man Dir tu, das füg auch keinem andern zu« ersetzt die brutale Gegenseitigkeit. Das Kind stellt die Verzeihung über die Rache, nicht aus Schwäche, sondern weil man mit der Rache »nie fertig werden würde« (Junge von 10 Jahren). Ebenso wie man auf dem Gebiet der Logik eine Art Rückwirkung der Form auf den Inhalt der Behauptungen feststellen kann, wenn das Prinzip des Widerspruchs zur Bereinigung der ursprünglichen Definitionen führt, ebenso impliziert in der Moral die

Gegenseitigkeit eine Klärung der Verhaltensweisen in ihrer inneren Orientierung, indem sie sie etappenweise bis zur Universalität selbst hinstreben läßt. Ohne die Gegenseitigkeit zu verlassen, verbindet sich die Großmut – dieses Charakteristikum des dritten Stadiums – mit der einfachen Gerechtigkeit: Daher gibt es zwischen den verfeinerten Formen der Gerechtigkeit wie z. B. der Billigkeit und der eigentlichen Liebe keinen wirklichen Gegensatz mehr.

Abschließend ist zu bemerken, daß wir so auf dem Gebiet der Gerechtigkeit wie auf den vorher behandelten Gebieten jenen von uns so oft hervorgehobenen Gegensatz zweier Moraltypen wiederfinden. Die Autoritätsmoral, welche die Moral der Pflicht und des Gehorsams ist, führt auf dem Gebiet der Gerechtigkeit zur Verwechslung dessen, was gerecht ist, mit dem Inhalt des bestehenden Gesetzes und zur Anerkennung der Sühne. Die Moral der gegenseitigen Achtung, welche die des Guten (im Gegensatz zur Pflicht) und der Autonomie ist, führt auf dem Gebiet der Gerechtigkeit zur Entwicklung der Gleichheit, welche der konstitutive Begriff der austeilenden Gerechtigkeit und der Gegenseitigkeit ist. Die Solidarität unter Gleichen erscheint wiederum als der Ursprung einer Gesamtheit von komplementären und zusammenhängenden moralischen Begriffen, welche die vernunftmäßige Einstellung charakterisieren. Sicherlich kann man sich fragen, ob sich derartige Erscheinungen ohne eine vorhergehende Phase, in deren Verlauf die einseitige Achtung des Kindes vor dem Erwachsenen das kindliche Bewußtsein formt, entwickeln können. Da ein Versuch nicht möglich ist, ist eine Diskussion dieses Problems hier nutzlos. Gewiß ist aber, daß durch die komplementären Begriffe der heteronomen Pflicht und der eigentlichen Strafe ein unstabiles Gleichgewicht hergestellt wird, in welchem die Persönlichkeit nicht zu ihrer vollen Entfaltung gelangen kann. Je mehr das Kind heranwächst, desto weniger erscheint ihm die Unterwerfung seines Bewußtseins unter dasjenige des Erwachsenen als berechtigt, und mit Ausnahme der Fälle von richtigen moralischen Abweichungen, die aus einer endgültigen inneren Unterwerfung (diese Erwachsenen bleiben ihr ganzes Leben lang Kinder) oder aus einer dauernden Auflehnung bestehen, strebt die einseitige Achtung von selbst zur gegenseitigen und zur Beziehung der Zusammenarbeit hin, welche das normale Gleichgewicht bildet. Es ist klar, daß in unseren Gesellschaften, wo die Moral, welche die Beziehungen der Erwachsenen untereinander beherrscht, gerade diejenige der Zusammenarbeit ist, die Beispiele der Umgebung diese Entwicklung der kindlichen Moral beschleunigen. Nur ist es letzten Endes wahrscheinlich, daß wir es hier eher mit einer Konvergenz als mit einem einfachen sozialen Druck zu tun haben. Denn wenn sich die menschlichen Gesellschaften von der Heteronomie zur Autonomie entwickelt haben und von der gerontokratischen Theokratie in allen ihren Formen zu der auf Gleichheit beruhenden Demokratie, so ist es sehr wohl möglich, daß die von Durkheim[4] so gut beschriebenen Phänomene der sozialen Verdichtung vor allem die Emanzipation der Generationen voneinander begünstigt und bei Kindern und Heranwachsenden die von uns hier beschriebene Entwicklung ermöglicht haben.

ANDREAS FLITNER

Unterstützung der Leistungsfähigkeit

Die wichtigsten und umfänglichsten Aufgaben, die den Kindern gestellt werden und landauf, landab den Erziehungsalltag mitbestimmen, sind die Leistungsforderungen, zunächst in der Schule, später im Beruf. »Leistung« ist eine Art Schlüsselwort hoher ideologischer Aufrüstung, bei Verteidigern wie bei Gegnern des Prinzips. Die Angst vor Leistungsversagen oder Leistungsverweigerung geht um.

Auf einem Elternabend, so wird berichtet, wollte die Lehrerin den Erstklässler-Eltern ihr Bewertungssystem erläutern. Sie mache, statt einer Ziffernote, ein »Lachegesicht« unter die Hausarbeiten, und zwar gleicherweise bei allen Kindern, von denen sie den Eindruck habe, daß sie sich Mühe gegeben hätten. Worauf sich ein Vater zu Wort meldet: »Ich halte Ihr Vorgehen für falsch. Wir leben hier in diesem Land in einer Leistungsgesellschaft. Und die Kinder müssen früh die Maßstäbe dieser Leistungsgesellschaft kennenlernen. Ich kann nicht weiter zulassen, daß Sie Kindern mit objektiv sehr unterschiedlichen Leistungen die gleiche Belohnung und Bestätigung aussprechen.«[1]

Aus der Schärfe des väterlichen Einspruchs spricht die Angst vor einer permissiven Pädagogik, die Angst auch vor einem Aufschieben der Leistungsforderungen samt dem üblichen Gewöhnungs- und Bewertungssystem. Dieser protestierende Vater, obwohl Studienrat von Beruf, hat sich offenbar mit der Entstehung von Leistungsversagen und Leistungsverweigerung nie beschäftigt. Seine Lern- und Gewöhnungstheorie stehen ebenso unerschütterlich wie sein Leistungsbegriff.

Aber sein Kind – wird es mit diesen Vorurteilen und Ängsten des Vaters zurechtkommen? Bleibt es auf der Bahn der Leistungsfähigkeit, die er ihm mit Drahtzäunen absichern möchte?

Nennt man »Leistung« jede Arbeit, jede Hervorbringung oder Tätigkeit, sei sie auf praktischem, sozialem, künstlerischem oder intellektuellem Gebiet, die bestimmten »Gütemaßstäben« entspricht, so wird über die Bedeutung von Leistungen für Kinder und ihre Entwicklung kein Zweifel aufkommen können. Es wird ja nicht nur von außen die Erwartung an sie herangetragen, daß sie etwas gut machen; sondern es gehört auch zu den elementarsten Erfahrungen ihres eigenen Selbst, nicht nur von Menschen geliebt und angenommen zu werden, sondern selber etwas ausrichten, etwas bewirken, etwas bauen oder herstellen zu können.»Ich kann es«, ist einer der wichtigsten Sätze oder Gefühlsinhalte von Kindern. Selbst ein großer Teil ihrer Spiele in unserem Kulturkreis, vom Sandkasten bis zu Faltblättern oder technischem Gerät, von Hüpf- und Geschicklichkeitsspielen, Ballproben, Sportspielen bis zum Ski- oder Rollschuhfahren und vielem anderen, steht unter dem Anspruch der Qualität, der Körperbeherrschung, der Schönheit oder anderer Perfektion. Ein Rad schlagen, hoch schaukeln, am Strand eine Burg bauen, die sich möglichst lange gegen die Flut behaupten kann, – das alles enthält Leistungs- und Qualitätsmomente, eingebunden in andere Momente des Vergnügens, der Symbolik und des Spiels.

Aber ist es richtig, dies alles unter dem Begriff der Leistung zusammenzufassen? Solche Begriffe, die man wie ein Dach über Erscheinungen sehr verschiedener Art spannt, haben den Vorzug, daß sie bestimmte Gemeinsamkeiten deutlich machen – hier eben den anthropologisch grundlegenden Zug, daß der Mensch sich selbst in solchen Hervorbringungen und Vervollkommnungen zu erfahren und zu verwirklichen sucht. Aber solche Oberbegriffe entwickeln auch ein gefährliches Eigenleben, sie setzen sich einebnend an die Stelle einer vielfältigen Wirklichkeit. Hat die Perfektion auf den Rollschuhen eigentlich mit dem perfekt gestrickten Pullover und mit den Gedächtnisleistungen eines Schülers oder gar mit einer Hilfe-»Leistung« für einen kranken Menschen etwas zu tun? Erhalten sie ihr Wesentliches durch das gemeinsame Perfektionsmoment oder durch den Sinnzusammenhang, in dem sie stehen? Es gibt ja offenbar Leistungen, die für die Gesellschaft eminent wichtig sind und an deren Erhaltung uns alles gelegen sein muß, etwa das Leistungsethos eines Lokomotivführers, eines Kontrollingenieurs, der Schwester auf einer Intensivstation. Es gibt andere Leistungen, die heute zwar eine große öffentliche und symbolische Bedeutung haben, aber ganz und gar nutzlos sind, zum Beispiel die des Leistungssports. Sie verlangen, für Sekundenbruchteile oder Millimeterdifferenzen, enorme Anstrengungen, hohen Leistungsehrgeiz, oft noch das Risiko der Gesundheit, ohne daß daraus irgend etwas Produktives, ein Wert oder Nutzen für andere Menschen entstehen.

Es wird auch niemand im Ernst behaupten, daß die eine, zum Beispiel die sportliche Leistung, mit einer ganz anderen, zum Beispiel einer sozialen oder künstlerischen Leistung fest verbunden sei, schon gar nicht in dem Sinne, daß man ein gemeinsames »Prinzip« hier erlernen und dort anwenden könnte. Es kann auch nicht in der Anstrengung als solcher das gemeinsam Erstrebenswerte liegen, denn die Anstrengung könnte sich auch auf Schädliches, Egoistisches, Asoziales richten, dem wir zwar den Oberbegriff Leistung nicht versagen, aber doch bestimmt nichts Positives oder Bildsames zuerkennen würden. Kurzum, der Begriff der Leistung kann uns leicht in die Irre führen, weil er qualitativ und phänomenal ganz Verschiedenes und verschieden zu Bewertendes zusammenfügt.

Wie begegnen dem Kind die Möglichkeiten und Anforderungen, die heute üblicherweise unter dem Begriff »Leistung« figurieren?[2] Ein Qualitätsbewußtsein und ein Arbeiten an der Vervollkommnung entwickeln sich zunächst gar nicht auf dem Gebiete der Leistungen schulischer Art. Es sind eher körperliche Fertigkeiten oder auch Produkte des kindlichen Spielens und Herstellens, auf die sich ein erster Leistungs- oder Tätigkeitsstolz richtet. Das Lernen der Kinderzeit geschieht überall und spontan. Und die enormen Lernleistungen im Körpergeschick, in der manuellen Differenzierung, in der Sprache, die an Umfang vielleicht alles übertreffen, was der Mensch später in der Schule noch lernt, geschehen beiläufig, meist ohne alle Leistungsanstrengung. Kann man dem Kind dieses spontane, ungeordnete, vielseitige und wirkungsvolle Lernen, das von der Neugier und vom Großseinwollen gesteuert ist, erhalten? Wie kommt es, daß aus den hochaktiven Selbstlernern nur allzu oft schlechte und mißmutige Schullerner werden?

Das war die Grundfrage der »Reformpädagogik« seit der Jahrhundertwende, und es ist die Grundfrage aller Schulerziehung geblieben: ob sich die Schule nicht, statt als ein Leistungsforderungssystem, auch als eine freie Gemeinschaft zur vielfältigen Unterstützung spontanen kindlichen Lernens anlegen läßt. Nicht daß dabei die Anforderungen vor der Tür bleiben könnten oder die Gütekriterien und Maßstäbe, nach denen das Lernen sich richten muß. Es handelt sich ja nicht darum, daß die Kinder nichts können und wissen wollten. Was aber das Leistungs- und Anforderungssystem der Schule so problematisch macht, ist, daß es *weder* unmittelbar an das hochaktive Lernen des kindlichen Interesses anknüpft, also Lernen und Leistung nach den Maßstäben und mit den thematischen Akzenten ermöglicht, die die Kinder von sich aus setzen und die ihrem Größerwerden- und Selbstsein-wollen entsprechen. *Noch* aber ist es identisch mit dem Leistungssystem der Erwachsenengesellschaft, mit Beruf und Geldverdienen, mit Beherrschen und Gestalten von gesellschaftlicher Realität und mit der Art von Leistungsforderungen, die unter den Erwachsenen anerkannt und honoriert werden.

Dieses *Zwischensystem* der Schule stellt Leistungsforderungen eigener Art, deren Nutzen und Notwendigkeit den Schülern (und ihren Eltern) an vielen Stellen und aus vielerlei Gründen nicht mehr deutlich sind. Das Leistungssystem der Schule ist, da es auf gesellschaftliche Übereinkünfte über das, was zur »Bildung« gehört, nicht mehr rechnen kann, weithin autonom geworden, und es tritt Schülern und Eltern als ein eigenes scholastisches System entgegen, das mit dem Leben wenig Verbindung hat. Unlust und Widerstand – mindestens bei einem Teil der Schüler – haben in dieser scheinbaren Selbstgesetzlichkeit der Schule ihren Grund: Wozu braucht man das? Meine Eltern wissen das auch nicht! Hat das mit dem Leben etwas zu tun?

Die Schule hat nun ihre eigene Kontroll- und Sanktionsmechanik entwickelt, um Widerstände zu überwinden und um die Schüler, bei denen sie überhandnehmen, auszuscheiden. Spricht man freilich nur von »Widerständen«, so hat man sich die übliche Beurteilung, nach der eben der mangelnde Wille zur Schulbildung bei den schlechten Schülern ausschlaggebend sei und entsprechende Folgen haben müsse, schon zu eigen gemacht. Oft ist aber nicht ein wachsender Widerstand, sondern ein schwindendes Selbstvertrauen die Leitlinie eines solchen Schulversagens. Und dieser Niedergang des Selbstvertrauens kann schon die Folge einseitiger Maßstäbe und einseitiger Leistungsbewertung der Schule sein. Der Schweizer Sonderschullehrer *Jürg Jegge* hat der Darstellung seiner Erfahrungen mit Schulkarrieren, die von Entmutigung gekennzeichnet sind, den einprägsamen Titel »*Dummheit ist lernbar*« gegeben.[3] »Dummheit« wird in der Tat gelernt, gesteigert, gefestigt durch die Kette von Mißerfolgserlebnissen, die einem Teil der Schüler im System der Schule bereitet werden und die von diesem System aus auf alle folgenden Leistungsversuche ausstrahlen.

Das Spektrum der Leistungen, die die Schule ermöglicht und anerkennt, ist aus der Perspektive einer pädagogischen Leistungsförderung viel zu schmal. Von dem Reichtum kindlicher Leistungsmöglichkeit, mit dem die Reformpädagogen so vielfältige Erfahrungen gemacht hatten, sind in unserem Schulsystem nur schmale Bewährungspfade übriggeblieben; und leider hat auch die Bildungsexpansion der sechziger Jahre, indem sie alles auf den gymnasialen Typus von Leistung festzulegen suchte, nochmals eine Verengung der Leistungs- und Bewährungsmöglichkeiten mit sich gebracht. Die Notwendigkeiten einer Korrektur der Bildungspolitik zeichnen sich hier deutlich ab.[4]

Aber Eltern und Erzieher können auf solche Änderungen nicht warten. Was können sie jetzt schon tun, um Kinder in ihrer Leistungsfähigkeit zu unterstützen?

Wenn es richtig ist, daß die Schule aus der breiten Skala kindlicher Interessen, kindlichen Lernens und Erfahrungsaufbaus nur einen schmalen Streifen anspricht, daß sich ihre Anforderungen nur auf einen sehr begrenzten Umkreis von Lernweisen und Tätigkeiten beschränken, dann können Eltern und Kinder zusammen danach suchen, wo es sonst noch, außerhalb der Schule, Aktivitäten und Könnenserfahrungen gibt, die sich neben dem Anforderungssystem der Schule kultivieren lassen. Eine der schlechtesten Elternreaktionen auf schwache Schulleistungen ist der Versuch, dem Kind die sonstigen Tätigkeiten und Interessen auch noch abzuschneiden (»so lange, bis das Zeugnis besser wird«) und damit nicht nur die Lebensfreude – vitale Grundlage aller Fähigkeiten – zu mindern, sondern die unentbehrliche Freude an eigener Tätigkeit auch auf *den* Gebieten noch zu untergraben, in denen sie durch den Schulalltag unberührt geblieben ist.

Das Gegenteil wäre richtig: mit aller Aufmerksamkeit die Gebiete herauszufinden, an denen das Kind Freude hat, wo es Interessen entwickeln und vertiefen kann, wo ihm Möglichkeiten der Befriedigung, der Bewährung, der eigenen Tätigkeit zugänglich sind. Was gibt es alles *außerhalb* jenes Bereichs von Leistungen, die in der heutigen Schule gefordert und verpunktet werden: von der ganzen Breite der sportlich-körperlich-tänzerischen Aktivitäten, von den darstellenden Künsten über die Musik mit der Fülle ihrer Musikstile und -auffassungen bis zu den bildenden und gestaltenden Künsten, weiter zu den handwerklichen und produzierenden Tätigkeiten, den Pflege- und Kultivierungsaufgaben bei Tieren und Pflanzen, den sozialen Hilfeleistungen, den Erkundungen in Berufs- und anderen gesellschaftlichen Feldern, der Auseinandersetzung mit Theater und Film, den Sammlungen aller Art, länderkundlichen und volkskundlichen Interessen, auch wirtschaftlichen Aktivitäten und vielem mehr. Auf allen diesen Gebieten kann die Befriedigung qualitätvoller Arbeit und selbständiger Erfahrung gefunden, unterstützt und gefestigt werden. Überall kann ein Jugendlicher das Zentrum seines Selbstbewußtseins und seiner persönlichen Entwicklung finden, die sich an dieser Stelle konsolidiert und dann vielleicht auch auf schulische Gebiete auszubreiten vermag. Ruinös aber, um es noch einmal zu sagen, kann die Vorstellung der Erzieher werden, daß alle diese Möglichkeiten nur Allotria seien und daß sich Leistung und Lernfähigkeit und damit die persönliche Entwicklung allein an dem Ausschnitt der Kultur und der gesellschaftlichen Realität entscheiden müßten, den die Schule definiert.

GÜNTER SCHREINER

Sinn und Unsinn der schulischen Leistungsbeurteilung

Nicht wenige Pädagogen und Psychologen haben das System der Leistungsbeurteilungen, wie es in unseren Schulen praktiziert wird, zum Gegenstand ihrer Kritik gemacht. Bisher jedoch obsiegte die Trägheit des Systems. Die Angriffe der Kritiker wurden mit einer unglaublichen Selbstverständlichkeit abgewehrt. Wie *Heinrich Roth* in einer Publikation der Bildungskommission des Deutschen Bildungsrates konstatierte: »Es wird naiv angenommen, daß unser Prüfungswesen objektiv, gerecht, einheitlich, allseitig überzeugend und sowohl dem Individuum als auch der Gesellschaft zureichend angemessen ist.« [1]

Viele Kritiken der schulischen Leistungsbeurteilung haben allerdings den Mangel, daß sie der Diskussion der Funktionen der Leistungsbeurteilung zu wenig Raum zugestehen oder daß bestimmte Gütekriterien als selbstverständlich vorausgesetzt werden. Ganz so unproblematisch dürfte die Frage nach dem »Wozu« der Leistungsbeurteilung aber nicht sein. Fragen wir uns deshalb zunächst, welche Funktionen die Leistungsbeurteilung in der Schule haben soll, und nehmen wir die daraus abgeleiteten Zielvorstellungen zum Maßstab für die kritische Betrachtung der – empirisch erhellten – Schulwirklichkeit der Leistungsbeurteilung.

Das Bezugssystem für die Funktionsbestimmung der Leistungsbeurteilung kann durch vier Bezugspunkte gekennzeichnet werden: Kind – Lehrer bzw. Unterricht – Eltern – Gesellschaft.

Bezugspunkt 1: das Kind
Die Leistungsbeurteilung soll in erster Linie *Informationen für das Kind* liefern, nicht über das Kind. Sie soll dem Kind melden, wie erfolgreich sein Lernen in einem bestimmten Zeitabschnitt war.

Diese Funktion der Leistungsbeurteilung wollen wir als Rückkoppelungsfunktion bezeichnen. Nicht ohne Absicht wird hier ein kybernetischer Terminus verwendet. Leistungsbeurteilung soll eben nicht nur die statische, irreversible Vergabe von Wertmarken, sondern *eine dynamische Funktion im Lernprozeß des Kindes* darstellen; die Leistungsbeurteilung soll im Kontinuum des Lernens Orientierungspunkte setzen, die dem Kind erlauben, die eigene Distanz zu einem Lernziel oder -zwischenziel abzuschätzen und besondere Schwächen und Fehler festzustellen, um daraus Korrekturmöglichkeiten für sich abzuleiten. Diese längsschnittliche »individualdiagnostische« Betrachtungsweise der Leistungsbeurteilung erfordert, daß nicht nur ein punktueller Vergleich der Lernleistungen verschiedener Schüler durchgeführt wird, sondern daß ein Bezug zu den individuellen Lernvoraussetzungen und Lernmöglichkeiten explizit hergestellt wird. Konkret: In die Leistungsbeurteilung sollten die Ausgangslage auf dem Lernkontinuum, die lernrelevanten Fähigkeiten, Motivationen, Einstellungen und Arbeitsgewohnheiten sowie besondere äußere Umstände, kurz: *die Lernsituation* des einzelnen Schülers miteingehen.

Damit sollen nicht etwa von vornherein standardisierte Leistungstests, die querschnittlich, interindividuell angelegt sind, aus der Leistungsbeurteilung ausgeschlossen sein. Der *Vergleich mit den anderen* vermittelt dem einzelnen Schüler die notwendige soziale Realität und damit auch ein realistisches Selbstbild. Diese letzte Aussage, für sich genommen, ist natürlich naiv und unpädagogisch; denn eine soziale Realität und die daraus resultierenden Auswirkungen auf das Selbstbild eines Schülers können sehr unterschiedlich aussehen. Wenn wir nur einmal äußerliche Kriterien in Betracht ziehen: Die soziale Realität einer Zwergschule dürfte recht unterschiedlich von der einer differenzierten und integrierten Gesamtschule sein. Es kommt also darauf an, mit wem der Schüler verglichen wird bzw. sich vergleichen kann.[2] Doch nicht nur darauf; von nicht zu vernachlässigender Wichtigkeit ist das *soziale Klima*, in das der Vergleich eingebettet ist. Und dieses Klima dürfte – abgesehen von anderen Determinanten – ganz anders aussehen, wenn die querschnittliche, punktuelle Leistungsmessung zum individuellen Längsschnitt relativiert wird.

Die Forderung nach *Objektivität der Leistungsmessung*, wie sie fast überall erhoben wird, aber oft nur auf die Anwendung standardisierter Leistungstests zielt,[3] ist also zu eng. »Eine Leistungsbeurteilung ist objektiv«, kann nicht nur bedeuten, daß die Leistungsanforderungen, die für die Leistungsbeurteilung gestellt werden, für alle gleich und von daher vergleichbar sind, d. h. eine Lokalisierung der gemessenen Leistung in einer größeren Population erlauben. *Objektive Leistungsbeurteilung muß, wenn sie gerecht und lernwirksam sein will, auch die Voraussetzungen und Möglichkeiten des einzelnen Schülers in Rechnung ziehen.* Die standardisierten Leistungstests können also nur eine Hilfsfunktion haben.

Die besondere Schwierigkeit einer solchen biografischen Einbettung der Leistungseinschätzung besteht allerdings darin, daß der Lehrer dabei interpretieren muß und so Spielraum für eigene Voreingenommenheiten hat. Damit dieser Spielraum verringert wird, muß in die Lehrerausbildung ein gezieltes psychologisches Training eingebaut werden. Ganz wird dieser Spielraum allerdings nie aufgehoben werden können. Ungerechtigkeiten, Voreingenommenheit, Beschränkung auf und durch die eigene Erfahrung, Idiosynkrasien und andere unangenehme »Subjektivitäten« werden in einer so angelegten Leistungsbeurteilung immer etwas Raum haben. Dennoch scheinen uns die Vorteile einer solchen flexiblen, an das lernende Individuum angepaßten Leistungsbeurteilung so groß, daß wir glauben, das Risiko der ihr innewohnenden Subjektivitäten annehmen und uns gegen eine sich – allein – mit der Schablone definierende objektive Leistungsbeurteilung entscheiden zu können. Schließlich paßt eine solche Leistungsbeurteilung auch besser in das Bild eines Lehrers, der Lernhelfer und -berater und nicht nur Unterrichtsbeamter sein will.

Fragen wir an dieser Stelle noch, ob die Leistungsbeurteilung auch als Mittel benutzt werden soll, das Lern- und Leistungsverhalten des Schülers über die bereits geforderten Maßnahmen hinaus zu beeinflussen – eine Funktion, die von Pädagogen nicht selten als pädagogische Funktion der Leistungsbeurteilung bezeichnet wird. Diese »pädagogische« Funktion wird von *A. Flitner* – in kritischer Absicht – wie folgt charakterisiert: »Das Zeugnis soll Belohnung und Bestätigung für die Guten, Ermunterung und Ansporn für die Schwachen und Lässigen, Warnung für die Gefährdeten sein. Es soll den Ehrgeiz in Bewegung setzen und den Wetteifer zwischen den Schülern auslösen.«[4]

Eine solche Funktion sollte m. E. eher als manipulativ denn als pädagogisch bezeichnet werden. Kaum einer von uns dürfte die Erfahrung nicht aufweisen können, daß ein Lehrer durch solche fragwürdigen pädagogischen Gründe verführt wurde, die Leistungsbeurteilung als Machtmittel zu mißbrauchen. Das Ergebnis bei den Schülern ist nicht schwer zu erraten: mehr Interesse an guten Noten als an der Sache, Buhlen um die Gunst des Lehrers, Pfuschen, ein seichtes Konkurrenzklima. Deshalb sollte auf eine so verstandene pädagogische Funktion der Leistungsbeurteilung verzichtet werden. Die eigentliche pädagogische Aufgabe der Leistungsbeurteilung besteht eben darin, die beiden Dimensionen der Objektivität: den inter- und intraindividuellen, den querschnittlichen und längsschnittlichen, den psychometrischen und biografischen Aspekt, zu verknüpfen und ohne Einseitigkeit dem Schüler zu vermitteln. Wenn das gelingt, ist die Gefahr am geringsten, daß die Leistungsbeurteilung – im dargestellten Sinn – für den Schüler vom Mittel zum Zweck und für den Lehrer vom Zweck zum Mittel wird und daß die soziale Realität, der Vergleich zu den Lernleistungen der anderen und der daraus resultierende Ansporn, verlorengeht.

Bezugspunkt 2: der Lehrer
In den traditionellen Funktionsbestimmungen[5] bleibt die Frage nach der *Funktion der Leistungsbeurteilung für den Lehrer* erstaunlicherweise unbeantwortet. Es sieht so aus, als wolle man das, was der Schüler leistet, und mehr noch, was er nicht leistet, alles ihm selbst zuschreiben: als wäre das, was der Schüler an Lernleistungen vollbringt, unabhängig von den didaktischen Leistungen des Lehrers, oder: als wären die didaktischen Leistungen der Lehrer alle gleich, so daß man diese Seite als Konstante behandeln und also ausklammern könnte. Dem ist aber bekanntlich nicht so. Wie Lernen und Lehren zwei Aspekte eines Prozesses sind, so spiegelt sich in der Lernleistung auch die didaktische Leistung des Lehrers wider. Schon deshalb ist es unsinnig – wie es eine Reihe von Notentheoretikern gefordert hat und wie es noch von *Weingardt* gefordert wurde –, die numerischen Kennwerte der Lernleistungen so zu arrangieren, daß eine Normalverteilung entsteht, wie sie bei natürlichen Merkmalen beobachtet wurde, deren Ausprägung durch mehrere unabhängige Faktoren bedingt ist.[6]

Die Leistungsbeurteilung soll so angelegt sein, daß auch *eine Kontrolle der Qualität des Unterrichts für den Lehrer* ermöglicht wird. Dazu ist es in erster Linie notwendig, daß der Lehrer eine genaue Vorstellung von dem hat, was der Unterricht an Wissen, Fertigkeiten oder anderen besonderen Verhaltensweisen erbringen soll. Die allgemeinen Lernziele müssen in die Leistungsbeurteilung übersetzt werden, d. h. sie müssen in konkrete Operationen transformiert werden, die von den Schülern ausgeführt werden können. Diese *Operationalisierung der Lernziele*, die natürlich nicht erst für die Leistungsbeurteilung erfolgen sollte, deren Notwendigkeit aber von der Perspektive der Leistungsbeurteilung her besonders deutlich wird, hilft dem Lehrer, sich präzise bewußt zu machen, was er für den und von dem Schüler eigentlich will. Mehr noch: Da die ursprünglichen Lernzielvorstellungen oft recht vage sind und ihr »wahrer« Charakter erst in ihrer operationalen Form zutage tritt, kann die Operationalisierung zu einer *Revision der Lernziele* führen.

Von großem Nutzen für die Lehrer sind deshalb standardisierte Leistungstests und von einem Lehrerteam erarbeitete informelle Lehrertests.[7] Denn sie machen den Lehrer mit der Operationalisierung von Lernzielen vertraut und erweitern seinen Horizont über die von ihm jeweils unterrichteten Klassen hinaus.

Bezugspunkt 3: die Eltern
Der Schulaufsichtsbeamte Zerrenner schrieb 1826: »Zunächst sind sie (= die Zensuren) allein für die Eltern bestimmt. Die Schule will ihnen sagen, wie es in aller Absicht mit dem ihr anvertrauten Kinde stehe, damit sie in ihrer häuslichen Erziehung das Verhalten des Kindes in der Schule und in Beziehung auf dieselbe berücksichtigen, und zur Beförderung der Schulzwecke an ihrem Kind mitwirken können.«[8] Da wir das Ziel der Schule immer mehr darin sehen lernen, den Schüler zur Selbstorganisation seines Lernens zu führen, kann Zerrenner darin nicht zugestimmt werden, daß die Leistungsbeurteilung in erster Linie für die Eltern gemacht werde. Dennoch darf Zerrenner recht gegeben werden, wenn er von der schulischen Leistungsbeurteilung fordert, daß sie den Eltern die *notwendigen Informationen für pädagogische Hilfestellungen* zu geben hätte. Die Leistungsbeurteilung darf so als ein sehr wichtiges Medium der Kommunikation zwischen Schule und Elternhaus betrachtet werden. Ergeben sich daraus besondere Forderungen an die Leistungsbeurteilung?

Eine alltägliche Beobachtung lehrt uns, daß Eltern, statt durch Zensuren und Zeugnisse als Erzieher aktiviert zu werden, sich in ihren Prestigevorstellungen angesprochen fühlen und die Zensuren zur Ehrensache der Familie machen. Auch für die Eltern dürfte die Übermittlung der Ergebnisse einer Leistungsbeurteilung nicht so aussehen, daß sie mit einer globalen Wertmarke konfrontiert werden, die nicht viel mehr Information als den Vergleich mit der Zensur des Nachbarkindes vermittelt. Primäres Gebot ist auch hier die biografische Einbettung der individuellen Lernleistung mit besonderen Hinweisen auf mögliche und notwendige Lernhilfen der Eltern.

Bezugspunkt 4: die Gesellschaft
Die Leistungsbeurteilung scheint aber nicht nur für das lernende Kind, seinen Lehrer und seine Eltern da zu sein. Nicht wenige Theoretiker sehen in der Gesellschaft die Instanz, von der aus und für die die Leistung in der Schule beurteilt wird, und diese Theoretiker scheinen nicht einmal unrealistisch zu sein. Wie *Dose*[9] diese Ansichten zusammenfaßt: »So wird das Schulzeugnis für den Schüler zum Ausdruck eines Unterwerfungsverhältnisses gegenüber der Gesellschaft, das indessen dadurch gemildert wird, daß die im Schulzeugnis enthaltene Wertung sich auf Forderungen bezieht und an Maßstäben orientiert, die letztlich im sittlichen Bewußtsein des Menschen ihren Ursprung haben.«

Doch auch dort, wo das sittliche Bewußtsein nicht in Anspruch genommen wird und funktionelle Betrachtungsweisen in den Vordergrund treten, ist die Leistungsbeurteilung eine *soziale Angelegenheit*, eine Maßnahme, für die die Gesellschaft verantwortlich zeichnet und die sich vor der Gesellschaft verantworten muß. Nach dem bekannten Wort des Soziologen *Schelsky* darf die Schule als »entscheidende zentrale soziale Dirigierungsstelle« und als »bürokratische Zuteilungsapparatur von Lebenschancen«[10] betrachtet werden. Diese Zuschreibung, die – auf die bestehende Schulwirklichkeit angewandt – bitter ist, wird allerdings auch dort eine gewisse Realität behalten, wo Schule und Gesellschaft eine größere soziale Gerechtigkeit aufweisen können als heute. Die Schule oder eine ihr entsprechende Instanz wird notwendig sein, verschiedene Begabungen auszumachen und zu entwickeln, nicht nur dem Educandus zuliebe, sondern auch für die Gesellschaft, die verschiedene Begabungen braucht. Man mag noch so sehr das »bürgerliche Berechtigungswesen« (Engelmayer) ablehnen, selbst die mutigste gegenbürgerliche Utopie kann, will sie eine Ahnung von Realisierbarkeit behalten, nicht auf eine *Selektion nach Art und Niveau der Begabung* verzichten. Nur ein selbstbezogener anarchistischer Schwärmer wie Stirner konnte schreiben: »Ich lebe so wenig nach einem Beruf, als die Blume nach einem Berufe wächst und duftet.«[11] Und es darf kaum erwartet werden – wer würde es schon wirklich wünschen? –, daß die Lebenschancen unabhängig von der Begabung, die Chance zur Begabung vorausgesetzt, verteilt werden. Eine nicht unwichtige Funktion der schulischen Leistungsbeurteilung ist somit, der Gesellschaft die besondere Begabungsvariante eines bestimmten Schülers einsichtig zu machen – *der Gesellschaft bestimmte Leistungen zu prognostizieren*.

Um voreiligen Schlußfolgerungen zu begegnen: Das ist keineswegs ein uneingeschränktes Ja zur »Leistungsgesellschaft«. Wir haben bisher in gewollt naiver Hypostasierung von Gesellschaft gesprochen. Damit sollte aber nicht verkannt sein, daß unter Umständen nur die Interessen der dominanten gesellschaftlichen Gruppen bestimmen, welche Begabungen entwickelt werden, wie die Begabungsselektion vorgenommen wird und welche Lebenschancen mit welchen Begabungen verknüpft sind. Deshalb müssen wir hinzufügen: Wenn der schulischen Leistungsbeurteilung auch die Aufgabe zukommt, die Leistungsfähigkeit der Schüler der »Gesellschaft« einsichtig zu machen, so kann das auch gegen »die« Gesellschaft und für das Individuum geschehen. Mit anderen Worten, die Schule, die sich nicht nur als Reproduktion der – bestehenden – Gesellschaft en miniature versteht, die Schule, die sich auch gesellschaftskritische und -reformierende Funktionen zutraut, sollte auch Begabungen zu entwickeln versuchen, die im Augenblick nicht gewünscht sind: Sie sollte die gesellschaftliche Nachfrage durch ihr Angebot korrigieren; die gesellschaftlichen Wünsche durch die individuellen Bedürfnisse regulieren.[12] Was kann das konkret bedeuten? Das kann z. B. bedeuten, daß die Schule ausgedehnte Freiheitsräume schafft, die von dem Berechtigungswesen unberührt sind. Der Schüler darf nicht bei jeder Leistungsbeurteilung das Gefühl haben, daß er damit gesellschaftliche Berechtigungen erwirbt. Neben der Einengung des Zielhorizontes bei Schüler, Lehrer und Eltern hätte das auch zur Folge, daß seine Lernmotivierung veräußerlicht würde, was nachweislich nicht zum Vorteil des Lernprozesses geschieht. Sowohl vom gesellschaftskritischen als auch vom »motivationstechnologischen« Gesichtspunkt aus ist es also zu begrüßen, wenn die Leistungsbeurteilung weitgehend von der Berechtigungsfunktion befreit wird. Ganz allerdings kann und sollte sie aus diesem Zusammenhang nicht herausgenommen werden.

Manch ein radikaler Kritiker der schulischen Leistungsbeurteilung wird jetzt vielleicht einwenden, daß ich das eigentliche Problem umgangen habe. Die Leistungsbeurteilung selbst müßte in der Schule abgeschafft werden, da sie Ausdruck des bei uns vorherrschenden Leistungsdenkens sei und somit nur die gesellschaftlichen Mißverhältnisse, die alle humanen Verhältnisse deformierende Orientierung an der Leistung, unterstütze. Einem solchen Kritiker müßte man erwidern, daß er mehr auf das Wort »Leistungsbeurteilung« mit einem Reflex reagiert als über die hier entworfene Konzeption der Leistungsbeurteilung reflektiert habe. Denn wie Leistungsbeurteilung hier begriffen wird, ist sie in erster Linie *Lern-*

und Lehrkontrolle. Und eine so konzipierte Leistungsbeurteilung dürfte in der Tat überall dort unumgänglich sein, wo gesteuerte Lernprozesse stattfinden. Wie *Ruppert* es formuliert: »Das Problem liegt aber weniger darin, daß sie Leistungen fordert, sondern in der Art und Weise, wie Schüler ihren Leistungen gegenübergestellt werden, wie sie ihre Leistungen erfahren dürfen, wie diese Leistungen respektiert werden und welche Rolle das ›Leisten‹ überhaupt als Anforderung der Schule im Rahmen des Ganzen spielt« (zitiert nach Dohse).

Fassen wir zusammen. Wir verlangen:
1. daß die Leistungsbeurteilung individualisiert wird, d. h. in den individuellen Lernzusammenhang des Schülers gestellt wird;
2. daß sie einen objektiven Vergleich zwischen den Schülern erlaubt;
3. daß sie als Korrektiv des Unterrichtsangebots und des Lehrverhaltens eingesetzt wird;
4. daß sie den Eltern oder erwachsenen Betreuern Hinweise für Lernhilfen liefert;
5. daß sie der Gesellschaft die besondere Leistungsfähigkeit des Schülers prognostiziert; daß sich diese Prognosen aber nicht nur auf Leistungsfähigkeiten beziehen sollen, die in der augenblicklichen gesellschaftlichen Wertskala hoch rangieren.

Diese Forderungen sind nicht gerade anspruchslos. Wenn wir aber jetzt einmal *die Schulwirklichkeit der Leistungsbeurteilung* kritisch unter die Lupe nehmen, werden wir sehen, daß wir auch dann mit ihr nicht zufrieden sein könnten, wenn wir weitaus bescheidener wären.

Beginnen wir bei der Form. In der BRD ist noch weitgehend das 6stufige Ziffernsystem üblich, das numerische Symbole mit globalen Wertmarken verknüpft. Statt dem Schüler ein differenziertes feed back zu ermöglichen, werden Gütestempel verteilt. Man kann *Flitner* nur zustimmen, wenn er schreibt: »Auch hier ... gilt, daß ein primitives Instrumentarium nur primitive Wirkungen hervorbringen kann, d. h. nur auf seine Stimmung, Haltung und Selbsteinschätzung insgesamt wirkt, statt ihn an den Stellen zu bestätigen, wo er etwas kann, und ihn dort zu mahnen und zu korrigieren, wo es hapert und wo er an sich arbeiten muß.«[13] Sicher wird das summarische Werturteil von vielen Lehrern durch Plus- und Minuszeichen sowie durch schriftliche und mündliche Kommentare differenziert. Aber es ist zu bedenken, daß das System als solches eine Aufforderung ausübt, die Leistungsbeurteilung in einer pauschal wertenden Weise durchzuführen.

An dieser Stelle sollte auch die mathematisch-statistische Natur von Schulzensuren deutlich gemacht werden. Es handelt sich bei ihnen nicht etwa um Meßwerte auf Intervallskalenniveau, also Angaben etwa im Sinne der Temperaturskalen, sondern um *Schätzwerte* auf Ordinalskalenniveau. Das heißt, aus ihnen kann man nur den vom Lehrer geschätzten Rang eines Schülers ablesen. Daraus folgt, daß arithmetische Prozeduren wie die Berechnung des arithmetischen Mittels, die Addition von Noten, die Division der Notensumme durch einen Teiler mit einer bestimmten Wertigkeit und ähnliche Praktiken nicht zulässig sind. Hier verführt die Ziffernnatur der Noten dazu, eine Scheinexaktheit und Scheingerechtigkeit vorzuspiegeln.

Eine Reihe von empirischen Untersuchungen liegen zum Problem der *Objektivität von Schulzensuren* vor, d. h. zur Frage, inwieweit subjektive, unsachliche Faktoren die Leistungsbeurteilung beeinflussen und verzerren.

Das beginnt mit der biografischen Episode von *Bert Brecht*, der einmal in arger Bedrängnis eine Zensur dadurch rettete, daß er in der zensierten Arbeit zusätzliche, gar nicht vorhandene Fehler anstrich und so seinen Lehrer davon überzeugte, daß er ihm eine zu schlechte Note gegeben habe.

Maria Zillig überprüfte Diktathefte von sehr guten und sehr schlechten Schülern: Bei den guten Schülern waren 39 %, bei den schlechten Schülern aber nur 12 % der Fehler übersehen. Lehrer scheinen also mit einer bestimmten Erwartung an die Beurteilung der Leistung eines Schülers heranzugehen, die die Wahrnehmung in der Weise selektiv beeinflußt, daß sie durch diese – entgegen der Wirklichkeit – bestätigt wird.[14] Aber die Erwartungen des Lehrers dürften nicht nur seine eigene Wahrnehmung verzerren und sich dadurch bestätigen. Diese Erwartungen dürften sich auch auf den zu beurteilenden Schüler deformierend auswirken. Wie amerikanische Untersuchungen gezeigt haben, ist es wahrscheinlich, daß folgende Faktoren für diese »self-fulfilling prophecy« verantwortlich zu machen sind: daß sich Lehrer in ihrem Unterricht auf gute Schüler mehr beziehen, daß sie gute Schüler und schlechte Schüler direkt und indirekt wissen lassen, was sie von deren Leistungsfähigkeit halten, so daß sich schließlich das Selbstbild des Schülers an das Bild anpaßt, das der Lehrer von ihm hat, und er sein Anspruchsniveau danach ausrichtet.[15] In diese stereotype Vorbeurteilung des Schülers gehen dabei offensichtlich Faktoren ein, die für die Leistung an sich irrelevant sind.[16] Am frappierendsten erscheint mir in dieser Hinsicht das Experiment von *Weiß*.[17]

Bei verschiedenen Lehrerarbeitsgemeinschaften in 16 verschiedenen Orten Oberösterreichs ließ Weiß 2 Aufsätze und 2 × 4 Rechenaufgaben verteilen, die von Schülern des 4. bzw. 5. Schuljahres bearbeitet worden seien. Er fügte den Aufsätzen folgenden Hinweis hinzu:

»Der erste stammt von einem durchschnittlichen Schüler (beide Elternteile berufstätig, liest gern Schundhefte), der zweite von einem sprachlich begabten Buben (Vater Redakteur bei einer großen Linzer Tageszeitung).«

In einem Hinweis zu den Rechenaufgaben wurde ein Schüler als sehr begabter Viertkläßler, der andere als mittelmäßiger, schmutziger Fünftkläßler beschrieben.

Rechtschreibung, Stil, Inhalt und Gesamtleistung sollten bewertet werden. Die Lehrer unterrichteten alle im 4. oder 5. Schuljahr. Bei der Hälfte der Lehrer wurden die Aufsätze bzw. Aufgaben vertauscht. Die suggestiven Hinweise verfehlten ihre Wirkung nicht. Die Beurteilung selbst so »eindeutiger« Leistungen wie Orthografie und Rechnen wurde durch ihn beeinflußt. 16 % bzw. 11 % der günstig beeinflußten Lehrer gaben die Note 1, die von der ungünstig beeinflußten Gruppe gar nicht vergeben wurde. Demgegenüber vergaben 44 % bzw. 17 % der ungünstig Beeinflußten die Noten 4 oder 5, die in der anderen Gruppe nur bei 8 % bzw. 5 % vorkommen.

Ein interessanter Fund von Weiß ist auch, daß in den Volksschulen am strengsten zensiert wird, die sich in Städten mit zweizügigen Hauptschulen (österreichische Hauptschulen entsprechen etwa unseren Mittelschulen) befinden, und am mildesten in Orten ohne Hauptschulen. Die Nähe der Hauptschule scheint hier also den Maßstab der Leistungsbeurteilung verändert zu haben.

Die Ergebnisse der m. W. umfangreichsten Erhebung in diesem Bereich wurden von *Knoche*[18] publiziert. Er untersuchte am Ende des Schuljahres 63/64 Versetzungszeugnisse von 8142 Jungen und 5790 Mädchen der Unter-, Mittel- und Oberstufe von 50 hessischen Gymnasien. Unter anderem fand er heraus, daß die Zensuren in zwei verschiedenen Fächern dann einen bedeutsam höheren Zusammenhang aufwiesen, wenn in diesen beiden Fächern von derselben Lehrkraft unterrichtet wurde. Insgesamt folgert Knoche aus seinen Untersuchungsergebnissen:

»Wir sind sicher, daß durch die Tatsache, nach der mit den Fachnoten nur subjektive Lehrerurteile über Schülerleistungen abgegeben werden – und durchaus nicht immer allein über fachliche Leistungen –, nicht der Zweck erreicht wird, den Leistungsstand eines Schülers möglichst zutreffend zu charakterisieren, sondern im Grunde statt dessen ein zuverlässiges Röntgenbild der Lehrerpersönlichkeit, der Verhältnisse einer Schule, eines Schultyps oder Schulsystems entsteht.«[19]

Noch ein interessanter Fund von Knoche sollte nicht unerwähnt bleiben. Er verglich die Verteilungen der Fachnoten miteinander und fand erhebliche Unterschiede. Der *mildeste Beurteilungsmaß-stab* wurde demnach im Schnitt in dem Fach Religion und den musischen Fächern, der strengste in den Fächern Deutsch, Mathematik, 1. Fremdsprache, 2. Fremdsprache angewandt. Sehr ähnliche Ergebnisse zeigten sich in den Untersuchungen von Orlik[20] und von Hopp und Lienert.[21] Diese unterschiedlichen Beurteilungsmaßstäbe sind sachlich nicht einsichtig. Warum sollte in der Oberstufe des mathematisch-naturwissenschaftlichen Gymnasiums in Mathematik und in der Oberstufe des neusprachlichen Gymnasiums in den Fremdsprachen am häufigsten eine »4« vergeben werden – zumal durch Nichtversetzung kontinuierlich aus den Klassen vor allem die Schüler ausgelesen werden, denen ein Mißerfolg in Mathematik oder den Fremdsprachen bescheinigt wird?[22]

Offensichtlich spiegelt sich in diesen unterschiedlichen Beurteilungsmaßstäben die Bedeutung wider, die die einzelnen Fächer in der Bildungskonzeption der Lehrkräfte haben; aber auch die Bedeutung, die ihnen von Amts wegen zugestanden wird. Denn ordnet man die Fächer nach der Größe der mittleren Noten (Mediane) in eine Rangreihe, so ergibt sich eine gute – reziproke – Übereinstimmung mit der Rangreihe der für die einzelnen Fächer vorgeschriebenen Wochenstundenzahlen. Hier muß die Gefahr gesehen werden, daß durch den Beurteilungsmaßstab eine antiquierte »Aristokratie bestimmter Fächer« (H. Roth) konserviert wird.[23] Wenn wir in unseren Funktionsbestimmungen der schulischen Leistungsbeurteilung forderten, daß die Schule als Korrektiv gesellschaftlicher Ansprüche dienen sollte, waren wir also sehr kühn; denn in der Schulwirklichkeit der Leistungsbeurteilung scheint mir eine Ursache dafür zu liegen, daß die Schule von heute eine Gesellschaft von gestern reproduziert.

Wie steht es mit der prognostischen Güte, dem *Voraussagewert der schulischen Leistungsbeurteilung*, auf dem das »Berechtigungswesen« fußt?

Ingenkamp faßte alle ihm zugänglichen Arbeiten, die sich mit der Prognose des Erfolges auf Höheren Schulen aufgrund von Grundschulempfehlungen, Grundschulzeugnissen und Tests beschäftigen, zusammen. Für alle drei Verfahren kommt er zu dem Schluß, daß man mit ihnen zwar unterschiedlich erfolgreiche Schülergruppen statistisch schlüssig differenzieren kann, daß ihre prognostische

Gültigkeit aber nicht für eine Individualvorhersage ausreicht.[24] Nach der zusammenfassenden Darstellung von *Undeutsch* kann dieser Schluß auf Aufnahmeprüfungen erweitert werden. Er fand allerdings eine erhebliche prognostische Überlegenheit psychometrischer Verfahren heraus, sofern diese von Psychologen angewiesen wurden.[25]

In einer neueren Studie konnte Ingenkamp[26] ganz eindeutig beweisen, daß die Zensuren aus verschiedenen Klassen nicht vergleichbar sind. Er verglich die Ergebnisse eines Rechentests mit den Rechenzensuren von allen 6. Klassen eines Berliner Bezirkes. Bei dem Rechentest handelte es sich um ein standardisiertes Verfahren mit Lehrplan-Gültigkeit. Er fand heraus, daß *innerhalb einer Klasse* zwar eine beträchtliche Übereinstimmung zwischen den Zensuren und Testergebnissen bestand, daß *zwischen den Klassen* aber erhebliche Unterschiede in der Leistungsbeurteilung vorlagen: »Ob Schüler eines bestimmten Leistungsniveaus eine ›2‹ oder eine ›4‹ – oder bei vorsichtiger Interpolation der Tafeln – eine ›1‹ oder eine ›6‹ erhalten, hängt vor allem vom Zufall der Klassenzugehörigkeit ab. Die Zensuren haben über den Rahmen einer Klasse hinaus überhaupt keinen Vergleichswert.« Und er schließt daraus: »Diese Ergebnisse besagen nicht mehr und nicht weniger, als daß für unser ganzes schulisches Berechtigungswesen keine sachliche Rechtfertigung besteht... Wann sagen wir ehrlich, daß kein Lehrherr aus den Zeugnissen eine vergleichbare Aussage über die Schulleistung von Schülern verschiedener Klassen entnehmen kann? Wann geben unsere Universitäten offen zu, daß es unsinnig ist, unter zwei Bewerbern aus verschiedenen Schulen, Städten oder gar Bundesländern einen nach den Abiturnoten auszuwählen?«[27] Ingenkamp geht in seinen Folgerungen für die Leistungsbeurteilung nicht so weit – das sollte hier betont werden –, *nur noch* standardisierte Leistungstests zu fordern. Aber er sieht in den Leistungstests das wichtigste Hilfsmittel für die Leistungsbeurteilung.[28]

Weingardt faßt in einem Artikel, der in dem bereits erwähnten Gutachtenband des Deutschen Bildungsrates erschienen ist, neuere Untersuchungen zusammen, die den Voraussagewert des Reifezeugnisses für akademische Prüfungen überprüfen. Diese Untersuchungen gehen entweder von der Reifenote in dem betreffenden Prüfungsfach, von Durchschnittswerten einer bestimmten Fächerkombination oder von Gesamtdurchschnittsnoten aus; als Kriterien werden Ergebnisse der ersten Lehrerprüfung sowie diverse Vordiplom- und Examensnoten benutzt. Der Zusammenhang zwischen den Reifenoten und den Ergebnissen der akademischen Prüfungen

differiert von Untersuchung zu Untersuchung und von Fach zu
Fach, sei aber insgesamt so gering, »daß die Ergebnisse der Reife-
prüfung keine ausreichend verläßliche Grundlage für eine Prognose
des Ergebnisses wissenschaftlicher Prüfungen abgeben«.[29]

Ebenso geringe Zusammenhänge zwischen Schulnoten und verschiedenen Kriterien des akademischen Erfolges berichtet *Marklund* in einer umfassenden Studie für Schweden. Allerdings vermu-
tet er, daß die geringen Korrelationen vor allem auf die geringe Zu-
verlässigkeit der Erfolgskriterien zurückzuführen seien.[30]

Mit dem größten statistischen Raffinement, aber leider nur anhand einer wenig repräsentativen Stichprobe[31] wurde der Vorhersagewert von Reifenoten von Orlik überprüft. Er verwandelte die
Notenwerte des Reifezeugnisses in Standardwerte, die die fachspe-
zifischen Beurteilungsmaßstäbe eliminieren, und ging, statt von den
sowieso unzulässigen gemittelten Notenrohwerten, vom Zeugnis-
profil aus. Dabei ergaben sich z. T. beträchtliche Zusammenhänge
zwischen Reifezeugnis und späteren Examensergebnissen. Der Zusammenhang differiert allerdings von Fach zu Fach. In den Diszipli-
nen, die dem Schulpensum am nächsten stehen, den Philologien und
Naturwissenschaften, sind die überdurchschnittlichen Studenten
am deutlichsten an ihren im Reifezeugnis bescheinigten Schulleistungen erkennbar. Am wenigsten treten die Mediziner und Theologen, die gute Examina ablegen, schon durch gute Zeugnisse hervor; die Studenten mit guten Examen liegen in ihren Schulzeugnis-
sen im Schnitt sogar leicht unter denen, die nur einen schwachen
Studienabschluß erreichen.[32]

Man kann von den Orlikschen Untersuchungen allerdings keineswegs schließen, daß das Berechtigungswesen der schulischen
Leistungsbeurteilung auf festem Boden stünde. Es ist vielmehr die
Annahme von Flitner in Rechnung zu ziehen, daß die z. T. beträcht-
lichen Zusammenhänge zwischen Reifenoten und Studienleistun-
gen wahrscheinlich auf gleiche mangelhafte Systembedingungen zurückzuführen sind.[33]

Mit der prognostischen Güte der schulischen Leistungsbeurteilung selbst innerhalb des schulischen Ausbildungssystems Primar-
schule–Sekundarschule–Hochschule ist es also nicht weit her, und
man darf annehmen, daß die bescheinigten Schulleistungen noch
weniger dazu taugen, Leistungsfähigkeit außerhalb dieses Systems
zu prognostizieren.

Es sei allerdings daran erinnert, daß die Leistungsbeurteilung
nicht nur ein prognostisches Anliegen hat. Wie Marklund richtig
feststellt, wäre ein sehr hoher Vorhersagewert der Schulnoten gar

nicht wünschenswert, weil er darauf hindeuten würde, daß von den Entwicklungsmöglichkeiten der Schüler nicht gerade der beste Gebrauch gemacht wurde. Da die Berechtigungsfunktion jedoch nicht von der Leistungsbeurteilung ganz eliminiert werden kann, wird man zumindest für die Abschlußbeurteilungen einen Vorhersagewert erwarten dürfen, der erheblich über den bisher berichteten liegt.

Schließen wir die Mängelliste der schulischen Leistungsbeurteilung ab und fassen wir zusammen:
Es dürfte unbestreitbar sein, daß Leistungsbeurteilung in der Schule notwendig ist; daß sie sinnvoll für Kind, Lehrer, Eltern und Gesellschaft sein kann. Nach all dem kritischen Material, das hier vorgelegt wurde, dürfte aber genausowenig bestritten werden, daß die Schulwirklichkeit der Leistungsbeurteilung mangelhaft ist; daß sie weithin von Fiktionen lebt und Scheinexaktheiten produziert; daß sie, statt dem Lernprozeß zu dienen, Motivationen schafft, die den Lernprozeß hemmen und verfälschen; daß sie, statt dem Schüler ein objektives, differenziertes Bild seiner Lernleistungen zu geben, ihn mit globalen Wertmarken versieht, die oft alles andere als Ausdruck seiner Leistungen sind; daß sie den Lehrer zum Notenadministrator statt zum Lernhelfer macht – um nur einige der wichtigsten Negativa der Schulwirklichkeit der Leistungsbeurteilung zu resümieren.

Man wird sich entscheiden müssen, ob man weiterhin diese überkommenen Fragwürdigkeiten beibehält oder ob man sich der kritischen Erkenntnis auch praktisch öffnet. Die aus einer solchen Öffnung resultierenden Innovationen können sich sicher nicht nur auf die Leistungsbeurteilung beziehen. Leistungsbeurteilung ist, wie hier ausführlich dargestellt wurde, nur ein – wenn auch sehr wesentlicher – Bestandteil eines organisierten Lernprozesses. Dennoch ist es schon jetzt möglich und sinnvoll, einige *direkte Maßnahmen zur Veränderung der Leistungsbeurteilung* zu ergreifen.

Dazu gehören:
- Erarbeitung von *informellen Lehrertests*;
- Durchgängige Abschaffung des 6stufigen Notensystems und der mit ihm verknüpften Wertmarken, statt dessen ein *differenziertes Punktesystem*;
- *verbale Ergänzungen der Punktnoten*, die die Lernlücken und Lernrückstände des Schülers deutlich machen und Hinweise auf Lernhilfen geben;
- *Auswertung der Ergebnisse von Prüfungen, Klassenarbeiten usw.* mit Hinsicht auf das Lehrangebot, z. B. durch Fehleranalysen;

- Aufforderung und Anleitung der Schüler zur systematischen *Kritik der Leistungsbeurteilung und des Lehrangebots*;
- *diagnostische Beschäftigung mit der Lernsituation* des einzelnen Schülers und Rückbeziehung der Leistungsbeurteilung auf dieselbe;.
- dabei *intensive Kooperation mit Schulpsychologen*;
- häufig *selbständige Leistungsbeurteilung der Schüler* und Ermöglichung von Lernen, das frei von Fremdbeurteilung ist.

MARTIN WAGENSCHEIN

Verdunkelndes Wissen

Die Mondsichel

Der Mond ist ein sehr aktueller Gegenstand unseres naturwissenschaftlichen Interesses geworden. Wir werden bald mehr von ihm wissen, wenn auch aus zweiter Hand; und vermutlich ziemlich Schauerliches, das kaum noch paßt zu dem glänzenden Nachtgestirn, wie wir es aus erster Hand kennen und wie es langsam durch die Sternbilder zieht in wechselnder Gestalt. »Wie kommt es«, so fragte der aus dem Fernsehen bekanntgewordene Astronom *Rudolf Kühn* die vielen neugierigen Besucher seiner Sternwarte, »daß die Gestalt des Mondes vom Vollmond zum Halbmond, zur Sichel und zum Neumond wechselt? Das Ergebnis war am Ende sehr interessant. Etwa achtzig Prozent der Befragten wußten keine richtige Antwort, einerlei aus welcher sozialen Schicht sie kamen. An Besuchern vom Minister bis zum Hilfsarbeiter war auf unserer Station alles vertreten.«[1] Diesen Befund kann ich aus eigener Erfahrung ergänzen: Allein unter Studenten hat etwa jeder vierte[2] dieselbe rasche, doch absurde Auskunft zur Hand: Der Schatten unserer Erdkugel sei es; der mache den Mond immer wieder zur Sichel.

Nicht die Unkenntnis als solche ist es, die hier bestürzt. Anständige Unkenntnisse, ehrliche, von schwierigen Dingen, gehören zur Bildung. Aber hier ist die Wahrheit leicht zu sehen; und noch leichter wäre zu bemerken, daß es der Erdschatten unmöglich sein kann, der den Mond aushöhlt. Denn der Sichelmond steht am Himmel niemals weit ab von der Sonne und nie ihr gegenüber (wie es ja sein müßte, wenn unser Schatten auf ihn fallen sollte). Der moderne Mensch hat hier also oft gerade das verlernt, was die Naturwissenschaft ihn hätte lehren können: einer Sache gewahr werden, beobachten. Bedenklicher noch: Statt zu wissen, was er sehen könnte, wenn er gelernt hätte hinzusehen, hat er leere Sätze bereit; und hier nun gar von einem andern viel selteneren, auch nicht angeschauten und also auch nicht verstandenen Ereignis her, der Mondfinsternis. Er hat es durch sogenanntes Lernen verlernt.

Gewiß also bedeutet dieses Kuriosum eine Bildungsfinsternis: Ein leeres Gerede, eine Papiereule, hat sich vor den Mond gehockt und statt eines Wissens synthetische Torheit beschert. Sie verdeckt gerade *die* Wirklichkeit, aus welcher die Wahrheit hervorleuchten möchte. Um nämlich den wahren Grund der Sichelform zu erkennen, auch dazu genügt ein Hinsehen, ein geduldiges allerdings. *Ein* Rat muß dem nachdenklich Hinblickenden dabei freilich gegeben werden: daß es nichts nützt, in den Mond allein zu starren, daß man ihn vielmehr »im Hinblick auf« die Sonne betrachten muß. Denn auf diesen Genieblick – die Sonne-Mond-Konstellation als eine »Gestalt« zu sehen – wird der einzelne von selbst kaum kommen; es sei denn, er wäre klüger, als Heraklit gewesen ist (der dem Mond die Form eines breiten Nachens zudachte, der langsam seitlich schaukelt im Lauf des Monats). Durchschaut er die Konstellation, so sieht er, allmählich, wie der Mond als eine dunkle Kugel im Sonnenschein hängt, und zwar einer sehr weit schräg *hinter* dem Mond schwebenden riesigen Sonne. – Das ist ein großer Augenblick: Die Himmelskuppel löst sich in Raum auf.

So würden ein oder zwei beharrliche Blicke genügen, richtete man sie nur auf die erstaunliche Wirklichkeit des Himmels selbst, die danach zu verlangen scheint, sich uns zu enthüllen. Der persönliche Vollzug einer solchen einfachen Enthüllung, Entdeckung, ist es, ohne den naturwissenschaftliche Bildung nicht in Gang kommen kann.

Wintersternbilder

Ein anderes astronomisches Beispiel ist bedeutsam durch den Kommentar, den *Simone Weil* zu ihm gegeben hat. Es geht dabei um die kopernikanische These, daß unsere Erde im Jahreslauf um die Sonne herumschwebe. Übertragen in die primäre Wirklichkeit: daß wir in einem halben Jahr ebensoweit, sehr weit, hinter der ruhenden Sonne unterwegs sein werden, wie wir es heute vor ihr sind. Diese Einsicht ist zwar sehr viel schwerer zu eröffnen als die Wahrheit der Mondsichel, und sie setzte sich denn auch erst zweitausend Jahre später durch. Aber sie ist fundamental für uns, die wir uns doch für Kopernikaner halten. Kopernikus, wenn er bei uns erscheinen könnte, würde sich wundern und durchblicken lassen, wie schlecht es uns anstehe, daß diesen Satz zwar jeder sagen lernt (»apportieren«, wie Lichtenberg derartiges nannte), daß aber keiner etwas anderes vor sich sieht als seinen alten Lehrer, der einen Apfel um die Lampe herumführte und sagte: So ist es!

Aber wieso ist es so? Hat nicht jeder heutige Mensch ein Anrecht darauf, wenigstens *ein* Phänomen aus der Wirklichkeit des Himmels unmittelbar zu kennen, so wie es mit diesem sagenhaften Erdumlauf, wenn es allein ihn auch nicht beweist, zu tun hat? Eine solche Erfahrung ist es, daß es »Wintersternbilder« gibt, Orion etwa. Sie sind in unserem Sommer in keiner Nacht zu entdek-ken (und von keinem Ort der Erde aus). Wo sind sie geblieben? Das kann man sehr leicht herausbekommen: Hat man Orion im Winter einmal ins Auge gefaßt und bleibt ihm dann, über den Frühling hin-weg, auf der Spur, so verrät er ganz bereitwillig, wo er bleibt: Allmäh-lich verkriecht er sich samt seiner ganzen Himmelsnachbarschaft in die Nähe der Sonne – oder sie schiebt sich zu ihm hin; wie man es nimmt; es ist nicht unterscheidbar. Orion ist also auch sommers da, aber der blendende Tageshimmel muß ihn uns verschweigen.

Ich gehe jetzt nicht darauf ein, wie man diese Kulissenverschie-bung ptolemäisch oder kopernikanisch deuten kann. Jedenfalls ist sie das fundamentale Himmelsphänomen. Andere kommen noch hinzu und entscheiden dann, kopernikanisch: Weder Orion noch die Sonne verschiebt sich, sondern wir allein sind unterwegs.

»Enracinement«

Dazu nun einige Sätze von Simone Weil aus ihrem Buch »L'Enracine-ment« (Die Einwurzelung): »Heutzutage kann ein Mensch den soge-nannten gebildeten Kreisen angehören, ohne einerseits die geringste Vorstellung zu besitzen, worin das Wesen der menschlichen Bestim-mung liegen könnte, oder anderseits etwa zu wissen, daß nicht alle Sternbilder zu jeder Jahreszeit sichtbar sind. Man ist gewöhnlich der Ansicht, ein kleiner Bauernjunge, der nur die Volksschule besucht hat, wisse darüber mehr als Pythagoras, weil er gelehrig nachplap-pert, daß die Erde sich um die Sonne dreht. In Wirklichkeit aber betrachtet er die Gestirne nicht mehr. Jene Sonne, von der im Unter-richt die Rede ist, hat für ihn nichts gemein mit der Sonne, die er sieht. *Man reißt ihn aus dem Allgesamt seiner Umweltbeziehungen heraus...«* [3]

Herausgerissen, der Wurzeln beraubt zu werden und dafür ein

Gerede angeboten zu bekommen, das ist ein nichtswürdiger Tausch. Und wir können uns leicht davon überzeugen, daß der Tatbestand dieser leeren kopernikanischen Parole für fast uns alle gilt; nicht nur für kleine Bauernkinder, sondern auch für die meisten Erwachsenen der zivilisierten Welt (Akademiker nicht ausgenommen; denen man doch *auch* ein eingewurzeltes Wissen gönnen sollte).

So läßt sich an der Astronomie besonders leicht erkennen, wie naturwissenschaftliches Wissen, ganz ohne Notwendigkeit, wirklichkeitsfremd werden und sich abspalten kann. Es spaltet dann auch uns. Was spaltet, hat mit Bildung nichts zu tun. Simone Weils letzter Satz macht deutlich, was eigentlich das Ungebildete ist an der Art, wie wir diese himmelskundlichen Fakten zu wissen meinen. Nicht daran liegt es, daß wir zu allem, was wir »zur Kenntnis nehmen«, auch die Gründe einsehen müßten – dafür, *daß* es wahr ist. In unserem Wissenswohlstand müssen wir viele notwendige Informationen im Vertrauen zu den Experten aus deren zweiter Hand entgegennehmen. (Warum, zum Beispiel, Ascorbinsäure – Vitamin C – gegen Infektionen gut ist, das liegt wohl hinter Bergen von Biochemie versteckt, und es ist wohl auch nicht bildungsträchtig. Das wäre es nur, wenn sich an ihm etwas *allgemein* Biochemisches exemplarisch erhellen ließe.) Unsere beiden astronomischen Einsichten sind besonderer Art: Nicht nur enthüllen sie fundamental Wichtiges für unsere Einordnung in den räumlichen Kosmos, nicht nur erhellen sie exemplarisch naturwissenschaftliche Denkweise, auch die Gründe liegen *offen* vor uns. Unter solchen Umständen die Gründe nicht mehr zu sehen, erblindet zu sein, noch dazu infolge der Wortgläubigkeit, das allerdings produziert bildungswidriges, wirklichkeitsfremdes, entwurzelndes Wissen: Scheinwissen.[4]

Dies ist das erste Hindernis, das dazwischenkommen kann, wenn wir auf bildende Weise von der Natur wissen wollen. Es ist das gröbste von allen: leere Worte, die uns schmeicheln, Wissen zu sein, und uns taubmachen für die Wirklichkeit.

HERMANN BAUSINGER

Sprachbarrieren

[Wenn heute viel von Sprachbarrieren die Rede ist, dann sind im allgemeinen nicht besondere Fälle wie beispielsweise Schwerhörigkeit oder Verständigungsprobleme mit ausländischen Arbeitnehmern gemeint.] Vielmehr zielt das Stichwort auf einen sprachlichsozialen Tatbestand weitesten Ausmaßes, von dem zwar längst jedermann irgendwie wußte, der aber so wenig spektakulär ist, daß er für die sprachwissenschaftlich und auch die sprachpädagogisch Interessierten jahrzehntelang verhältnismäßig gleichgültig blieb, ehe er sich ziemlich plötzlich in den Vordergrund schob. Gemeint ist der wechselseitige Zusammenhang zwischen *Soziallage* und *sprachlichem Niveau*. Die soziale Stellung, die soziale Schicht legt bis zu einem gewissen Grade das sprachliche Vermögen und Verhalten fest. Das sprachliche Können aber bestimmt seinerseits die Möglichkeiten des Aufstiegs auf der sozialen Leiter – und zwar nicht etwa nur auf dem Weg über hochachtungsvolle Bewerbungsschreiben, sondern auch dadurch, daß das sprachliche Erfassen von Vorgängen in immer mehr Berufen notwendig wird. Diese wechselseitige Festlegung von niedriger Sozialschicht und niedrigem sprachlichem Niveau regte niemand auf, solange im Beharren beim alten Stand und bei der alten Sprache (konkret hieß das vielfach beim bäuerlichen Beruf und beim bäuerlichen Dialekt) ein ausgesprochener Wert gesehen wurde. Sobald aber die Parole des Rechts auf Bildung für alle und die demokratische Forderung der Chancengleichheit ernst genommen wurde, mußte das Problem dieser sozialen Sprachbarriere zentral werden.

Zunächst räumten mehrere pädagogische Untersuchungen die übertriebenen Vorstellungen von angeborener Begabung aus dem Weg, indem sie zeigten, daß schon einzelne positive Anstöße im frühen Kindesalter in erstaunlichem Maß zur sprachlichen Entfaltung beitragen, daß also ein Großteil dessen, was als sprachliche Begabung bezeichnet wurde, milieuabhängig ist. Diese Untersuchungen, die in den Vereinigten Staaten unmittelbar nach dem Zweiten Weltkrieg einsetzten, wurden Ende der fünfziger Jahre in England intensiviert. Griffig und wirksam wurde die Sprachbarrierenforschung vor allem durch *Basil Bernstein*, der seit 1962 Leiter des Sociological Research Unit am Institute of Education in London ist und dort mit seinen Mitarbeitern eine ganze Anzahl von Versuchs- und Beobachtungsreihen in Gang setzte. Er typisierte den unterschiedlichen Sprachgebrauch, ordnete die Typen bestimmten sozialen Schichten zu und suchte den verschiedenen Sprachgebrauch aus der verschiedenen Lebensweise, den verschiedenen alltäglichen Sozialbedingungen zu erklären. Da die Sprachbarrierenforschung von Bernsteins – allerdings immer wieder überarbeiteter – Theorie trotz vielerlei Kritik nicht losgekommen ist, empfiehlt es sich, Bernsteins Modell und seine Begründung etwas näher anzusehen.

Die von Bernstein unterschiedenen Sprechweisen bezeichnet er als *code*, zu deutsch *Kode*. Dieser Begriff ist deshalb problematisch, weil er die Vorstellung des strikt Abgeschlossenen vermittelt – im Deutschen vielleicht noch mehr als im Englischen, da das Wort Kode hier lange Zeit fast nur für geheime Nachrichtensysteme benützt wurde und erst seit dem Vordringen der automatischen Informationsverarbeitung eine breitere Bedeutung hat. Tatsächlich meint Bernstein aber mit seinen beiden Kodes nicht in sich geschlossene sprachliche Systeme, sondern graduelle Abstufungen des Sprachgebrauchs, der Sprechweise. Bernstein unterscheidet einen *restringierten* (= eingeschränkten) Kode und einen *elaborierten* oder *differenzierten* (= ›verfeinerten‹) Kode.

restringiert:	*differenziert:*
konkret	abstrakt
begrenzter Wortschatz	reicher, unterscheidender Wortschatz
simple Satzmuster	komplexe Konstruktionen
	Nebensätze
	Konjunktionen
	Präpositionen
zielt auf Handeln	zielt auf Absicht, Begründung

Dieses Schema hält nur die gröbsten Gegensätze fest. Bernstein, seine Mitarbeiter und Nachfolger operierten im Verlauf ihrer Experimente und Beobachtungen mit Dutzenden verschiedener sprachlicher Merkmale. Sie können hier nicht im einzelnen aufgeführt, doch sollen die Richtungen angedeutet werden, in denen sich die sprachliche Differenzierung äußert, welche beim restringierten Kode fehlt:

1. *Satzbau* – schwierigere Konstruktionen; Hypotaxe (Gebrauch von unterordnenden und untergeordneten Sätzen); zahlreiche Konjunktionen;

2. *Wortschatz* – mehr verschiedene Wörter, vor allem solche für die:

3. *analytische Differenzierung* – Präpositionen, Adjektive, Adverbien, Verberweiterungen;

4. *reflexive Differenzierung* – häufiger Gebrauch von ›ich‹; Betonung von Annahmen und Absichten, damit höherer Abstraktionsgrad. Mit dieser reflexiven Diffe-

renzierung hängt die »kompositorische Persistenz« zusammen: Das Subjekt wird über viele Sätze hinweg durchgehalten; Begründungen und Folgerungen werden richtig plaziert, Argumente hierarchisch geordnet.

Der Zusammenhang zwischen diesen verschiedenen Merkmalsgruppen läßt sich zwar nicht immer exakt nachweisen, aber überwiegend ist ein solcher Zusammenhang doch gegeben: Wer komplizierte Sätze baut, braucht meist mehr verschiedene Wörter, mehr analytische Satzteile, braucht Abstraktionsfähigkeit und kompositorisches Durchhaltevermögen. Insofern ist also nur wenig dagegen einzuwenden, wenn bei den Erhebungen und Tests oft nur ein einziges Merkmal herausgegriffen wurde.

Problematisch ist die *soziale Zuordnung*. Für Bernstein ist der restringierte Kode die Sprache der *working class* (= Unterschicht), der differenzierte Kode die Sprache der *middle class* (= Mittelschicht). Bernstein faßte den Unterschied zunächst als den zwischen manueller und nicht manueller Arbeit; allerdings machte dann auch ihm das Ineinander und Durcheinander im sozial-statistischen Modell zu schaffen, so daß er die Unterschicht noch einmal unterteilte in *lower working class* (niedrigere Unterschicht) und *upwardly mobile working class* (Unterschicht mit Aufstiegsmobilität). Hier knüpfen Einwände gegen die Zweiteilung an; doch schließt die Tatsache fließender Übergänge meines Erachtens die Möglichkeit der Typisierung nicht aus – nur eine solche Trennung in Blöcke (die allerdings nach einheitlichen Kriterien vorgenommen werden muß) schafft die Chance aussagekräftiger Ergebnisse über die vorhandenen Tendenzen.

Für die verschiedenen Kodes in den verschiedenen Sozialschichten gibt Bernstein im wesentlichen zwei *Erklärungen*. Einmal weist er hin auf den Charakter der Sozialbeziehungen (und damit auch der sprachlichen Kommunikation) innerhalb der Arbeiterschaft. Er sieht diese charakterisiert durch einen starken Zusammenhalt, aber wenig persönliche Beziehungen, durch kollektive Orientierung, durch wenig sprachliche Anforderungen am Arbeitsplatz und auch sonst, wenig Möglichkeiten der Planung. Allgemeiner gesagt: Der kommunikative Umsatz ist gering, der kommunikative Radius klein, das sprachliche Niveau entsprechend niedrig. Dazu kommt zweitens die häusliche Situation in der Arbeiterfamilie, welche das Kind bereits in der wichtigsten Phase der »Sozialisation« auf die restringierte Sprache verweist. Es gibt in dieser Familie nach wie vor feste Positionen und eine ziemlich starre Rollenverteilung; dem

steht die geringere Starrheit und größere Rollenvielfalt in der Mittel-
schichtfamilie gegenüber. Ein konkretes Beispiel vermag am
schnellsten zu zeigen, was damit gemeint ist: Angenommen, ein
kleiner Junge bemalt ein noch relativ neues Möbelstück. Restringierte (der Begriff läßt sich durchaus übertragen) Reaktion: Die
Mutter informiert am Abend den Vater, der dem Jungen eine Tracht
Prügel verabreicht und ihn ohne weiteren Kommentar ins Bett
schickt. Differenzierte Reaktion: Es kommt – was eine vorherige
Affektreaktion nicht ausschließt – zu einer Auseinandersetzung
zwischen den Eltern, von denen eines die Untat für gar nicht so
schlimm hält; dem Jungen werden bemühte Erklärungen gegeben,
warum man das nicht macht etc. Ob damit die anderen Möbel gerettet sind, braucht uns hier glücklicherweise nicht zu beschäftigen.
Aber ganz unabhängig von dieser Frage des direkten Erziehungs-
effekts ist indirekt etwas anderes, enorm Wichtiges geschehen: Der
kleine Junge hat mitbekommen, wie sich Rollen in einer Situation
erst ausdifferenzieren, und er hat sprachlich eine Menge dazuge-
lernt.

Die beiden Erklärungen werden nicht unabhängig voneinander
gesehen; vielmehr unterstellt die Sprachbarrierentheorie – so drückt
es ihr prominentester deutscher Vertreter, *Ulrich Oevermann*, aus –
»direkte Abhängigkeit der Kommunikationsstile in der Familie von
den Sozialbeziehungen am Arbeitsplatz«, ein durchgehendes »sub-
kulturelles Milieu« der Unterschicht, das sich von der Mittelschicht
unterscheidet. In diesem Milieu bilden sich bestimmte Muster für
den Versuch der Lösung von Problemen (und das heißt u. a. auch:
sprachliche Muster), bestimmte – beschränkte – Strategien verbaler
Planung heraus.

Diese Erklärung gehört aber zum theoretischen Rahmen, sie ist
nicht etwa unmittelbar aus den praktischen Untersuchungen abgeleitet. Die *Tests* und Beobachtungen konnten naturgemäß weder in
den Fabriksälen noch in den Arbeiterwohnungen durchgeführt
werden; sie fanden vielmehr fast ausschließlich in der Schule statt.
In den Versuchsgruppen waren stets Unterschicht- und Mittel-
schichtkinder zusammen und hatten die gleichen Aufgaben zu lösen. Meistens handelte es sich um einen größeren Katalog sprachlicher Leistungen, die gefordert wurden. So mußte vielfach ein Aufsatz geschrieben werden; in Einzelfällen wurden auch zwei Aufsätze verlangt zu Themen, die sich nach ihrem Abstraktionsgrad
unterschieden. Dann wurden häufig schriftliche Satzergänzungs-
aufgaben gegeben, bei denen fehlende Satzteile aufgrund des Kon-
texts ausgefüllt werden mußten. Weiter wurde mit Diskussionen ge-

arbeitet, und schließlich spielte in einer Anzahl von Versuchen auch das direkte Interview eine Rolle. Die schriftlichen und mündlichen Äußerungen der Kinder wurden nach sprachlichen Merkmalen geordnet und dann den – aufgrund sozialstatistischer Daten getrennten – Blöcken der Unterschicht einerseits, der Mittelschicht andererseits zugewiesen. Nicht immer, aber doch in der weit überwiegenden Zahl der Fälle ergab sich ein Plus von Merkmalen differenzierter Sprache bei der Mittelschicht, ein Mehr an restringierten Merkmalen bei der Unterschicht.

Daß die Versuche fast alle in der *Schule* durchgeführt wurden, ist verschiedentlich kritisiert worden. Tatsächlich wird so zunächst einmal sprachliches Verhalten gemessen, wie es sich im Lauf der Schulzeit herausgebildet hat, und der Rückschluß auf die Bedingungen des Elternhauses fordert einen gewissen Sprung. Auch beeinflußt die Schulsituation die Versuche: Die jeweiligen Versuchsleiter waren ja doch in keinem Fall Vertreter der Unterschicht, und es wurde beobachtet, daß Unterschichtkinder ihnen oft sehr scheu gegenübertraten, während andere einigermaßen vertrauens- und erwartungsvoll grüßten. Auch die bereits erfolgte Vorauswahl in den Gymnasien und Realschulen (hier fanden die meisten Versuche statt, weil einerseits ein gewisses Sprachvermögen vorausgesetzt wurde und weil andererseits eine breite Streuung über die sozialen Schichten weg vorliegen sollte) wurde kritisiert: Unter den Mittelschichtkindern wurden beim Übergang zu den höheren Schulen nur die schwachen ausgesiebt, während aus der Unterschicht auch erfolgreiche Kinder oft in der Volksschule verbleiben. All diese Einwände lassen sich aber insofern relativieren, als die Versuchsanordnung jedenfalls keine künstliche Situation schafft; sie verlängert vielmehr die übliche Schulsituation, die ja doch für die Frage des Lernerfolgs entscheidend ist.

Gewichtiger ist ein anderer Einwand, der ebenfalls bei den Versuchen ansetzt, aber dann darüber hinausführt und zentral auf die gesamte Theorie zielt. Deutscher Aufsatz, Satzergänzungsübungen und bis zu einem gewissen Grad auch Schuldiskussionen – das sind, schlagwortartig gesagt, recht ›bürgerliche‹ Gattungen. Der Verdacht drängt sich auf, daß mit *diesen* Testgegenständen von vornherein auf ein Ergebnis zugearbeitet wird, bei dem die Angehörigen gehobener Sozialschichten überlegen sein *müssen*. Damit ist bereits der sehr viel weitergehende Einwand anvisiert, der sich in der Frage ausdrückt, ob nicht die Kategorien der sprachlichen Zweiteilung einseitig von den Vorstellungen und Normen der Mittelschicht ausgehen, ob dabei nicht mit Werten operiert wird, die zwar im Hinblick auf die höhere Schule – zumal in ihrer heutigen Form – und vielleicht auch im Hinblick auf eine bestimmte Gruppe geistiger Berufe sofort einleuchten, bei denen es sich aber fragt, ob sie unter gesamtgesellschaftlichem Aspekt zu vertreten sind. Bernstein selber hat diesen Einwand vorweggenommen und immer wieder einmal auf den *Eigenwert des restringierten Kodes* hingewiesen; er darf nach seiner Auffassung »nicht mit Geringschätzung angesehen werden«, und gelegentlich erkennt er ihm eindeutige Vorzüge zu: »Metaphorik von beachtlicher Kraft, Einfachheit, Unmittelbarkeit, Vitalität und Rhythmik«.

Eine solche Bewertung erinnert an das herkömmliche Lob des *Dialekts* und seiner zupackenden Konkretheit, und es mag naheliegen, sie als romantische Verschleierung beiseite zu schieben. Aber es scheint mir doch sinnvoll, zu fragen, warum eine solche Charakterisierung möglich ist, und die eventuellen positiven Qualitäten der restringierten Sprache nicht einfach zu ignorieren. Dies ist deshalb wichtig, weil die theoretische Bestimmung von Sprachbarrieren fast immer auf die Praxis zu ihrer Überwindung angelegt ist; ein Konzept »*kompensatorischer Spracherziehung*« aber muß zuerst untersuchen, was nötig und was möglich ist.

Unsere Welt, so könnte man mit Niklas Luhmann und anderen argumentieren, ist so kompliziert geworden, daß die »*Reduktion von Komplexität*« zu den schlechthin lebensnotwendigen Bedingungen zählt. Dies aber leistet die restringierte Sprache – Reduktion ist ein anderer Aspekt von Restriktion. Der restringierte Kode ist zudem in seinem Bereich außerordentlich *funktionstüchtig*; was weitaus die meisten Situationen an sprachlicher Ergänzung fordern, das leistet der restringierte Kode besser, verständlicher, weniger umständlich als der elaborierte oder differenzierte. Auch als soziales *Kontaktmittel* und als Ausdruck der *Solidarität* eignet er sich möglicherweise besser. Dazuhin muß an die Schwierigkeiten erinnert werden, die für Kinder und Jugendliche entstehen müssen, wenn sie ihrer bisherigen Sprache (im weitesten Sinne) *entfremdet* werden – Schwierigkeiten sozialer Art und vielleicht auch psychische Brüche.

Solche Feststellungen freilich könnten leicht Beifall von der falschen Seite erhalten: Eigentlich könnte man ja dann alles beim alten belassen. Aber dem stehen dann doch sehr gewichtige Argumente entgegen. Einer der Ausgangspunkte für die Sprachbarrierentheorie war ja doch die Proklamation der *Chancengleichheit*, und es kann kein Zweifel bestehen, daß restringierter Sprachgebrauch diese Chancengleichheit in Frage stellt. Dies gilt nicht einmal nur hinsichtlich besonders gehobener Berufe; vielmehr ist es so, daß in immer mehr Berufen auch sprachliche Qualifikationen der einen oder anderen Art erforderlich sind und daß immer weniger Lernprozesse ohne Sprache vermittelt werden können. In diesem praktischen Zusammenhang wird deutlich, daß »Sprachbildung« – so dünnblütig und akademisch dieses Wort zunächst klingen mag – gleichzeitig ein Stück Bewältigung der Wirklichkeit und des Lebens ist. Dies gilt auch im Blick auf eine zweite Forderung, die durch Sprachbarrieren gefährdet ist: eine möglichst demokratische *Öffentlichkeit*. Politische Entscheidungsprozesse setzen offene Diskussion, Diskussion setzt sprachliche Fertigkeiten voraus – und zwar nicht nur im Sinne von Wortgewandtheit, sondern im Sinne der Fähigkeit, auch kompliziertere und abstraktere Zusammenhänge zu erkennen und darzustellen. Damit klingt schon ein Drittes an: daß sinnvolle »Reduktion von Komplexität« eine gewisse *Differenzierungsfähigkeit* voraussetzt. Das allzu rasche Lob des Restringierten, Einfachen, ›Volkstümlichen‹ geht meist von einem überholten Bild der Sozialbedingungen aus. Die Solidarität der restringierten Sprecher ist ja doch im allgemeinen kaum mehr die der ideologisch verbundenen Arbeiterklasse; die soziale Einheit, die der restringierte Kode schafft, ist kaum mehr persönliche nachbarliche Verbundenheit – es ist vielmehr die Solidarität und Einheit derer, die widerstandslos der BILD-Zeitung und ähnlichen Massenmedien ausgeliefert sind, welche sehr genau den Ton der restringierten Sprache treffen.

Die Forderung kompensatorischer Spracherziehung ist also sinnvoll und notwendig; sie ist allerdings nur schwer zu erfüllen. Bei der Praxis solcher Spracherziehung sollten in der Tat die positiven Eigenschaften des restringierten Kodes beachtet werden. Zum Teil geht es gar nicht um kompensatorische, sondern einfach um *andere* Spracherziehung; die Sperren, die durch ganz spezifische sprachliche Prüfungsqualifikationen in den Bildungsgang eingebaut sind, können und sollten zum Teil beseitigt oder geändert werden. Anfänge dazu sind schon gemacht. Darüber hinaus ist vor allem wichtig, daß die sprachliche Differenzierung als Ausdruck sozialer Differenzierung, als Begleiterscheinung – und freilich auch wieder Voraussetzung – eines vielfältigen und ernsten Rollenspiels gesehen wird. Die Sprachlehre, die dem Schüler an vorgefertigten Mustern oder an literarischen Beispielen die feinnuancierten Unterschiede zwischen *eilen, rasen, hasten, rennen, laufen* etc. zu vermitteln sucht, ist sicher nicht nutzlos; aber sie bleibt äußerlich gegenüber den Fällen, in denen die Sprache sehr viel unmittelbarer als Instrument zur Bewältigung von Problemen empfunden wird. Insofern läßt sich die Behauptung aufstellen, daß Sprachbarrieren am sichersten abgebaut werden durch die aktive Beteiligung an verantwortlichen Entscheidungen von wachsendem Schwierigkeitsgrad.

Hans Scheuerl

Der Dialog in Erziehung und Unterricht

Vor vierzig Jahren hat *Martin Buber* den Satz formuliert: »Das erzieherische Verhältnis ist ein dialogisches.«[1] Diese These ist hinlänglich nur aus dem Kontext seiner dialogischen Philosophie zu verstehen. Gleichwohl soll hier versucht werden, ihrem Sinngehalt unabhängig von diesem Kontext nachzuspüren. Denn sosehr immer auch pädagogische Sätze von philosophischen Vormeinungen und Hintergründen mitbestimmt sind – die Prüfung ihres erziehungswissenschaftlichen Gehaltes muß sich möglichst unabhängig von philosophischen Schulmeinungen zu halten suchen.

Anlaß zu solcher Prüfung besteht aus historischen Gründen: Nachdem das dialogische Denken Martin Bubers vor 1933 zunächst nur im kleineren Kreise der Weggenossen und Kenner auch auf die pädagogische Theorie gewirkt hatte und dann zwölf Jahre lang verschwiegen werden mußte, wirkte es nach 1945 derart in die Breite, daß man es schon als eine Modeströmung verdächtigt hat. Damit konnte weder Martin Buber selbst noch der Sache, um die es ihm ging, gedient sein. So blieb denn auch die Kritik nicht aus. Am schärfsten hat sich wohl unter den jüngeren Erziehungswissenschaftlern *Wolfgang Brezinka* ausgesprochen: »Was sich ... an Meditationen über die Beziehungen zwischen ›Ich‹ und ›Du‹ in pädagogischen Kreisen eingebürgert hat, kann unser Verständnis des Erziehungsprozesses schwerlich bereichern, sondern muß eher zeitkritisch als ›ideologische Seligsprechung‹ einer romantischen Beziehung angesehen werden ...«[2]; und was da so üblicherweise als dialogisches Verhältnis bezeichnet werde, das sei »häufig auch dann nur ›ein gewöhnlicher Fall des Moralisierens zwischen zwei Personen‹ (Makarenko), wenn der Erzieher davon überzeugt ist, daß hier ein positiver Erziehungsakt vor sich gegangen sei«[3]. Wie zudem der Dualbezug zwischen »Ich und Du« bei dem Ausschließlichkeitsanspruch, den er in Bubers Denken erhielt, mit den komplizierten gesellschaftlichen Kräften und Wirkweisen zu verbinden sei, die bei Buber zur »Es-Welt« gehören, ist für Philosophie und Pädagogik in der Tat ein noch unaufgelöster Rest. Auch in anderen Lagern philosophierender Pädagogen ist er als Unzulänglichkeit an Bubers Konzeption aufgespürt worden.[4]

Aber sind damit Sinn und Bedeutung der Buberschen These bereits außer Kraft gesetzt? Bleiben die Merkmale des »Dialogischen« nicht möglicherweise auch dann unentbehrliche Kriterien des Erziehungsverhältnisses zwischen Personen, wenn wir zugleich wissen, daß auf jedem Erziehungsweg mehr als nur zwei Einzelpersonen einander begegnen und darüber hinaus auch noch eine Fülle von objektiven gesellschaftlich-historischen Kräften und Konstellationen nicht nur beiläufig wirksam werden, sondern unentbehrlich sind?

Man hat den Eindruck, daß manche Konsequenzen des dialogischen Verständnismodells für das Erziehungsgeschehen trotz der an Buber sich anhängenden Sprachmoden noch gar nicht hinreichend erörtert sind. Um wenigstens zu einer Andeutung dieser Konsequenzen zu kommen, sollen hier drei gedankliche Schritte durchlaufen werden: *erstens* die Beschreibung einiger Wesensmerkmale des Dialogs; *zweitens* die Konkretisierung dieser Allgemeinaussagen an vorwiegend dialogischen Lehr- und Unterrichtsformen; und *drittens* eine kritische Betrachtung der dialogischen Struktur des erzieherischen Verhältnisses zwischen Personen als eines solchen, also jener »Ich-Du-Relation«, die Martin Buber vor Augen hatte und die *Herman Nohl* den »pädagogischen Bezug« genannt hat, wohl wissend, daß mit diesem persönlichen Bezuge allein noch nicht die ganze Erziehungswirklichkeit erfaßt sei, aber immerhin doch eine ihrer intimsten und pädagogisch dichtesten Stellen[5].

I

Wenden wir uns zunächst den Merkmalen des Dialogs zu. Der Begriff ist in verschiedener Enge und Weite verwendbar: Im engsten Sinne meint er das Einzelgespräch zwischen zweien. Im weiteren Sinne umfaßt er auch Rund- und Gruppengespräche, Diskussionen, Kolloquien, bei denen die Partner wechseln und hinzu- oder abtreten können wie bei einem Bühnendialog; es müssen nur mindestens immer zwei Gesprächspartner aktiv dabeisein, damit der Dialog nicht zum Monolog werde. Im weitesten Sinne schließlich könnte man Dialog mit Gespräch überhaupt gleichsetzen; die Grenzen zwischen Gespräch, Disput, Diskussion, Kolloquium usw. verschwimmen dann. Dies alles wären im weiteren Sinne dialogische

Formen des Miteinandersprechens, sofern nur einige Kriterien erfüllt sind, die für unseren Zusammenhang wichtiger erscheinen als
die vielen diffizilen Nuancierungen, die hier für ein besonderes
Interesse noch möglich sind.

Zu den Kriterien jedes Dialogs, der als solcher gelingen soll, gehört einerseits die prinzipielle *Gleichstellung* der Gesprächspartner,
andererseits aber auch ein *Gefälle* zwischen ihnen: Der jeweils Sprechende sucht dem jeweils Hörenden auf gleicher Ebene zu begegnen, damit, was er sagen will, »ankommt«. Er sucht ihm zugleich
aber doch etwas Neues zu sagen oder etwas Altes wenigstens im
Augenblick des Gesprächsganges als Neues hinzuzubringen und
damit mehr zu bieten, als auf der gerade vorangegangenen Position
allen Beteiligten gegenwärtig war. Dieses Mehr kann in einer neuen
Behauptung ebensogut liegen wie in einer Frage, die auf eine offene
Stelle hinweist und neue Setzungen provoziert. Der Sprechende ist
dem Hörenden im Moment des Sprechens partiell überlegen. Dieses
Gefälle kann einseitig sein – Sokrates ist in seinen Dialogen fast immer der Fragende, der die anderen zu Setzungen provoziert; es kann
aber auch fluktuierend wechseln, so daß jeder Sprechende in seinem
Moment der Weiterführende und der für den Augenblick auch
Rechthabende ist – man denke an Goethes Dialoge zwischen Mephisto und Faust.

Die angedeutete Ambivalenz zwischen prinzipieller Gleichstellung und aktuellem Gefälle ließe sich auch in anderen Begriffspaaren
fassen: etwa Verbundenheit und Distanz, Solidarität und Differenz
zwischen den Partnern. Wo keine Distanzen zu überbrücken, keine
Differenzen auszugleichen sind, erlahmt das Gespräch oder kann
gar nicht entstehen. Es fehlt jede Spannung. Wo man von Anfang an
einer Meinung ist, kann man nicht mehr und braucht man nicht
mehr miteinander zu sprechen. Ehepartner etwa, die sich nach Jahren des Zusammenlebens so gut kennen, daß jeder in jedem Moment
vom andern schon weiß, was er sagen will, werden schweigsam; ihr
stumme Übereinstimmung kann dankbar als Glück empfunden
werden; sie kann aber auch in ihrer Spannungslosigkeit als erdrük-
kend und alle Liebe ertötend wirken. Und die Lebenskunst eheli-
cher Partnerschaft besteht dann oft darin, im Gleichklang der Meinungen immer wieder neue Distanzen, neue Spannungen, neues
Gefälle zu suchen oder zu erzeugen. Das setzt unter Ehepartnern
wie unter Freunden, aber auch in jeder Art der Gesellschaft manchmal viel Phantasie voraus. Oft stellt sich solche Phantasie in konven-
tioneller Konversation nur schwer ein. Da sind es dann die »Kon-
versationsgenies«, welche uns zeigen, was für den glückenden Ge-

sprächsablauf wichtig ist: daß Differenzen sich ausgleichen, Distanzen sich überbrücken, Standpunkte sich nähern – daß aber in dem Moment, wo alle Spannungen ausgeglichen, alle Distanzen geschwunden scheinen, eine neue Wendung, die neue überraschende Differenzen aufweist, geradezu aufatmend begrüßt wird, weil es nun erst wieder interessant wird und das weitere Gespräch für ein Weilchen gesichert ist.

Doch dies ist nur die eine Seite der Ambivalenz. Die Differenzen dürfen auch nicht zu groß sein. Sie sollen ja Differenzen innerhalb einer Verbundenheit bleiben. Das Gefälle soll die gemeinsame Grundebene nicht in Frage stellen. Ehen und Freundschaften als lebenslange Dialogpartnerschaften können ebenso an einem Übermaß von Distanz wie an ihrem Mangel scheitern. Wie bei einem Spiel die Partner einen Abstand halten müssen, wenn der Ball zwischen ihnen hin- und herspringen soll – einen Abstand, der für jedes Spiel mindestens durch stillschweigende Regeln auf ein Minimum und ein Maximum festgelegt ist –, so gibt es auch für den Dialog solche unausgesprochenen Regeln und Grenzen, die die Sitte bestimmt und die ungestraft weder unter- noch überschritten werden dürfen. Wenn der eine den Ball des andern nicht mehr pariert; wenn er gar nicht mehr zuhört, was der andere ihm sagt, weil es ihn langweilt und weil er längst weiß, welche Platte sich da abspielt; oder wenn er selber an ganz etwas anderes denkt und nur darauf wartet, seine eigene Platte abspielen zu können: dann haben wir entweder keinen Dialog mehr oder noch keinen Dialog, sondern ein Neben- und Durcheinander von Monologen.

Beispiele finden sich leicht. Die tägliche Erfahrung liefert sie uns ebenso drastisch wie die große Bühne des politischen Lebens: Monologe, die in Parlamenten »zum Fenster hinaus« gehalten werden, können dafür ebenso schlimme Karikaturen sein wie sogenannte »Gipfelgespräche«, die bisher meist nur Gipfel der Sprachenverwirrung gezeigt haben. Hier sind nur noch Differenzen, die sich nicht auszugleichen wissen, weil die dialogische Verbundenheit fehlt oder so minimal ist, daß sie nur gerade eben noch den völligen Gesprächsabbruch verhindert. Auch das Gegenbeispiel der Distanz- und Differenzlosigkeit findet sich auf politischer Bühne: in der Hypertrophie solidarischen Einheitsbewußtseins; wo alle erlaubten Meinungen bereits in der Zeitung stehen, von einem Zentralkomitee oder Propagandaministerium gesteuert, da muß jedes Gespräch verstummen. Es gibt nur noch den öffentlichen Beifall oder die stumme Resignation, allenfalls ein verstohlendes Flüstern.

Zum Gespräch gehört Offenheit, das Vertrauen des Sprechenden, daß ihm zugehört wird und daß, was er auch sagt, wenigstens angehört und ernst genommen wird: ernst genommen als seine Sach- wie als seine Selbstaussage. Beides gehört wiederum zu jedem Gespräch. Es gibt kein Sprechen zwischen Menschen ohne *Sachbezug*. Man redet immer über etwas. Aber indem der eine dem andern etwas zur Sache sagt, stellt er sich ihm auch selber dar – ob er will oder nicht. Er stellt sich dar mindestens in seinem jetzt eingenommenen Standpunkt zur Sache. Diese *Selbstdarstellung* im Sachbeitrag kann offenherzig oder verschlüsselt sein, wahrhaftig oder heuchlerisch, vertrauensvoll oder bewußt distanziert. Sie kann sich hinter der Sache zurückhalten oder sie auch bis zur Peinlichkeit überspielen. Ganz eliminierbar ist sie nie. Sie ist ein Stilelement jeder Rede. Aber im Hinblick auf Sinn und Ziel des Dialogs ist sie meist beiläufig.

Ziel ist die Verständigung über die Sache. Jeder Beteiligte wirkt dabei mit, indem er abwechselnd auf eine noch bessere Sicht der Sache und damit auch auf den Partner wirkt, zugleich aber bereit ist, auf sich wirken zu lassen. Er ist abwechselnd aktiv und rezeptiv, gibt Impulse und wartet ab, korrigiert und läßt sich korrigieren. Nur wenn auf allen beteiligten Seiten diese Bereitschaft vorhanden ist, kippt der Dialog nicht in Monologe zurück. Und nur wenn und solange von allen Beteiligten diese Einstellung auf den Fluß des Gesprächs selbst geleistet wird, die sich zugleich auf den andern und auf die unvorhersehbare Neuheit seiner Sache und deren Weiterführung richtet, kann der Dialog durchgehalten werden. Denn keiner der Partner hat den Dialog allein in der Hand. Er ist in wörtlichem Sinne »*zwischen*« den Partnern, die Silbe »dia-« sagt es. Gegenüber allen einzelnen ist er ein Drittes, das wahrgenommen und gepflegt sein will und in dessen Medium sie erst zu Partnern werden.

Offenbar gehören die bisher genannten Merkmale – Verbundenheit und Distanz, Niveaugleichheit und Gefälle, Spielregelung und Rollenwechsel, Sach- und Selbstaussage, Aktivität und Rezeption, Impulsgeben und Abwarten, Korrigieren und Korrigierenlassen – zu allen möglichen Arten und Formen von Dialogen: zum freien aktuellen Gespräch so gut wie zum komponierten literarischen Dialog oder zum dramaturgisch gelenkten Rundfunk- und Bühnengespräch. Der Begriff des Dialogs kann dabei getrost offen und weit gehalten werden. Es ist anzunehmen, daß seine Merkmale auch für dialogische Beziehungen im pädagogischen Bereich gelten. Überprüfen wir dies zunächst an den sogenannten Lehr- und Unterrichtsgesprächen.

II

Auch in Schulen und Hochschulen sind Gespräche – seien es Lehr-gespräche, Disputationen, Unterrichtsgespräche, Seminardiskus-sionen – allemal gefährdet durch vorschnelle Aufhebung der Ambi-valenz zugunsten bloß einer Seite: etwa bei Hypertrophie des Han-ges zur Selbstdarstellung, sei es durch Monologisiersucht eines Leh-rers, der nicht abwarten kann und seine Schüler missionierend über-tönt, sei es durch Schülerbeiträge, die sich nicht auf Weiterführung der Sache richten, sondern nur geltungsbedürftig auf sich selber auf-merksam machen möchten. Absolutes Besserwissen des Lehrers, das um der Wahrung eines Alleinrichtigen willen eine Art totalitären Systems errichtet, verhindert den lebendig fluktuierenden Aus-tausch der Sichtweisen und Differenzen ebenso wie planlose Ein-fälle, die regel- und hemmungslos in die Debatte geworfen werden.

Gesprächsbeteiligung und Gesprächsführung wollen gelernt sein. Es gibt in unseren Schulen wohl kein Fach, das zur Gesprächs-erziehung nicht seinen Beitrag zu leisten hätte. Man denke an den Sokratischen Dialog »Menon«, wo Sokrates sich mit einem herbei-gerufenen Sklaven über das Problem der Verdoppelung des Qua-drats unterhält. Das ist elementarer Mathematikunterricht und zu-gleich Erziehung durch das Gespräch zum Gespräch. Es enthält alle oben angedeuteten Dialogmerkmale. Daß die sprachlichen Fächer noch häufiger und intensiver und auch bis ins Äußere hinein einen dialogischen Aufbau erfordern, versteht sich am Rande. Und der muttersprachliche Unterricht beginnt geradezu damit und bleibt für die ganze Schulzeit zu einem wesentlichen Teil darauf gerichtet, die Dispositionen der Gesprächsführung zu verbessern: So hat *Erika Essen* in ihrer ›Methodik des Deutschunterrichts‹[6] einen eigenen Lehrgang entwickelt vom Stande der kindlichen Gesprächsfähigkeit aus zu dem Ziel einer reifen, zugleich frei verfügbaren und inhaltlich gefüllten Gesprächsdisziplin. Das hervorsprudelnde Sprechbedürf-nis unverdorbener Kinder, das am Beginn der Schulzeit meist noch stark monologisch ist und zur ungehemmten Selbstdarstellung drängt, wird da konsequent aufgefangen und weitergeführt zum sachlichen Zuhören und Fragen. Erst diszipliniertes Fragen und Zu-hören ist die Basis für dialogisches Sprechen. Erst wer teilnehmend zuhören kann, wird auch so sprechen, daß sein Zuhörer teilnimmt. Für jenes Eigene, das im Dialog »zwischen« den Sprechenden ge-schieht, muß durch sprachliche Bildung das »Organ« entwickelt werden.

Die dialogische Haltung will gelernt und geübt sein. Sie entsteht

nicht von selber. Wird sie kultiviert, so kann sie schließlich auch in scheinbar monologische Formen der Rede, des Vortrags, des Buches eingehen, welche selbst mit dem stummen und abwesenden Hörer oder Leser noch dialogisch verbunden sein können. Das wirkliche Gespräch ist dabei freilich nur *eine* der Umgangsformen zwischen Lehrern und Schülern. Vortrag und Demonstration, stilles Erarbeiten, Memorieren und Abfragen sind andere Formen. Man kann sich fragen, ob Lehre und Unterricht als geplante Veranstaltungen, deren Gefälle von vornherein festliegt, mit den Merkmalen des frei fluktuierenden Dialogs überhaupt vereinbar seien. So hat aus der Schule Otto Friedrich Bollnows kommend schon vor fast einem Jahrzehnt *Werner Loch* in einem Aufsatz die These verfochten, Gespräch und Unterricht seien zweierlei, und es sei um der Reinheit der pädagogischen Verhaltensstile willen besser, den paradoxen Begriff des »Unterrichtsgesprächs«, der eine Contradictio enthalte, aus der pädagogischen Terminologie zu streichen[7]: Entweder wir unterrichten, d. h. wir lehren, zeigen, tragen vor und sorgen dafür, daß die Schüler sich unterrichten, indem sie zuhören oder sich mit Aufgaben, Programmen, Arbeitsmitteln befassen; oder aber wir sprechen miteinander in der Weise des Gesprächs. Beides ist zweierlei. Je klarer die Arten geistiger Grundtätigkeiten unterschieden werden, desto besser und klarer lassen sie sich dann auch wieder in sachliche wie zeitliche Beziehung zueinander bringen. Eine gute Schule wird nicht alles auf eine Form geistiger Tätigkeit stellen wollen, sondern abwechseln. So wie beim Hochschulstudium der Hörsaal mit seinen blockartigen Sitzreihen, das Seminar mit seinem offenen Viereck oder Kreis, das Labor und die Bibliothek mit ihren Einzelarbeitsplätzen oder die Studierstube mehrere ineinander nicht auflösbare Grundformen geistiger Tätigkeit schon räumlich repräsentieren und damit auch begünstigen, so haben, angeregt durch Peter Petersen, auch moderne Schulen heute meist bewegliches Mobiliar, das den Bedürfnissen des Vortrags, des chorischen Kreises, des Gesprächs oder der Gruppen- und Einzelarbeit angepaßt werden kann.
Aber die Scheidung der Stile darf doch nicht darüber hinwegtäuschen, daß der Dialog unter den Grundformen des Verkehrs zwischen Lehrern und Schülern insofern eine Sonderstellung einnimmt, als er eine Doppelrolle spielt und sozusagen zweimal vorkommt: Er erscheint einerseits als *eine* Form des pädagogischen Kontaktes *neben* anderen; er ist aber andererseits zugleich *in* allen wirklich pädagogischen Kontaktformen selber wieder als Strukturmoment mit enthalten. Und dies nicht etwa nur im »übertragenen«,

also entweder ungenau analogisierenden oder pathetisch überhöhten Sinn, sondern als ein aufzudeckender Wesenszug, ohne den ein pädagogischer Kontakt gar nicht wirklich pädagogisch wäre. Dies ist zunächst ein Behauptung. Wir müssen die Probe aufs Exempel machen:

Vortrag oder Demonstration, Aufgabenstellung, Darbietung, Erzählung werden als scheinbar einseitig gerichtete Lehreraktivitäten zu *Lehrweisen* erst dadurch, daß sie mindestens die Intention haben, einem auf sie hörenden, sie anschauenden, bei aller Rezeption doch aktiven Mitgehen und Aufnehmen zu begegnen. Lehren will Lernen hervorrufen. Ja es *will* dies nicht nur, sondern *muß* es schon ex definitione, wenn es überhaupt Lehren sein soll. Selbst das in neuerer Schulpädagogik oft verpönte »Dozieren« ist schon von seinem Begriff her als ein zwar zur Hälfte stillschweigender, aber doch beiderseitig geistig zu vollziehender Dialog zu verstehen: Das »docere« nimmt auf ein »discere« Bezug und wäre ohne dieses allenfalls ein mißglückter Versuch, eine Fehlform.

Hier entsteht freilich ein schwieriges Problem. Während Dialoge als eine Kontaktform neben anderen faktisch erfaßt, beschrieben, gezählt, in ihrem prozentualen Stundenanteil sogar quantitativ gemessen werden können, ist die geglückte oder verfehlte dialogische Struktur pädagogischer Kontakte nicht mit gleicher empirischer Beweiskraft von Fall zu Fall evident zu machen. Nicht jede Belehrung und nicht jeder zählbare Wort- oder Zeichenkontakt zwischen Lehrern und Schülern wiegt pädagogisch gleich schwer. Eine zahlenmäßig in ihrem Hin und Her von Fragen und Antworten, Sätzen und Gegensätzen außerordentlich kontaktreiche Stunde kann gleichwohl monologisch sein, bloß äußerlich betriebsam und pädagogisch effektarm; während an einer anderen, in welcher der Lehrer fast alleine spricht, alle Beteiligten doch vibrierend bis in die letzten Fasern als an einem spannungsvollen Dialog beteiligt sein können. Sprachliche Verkehrsformen, die wie Dialoge aussehen, können unter Umständen nur Scheindialoge sein. So pflegen manche Prüfungsgespräche von vornherein Scheingespräche zu bleiben, weil das Gefälle schon fixiert ist und alle Sachaussagen immer sofort dazu bestimmt sind, als Indizien für Selbstaussagen genommen zu werden. Der Wissende fragt den Nichtwissenden. An dieser Paradoxie hat am Beginn unseres Jahrhunderts ja schon *Berthold Otto* Kritik geübt. Natürlich haben gute Lehrer mit ihren Schülern schon immer auch wirklich dialogisch gesprochen. Und manchmal unterläuft einem so etwas auch in Prüfungen, bei denen man dann die Situation vergißt – meist ein besonders gutes Zeichen für die Potenz des Kandidaten! Aber das gute Gewissen einer selbständigen Form schulischen Bildungsgeschehens hat das wirklich freie und gleichberechtigte, nicht »katechetisch« oder »sokratisch« fixierte, nicht durch formale Stufen eingeschnürte Gespräch doch erst seit der Reformergeneration Berthold Ottos erhalten. Erst seit dieser Zeit haben sich auch einige Theorien und Methoden des »gesamtunterrichtlichen Gesprächs«, der »freien oder gebundenen« Gesprächsformen, des Einzelgesprächs und der Gruppendiskussionen im Schulunterricht entwickeln können.

Wie weit ist das »Dialogische« solcher Gespräche veranstaltbar? Sind Dialoge planbar? Oder müssen sie sich ergeben und glücken? Unterrichtsstunden und Lehrgänge sind ohne Zweifel planbar und müssen geplant werden. Aber kann »Didaktik als Dramaturgie des Unterrichts«[8], kann ein Lehrer als Regisseur seiner Stundenverläufe zugleich auch jenes »Zwischen«, das entstehen muß, planen und dramaturgisch leiten? Kann er gar die Lern- und Bildungsprozesse seiner Schüler »gestalten«? Oder hat er immer nur die äußeren Verläufe in der Hand, die im geglückten Falle, der ihm oft genug selber ein Rätsel bleibt, zu Provokationen für Bildungsprozesse werden?

III

Damit sind wir bei der allgemeineren und grundsätzlichen Frage: Wie weit und in welchem Sinne haben Erziehung und Bildung selber »dialogische Struktur«? Zunächst fallen frappierende Analogien zwischen den allgemeinsten Merkmalen des Erziehungsverhältnisses (verstanden als »pädagogischer Bezug« zwischen Einzelpersonen) und denen des Dialogs auf: Erziehung zwischen Personen ist nur möglich, wo Anerkennung des noch unmündigen Partners als einer prinzipiell gleichberechtigten Person zusammen besteht mit einem deutlichen Gefälle: Ein Reiferer beschäftigt sich mit einem Unreiferen, ein Könner mit einem Anfänger, ein Erwachsener mit einem Kind. Solches Gefälle kann auch zwischen ganzen Generationen, sozialen Gruppen, Bevölkerungsteilen, Kultursituationen bestehen. Immer gehört dazu eine Verbundenheit und zugleich eine Distanz zweier Niveaus, die durch pädagogische Hilfe überbrückt werden soll. Wo die Verbundenheit fehlt, ist Erziehung *nicht möglich*: Drill und Dressur, polizeilicher Zwang, Anpassungsleistungen unter Druck sind möglich; nicht aber Erziehung, die ja über alle Anpassungsleistungen hinaus immer auch geistige Teilhabe und persönliche Freigabe erreichen will. Wo andersseits das Gefälle fehlt, ist

Erziehung *nicht nötig*: Sie ist entweder überflüssig oder hat ihr Ziel schon erreicht.

Dieses dem Dialog ähnliche Grundverhältnis der Erziehung unterscheidet sich freilich von anderen dialogischen Beziehungen in einem wichtigen Punkt: Sein Gefälle bleibt einseitig. Selbst wenn man annimmt und hofft, daß auch Lehrende noch lernen und Erziehende durch das gemeinsame Geschehen unmerklich noch weiter erzogen werden, so hat der pädagogische Dialog doch von vornherein eine Schlagseite. Auch wenn der Erzieher sich noch so verständnisvoll auf die Ebene des Kindes hinunterbegibt, ist er selber eben auf beiden Ebenen zu Hause und kann's nicht verleugnen. Auch wenn er als guter Rousseauist seinem »Zögling« Vorsprünge und Vorschüsse gewährt, um ihn selber suchen und finden zu lassen, so bleibt er doch für ebendiese Vorgaben pädagogisch verantwortlich. Und sobald der Erzogene irgendeinen neuen Punkt erreicht, ist der Erzieher auch dort und muß dort sein. Es ist wie im Märchen vom Hasen und vom Igel: Der Hase kann laufen, so schnell er will – der Igel ist immer schon da. Ähnliches hat wohl auch Martin Buber gemeint, wenn er sagte: »Der Erzieher steht an beiden Enden der gemeinsamen Situation, der Zögling nur an einem.«[9] Dies unterscheidet das erzieherische Verhältnis von anderen Dialogformen so wesentlich, daß Bubers These, von der wir ausgingen, doch stark relativiert wird.

Aber der »pädagogische Bezug« ist in seiner Reinheit ja allemal eine Abstraktion: Erziehungsverhältnisse zwischen Einzelpersonen kommen nur eingebettet in umfassendere mitmenschliche Lebensverhältnisse vor. Der noch zu Erziehende ist in vielerlei Hinsichten immer auch schon ein Erzogener. So kann auch der Erzieher immer schon mit ihm in vielerlei Hinsicht auf gleicher Ebene verkehren. Ja er kann nicht nur, sondern er muß bei Strafe des Scheiterns diese Hinsichten suchen und die Doppelrolle jenes Märchen-Igels auf diejenigen Bezüge beschränken, in denen gerade das aktuelle Gefälle herrscht. In allen anderen muß er mit dem penetranten Hang der Pädagogen, alles zu »pädagogisieren«, zurückhalten. Das erzieherische Gefälle zwischen einem Erwachsenen und einem kleinen Kinde oder zwischen einem Meister und einem Anfänger kann zwar unübersehbar groß sein. Aber erziehend es zu überwinden helfen können wir konkret immer nur an einzelnen Stellen. Diese sind eingelagert in ein breites Band von mitmenschlichen Wechselbeziehungen, in denen wir uns auch bei größtem Gefälle noch oder schon mit dem zu Erziehenden solidarisch wissen und fühlen dürfen: Das Gefälle ist etwa eingelagert in Elternliebe und Familienzusammenhalt;

in die Tradition einer Gruppe, einer Anstalt, eines geselligen Kreises; in berufliche, kollegiale, gemeindliche, staatliche, humane Solidarität. Ein Meister sieht in seinem Lehrling schon den künftigen Kollegen und Standesgenossen, ein Vater in seinem Sohn schon den Erben oder Helfer. Und eine Mutter kann mit ihrem dreijährigen Kind schon wirklich gleichberechtigt als Freund und als Partner spielen. Aber sie kann mitten darin für Momente eines Gefälles gewahr werden, das hier und jetzt überwindbar ist und das sie für einen Moment aus der solidarischen Gefährtenrolle in die Erzieherrolle zurückruft. Zur Beherrschung des erzieherischen Dialogs gehört offenbar diese schwer mitteilbare, nur in beständiger Selbstzucht zu übende und nur mit viel Takt gelingende Fähigkeit der raschen, oft unvermerkten Umstellung auf jene Doppelrolle, aus welcher in die naive Partnerschaft zurückzukehren manchem Erzieher besonders schwerfällt.

Auf den rechten Moment, das richtige Wort zur richtigen Zeit kommt es an. Denn während die Verbundenheit verläßlich und dauernd präsent sein muß, sind die Gelegenheiten, das Gefälle durch erzieherische Hilfe zu vermindern, oft nur kurzfristig, wenn nicht gar punktuell gegeben [10].

Man hat oft auch gesagt, Erziehung sei eigentlich nur Hilfe zur Selbsterziehung. Wie im Dialog der eine den Beitrag des andern nicht erzeugt oder verursacht, sondern nur »pro-voziert« – geschickter oder weniger geschickt, zufällig oder in zuchtvoller Führung –, so kann auch ein Erzieher nur »pro-vozieren« – geschickter oder weniger geschickt, zufällig oder in zuchtvoller Führung. Er kann nicht »Menschen formen« nach seinem Bilde. Aber er kann anregen, helfen, wecken; er kann hier belehren, dort ermahnen und appellieren; er kann jetzt eine Aufgabe stellen, dann eine Forderung erheben. Und er kann dies alles mehr improvisierend bei Gelegenheit tun oder überlegt und dosiert nach langfristigen Plänen. Doch die Seele des Partners, mit dem er sich da einläßt, hat er nicht in der Hand. Er kann, wie ein Sprichwort sagt, sein Pferd zur Tränke führen; trinken muß es dort selber.

Ob also unsere gelegentliche Belehrung oder auch unser schrittweise durchdachtes Lehrprogramm wirklich Lernen erzeugt; ob unsere Ermahnung beherzigt, unsere Forderung nicht nur für den Augenblick erfüllt, sondern für alle Zukunft der Bildung eines Menschen einverleibt wird – dies alles hängt wie das Glücken eines Dialogs nicht von uns selber allein ab. Es muß »zwischen uns« klappen. Auch die bestgemeinte Pädagogik kann monologisch und damit unwirksam bleiben. So lassen sich pädagogisch *gemeinte* Maßnahmen und Institutionen denken, die als solche noch gar nicht pädagogisch sind, sondern die es nur von Mal zu Mal werden, je nachdem, ob die Provokation in das dialogische Verhältnis herein gelingt, ob »der Funke zündet«.

Hier liegt nun aber für die Erziehungswissenschaft eine ungeheure methodische Schwierigkeit, die – soweit ich sehe – oft noch kaum wahrgenommen oder aber übersprungen und bagatellisiert wird: Wir sind der erzieherischen Wirkung und Wirklichkeit niemals als einer empirischen »Tatsache« ganz sicher. Wir können Veränderungen am »Zögling« zwar feststellen mit allerlei diagnostischen Methoden; wir können sie registrieren, lokalisieren, auf Faktoren hin analysieren. Aber *ob* diese Veränderungen und *was* daran nun wirklich nachweisbar *erzieherische* Ergebnisse sind oder gar von wem sie stammen, läßt sich immer nur sehr grob und summarisch vermuten. Nicht einmal der Erzogene selbst kann, vielleicht von extremen Erlebnissen abgesehen, eindeutig sagen, welche seiner Wesenszüge er welchem Erzieher verdankt. Nur bei einigen Einzelheiten, meist mehr technischer Fertigkeit und Verfügung, die in Lehrgängen erworben wurden, weiß man's wohl noch: Diese Vokabel hat mir der Lehrer X beigebracht, ich erinnere mich noch an die Stunde! Oder in jener Anstalt herrschte ein strenger Ton; da hab ich Pünktlichkeit gelernt! Aber ist das auch kontrollierbar? Und wie vieles von dem, was wir für unser Bestes halten, haben wir nicht wegen, sondern trotz unserer Lehrer erworben?!

Offenbar vermag das dialogische Verständnismodell einige Wirkzusammenhänge angemessener zu erklären als manches andere gebräuchliche Modell (etwa als das handwerkliche, gärtnerische, künstlerische oder das Führermodell): Erziehen und Erzogenwerden hängen offenbar in weiten und wesentlichen Bereichen nicht in einem direkten Kausalnexus miteinander zusammen, sondern gerade so, wie Rede und Gegenrede im Dialog miteinander zusammenhängen: Faust stellt nicht her, formt und gestaltet nicht, pflegt und führt nicht hervor, was Mephisto dann sagt; sondern er regt es an, provoziert es, widerspricht ihm, gibt ihm Gelegenheiten und Hilfen, vertraut und mißtraut ihm, ermutigt und warnt, fordert es heraus, hört oder überhört es. Auch zwischen Erziehen und Erzogenwerden gibt es diesen dialogischen Nexus: Sie provozieren einander, vertrauen und hoffen aufeinander, beargwöhnen und widerstreiten sich auch, nehmen auf allerlei Weise zueinander Stellung, ohne daß eines das andere jemals ganz in der Hand hätte oder gar kausal bewirkte.

Selbstverständlich gibt es auch im Umgang zwischen Menschen

Geschehnisse, die kausal determiniert sind oder wenigstens statistischen Regeln entsprechen. Angesichts ihrer kann man dann wenigstens im negativen Falle mit scheinbarer Strenge zurückschließen: »Na, bei *der* Erziehung konnte ja nichts anderes geraten!« Aber selbst dies wäre noch dem Dialog vergleichbar: Wo zu dumm gefragt wird, kann man nur im Ausnahmefall kluge Antworten erwarten; und wo die Frage zu hoch angesetzt wird, da bleiben passende Antworten meist aus. Doch sie bleiben nicht aus, weil ein Kausalgesetz es ausschloß, sondern weil ein Dialog nicht in Gang kam. Ein Kausalgesetz gilt für alle subsumierbaren Fälle, oder es ist keines. Eine statistische Regel sagt nichts über den einzelnen Fall. Nach dem dialogischen Modell verstanden, wäre der Nexus pädagogischen Wirkens aber eben gerade *kein* Kausalnexus. Und was seine statistische Determinierbarkeit angeht, so könnte man sich dafür ein absurdes Beispiel erfinden: Man denke sich eine Statistik, die an sämtlichen Dialogen in den Dramen der Weltliteratur etwa das Verhältnis von Rat und Befolgung nach typischen Fällen sortierte und auszählte, um aufgrund solcher »empirischen« Erhebung Diagramme zu entwerfen, Regelhaftigkeiten und Gesetze des Zusammenhangs zwischen Rat und Befolgung herauszurechnen. Was hätte ein künftiger Dichter daraus für die Anlage des Dialogs in *seinem* nächsten Drama gewonnen?

Unter bestimmten abstrahierten Fragestellungen zeigt sich, daß sich auch Menschen in vielerlei Beziehungen als Exemplare gattungsgemäß und manchmal nahezu gesetzmäßig verhalten. Und wo so etwas der Forschung zugänglich wird, soll sie es so exakt wie nur möglich erforschen. Aber wenn es um die dialogische Beziehung als solche geht – etwa zwischen mir und meinen eigenen Kindern oder wenn ich einen Schüler bei seiner Arbeit berate –, dann nimmt mir keine erforschte Gesetzmäßigkeit den Dialog, den ich mit meinem Partner zu führen habe, ab. Wo es in der Redeweise von Brezinkas obigem Makarenko-Zitat um »Fälle des Moralisierens zwischen Personen« geht; wo es auf moralische Wirkversuche ankommt, die allemal die Ansprechbarkeit eines moralischen Aktzentrums auf der Gegenseite voraussetzen und möglicherweise sogar dadurch, *daß* sie es voraussetzen, seine Entstehung und Innewerdung allererst provozieren – da sollte man von vornherein nicht kausale Wirkweisen oder statistische Berechenbarkeiten erwarten. Da ist jeder Beteiligte unvertretbar, kann sich nicht auf automatische Wirkungen verlassen, sondern muß sich auf *seinen* Dialog selber einlassen.

Wolfgang Brezinka hat in seiner oben zitierten Kritik an dem »pseudo-philosophischen Gerede«, das ich in Anhängung an Bu-

bers »Ich-Du-Philosophie« modisch ausgebreitet habe, mit Recht
darauf hingewiesen, daß der Erziehungswissenschaft noch eine
stichhaltige pädagogische Wirkungslehre fehle[11]. Diesen Mangel zu
beheben wird nicht leicht sein, solange man weder die empirisch
kontrollierbaren Determinanten und Regelhaftigkeiten der biologischen Entwicklung und der »Sozialisation« des Menschen noch
auch den dialogischen Nexus zwischen Personen ausschließlich für
alle pädagogisch relevanten Wirkungen absolut setzen will. Immerhin gibt es in der Erziehung neben den Entwicklungs- und sozialen
Angleichungsprozessen *auch* die »moralische« Einwirkung von einer Person auf die andere, die an den »guten Willen« appelliert, ihn
voraussetzen muß und ihn oft genug, indem sie ihn voraussetzt,
überhaupt erst ermöglicht.

Ein Ergebnis aller neueren Anthropologie ist dies: Unsere Bildsamkeit hängt extrem von den *Erwartungen* mit ab, die andere und
wir selber an uns stellen. Diese *können* aber gar nicht anders als im
Dialog auf uns wirken. Sie sind ein Anspruch, den wir beantworten
müssen. Selbst die größten gesellschaftlichen Kollektivgebilde können hier nur durch jeweils überzeugende Einzelpersonen zu uns
sprechen, oft durch unseren unscheinbaren Nächsten.

OTTO FRIEDRICH BOLLNOW

*Pädagogische Anthropologie als Integrationskern
der allgemeinen Pädagogik*

I

Die Bezeichnung »pädagogische Anthropologie« wird in zwei verschiedenen Bedeutungen gebraucht, die man nicht miteinander verwechseln darf. In der einen versteht man darunter eine Zusammenfassung der Ergebnisse der verschiedenen Wissenschaften vom
Menschen, die für das Verständnis des Erziehungsvorgangs von Bedeutung sind. Eine solche Angewiesenheit auf die Erkenntnisse der
Nachbarwissenschaft hat sich schon früh im Verhältnis zur Psychologie ergeben und hier zur Ausbildung einer eignen *pädagogischen
Psychologie* geführt. Es handelt sich darin nicht nur um die Darstellung derjenigen Bereiche der Psychologie, deren Kenntnis für den
Pädagogen wichtig ist, sondern die pädagogische Fragestellung bil-
det auch ihrerseits den Anstoß zur Ausbildung bestimmter neuer
Forschungsrichtungen in der Psychologie. Bei der engen Verbin-

dung zwischen den beiden Wissenschaften ist allerdings auch eine Gefahr gegeben: Weil alle erzieherischen Vorgänge auch einen psychologischen Aspekt haben, entsteht die Gefahr, die Pädagogik auf eine angewandte Psychologie zu reduzieren und so das eigentlich pädagogische Problem zu verfehlen.

Erst viel später, im wesentlichen erst in den letzten Jahrzehnten, hat sich eine entsprechende *pädagogische Soziologie* entwickelt, die den Erziehungsvorgang und die Erziehungssituationen in ihrer Abhängigkeit von den gesellschaftlichen Verhältnissen untersucht. Von hier aus ergeben sich wichtige Einsichten in die sozialen Bedingtheiten, in die Möglichkeiten, aber auch die Grenzen des erzieherischen Einflusses. Allerdings ist auch hier die Gefahr gegeben, daß die Pädagogik in verkürzter Weise als angewandte Soziologie mißverstanden wird.

Darüber hinaus aber liefern alle Wissenschaften vom Menschen, von der Humanbiologie und Medizin, insbesondre der Psychotherapie, bis zur Ethnologie, Kulturwissenschaft und Geschichte, ihren Beitrag zum Verständnis der Erziehung. Die biologischen Gegebenheiten müssen vom Erzieher sorgfältig beachtet und berücksichtigt werden. Auf der andern Seite zeigt die von der Pädagogik noch lange nicht hinreichend beachtete Ethnologie durch den Blick auf ganz andersartige Kulturen, wie vieles von dem, was uns als naturgegeben erscheint (etwa in der Rolle der Geschlechter, in Wirklichkeit nur historisch bedingt, d. h. in den Besonderheiten der europäischen Geschichte verwurzelt ist und daß der Umkreis der menschlichen Möglichkeiten sehr viel weiter gespannt ist.

Das Ganze dieser für die Pädagogik wichtigen Beiträge der Nachbarwissenschaften kann man dann als *pädagogische Anthropologie* zusammenfassen. Sie übernimmt auf einem entwickelteren Stand der Wissenschaften die Aufgabe, die zunächst in einem engeren Rahmen von der pädagogischen Psychologie in Angriff genommen wird. *Heinrich Roth* hat in seiner »Pädagogischen Anthropologie« einen umfassenderen Überblick über diese sehr verschiedenartigen Beiträge gegeben.[1] In Zukunft dürfte sich diese große und immer weiter wachsende Aufgabe wohl nur noch als Gemeinschaftsarbeit mehrerer, je auf ihrem Fachgebiet zuständiger Forscher bewältigen lassen.

II

Einen andern Sinn gewinnt die pädagogische Anthropologie im Zusammenhang mit der *philosophischen Anthropologie*, so daß man genauer auch von einer philosophisch-pädagogischen Anthropologie sprechen könnte. Die philosophische Anthropologie hat sich als ein besondrer Zweig der Philosophie in den zwanziger Jahren unseres Jahrhunderts ausgebildet, als eine Fülle neuer Erkenntnisse, wie die Abstammungslehre oder die Psychoanalyse, das überlieferte Verständnis des Menschen als eines *animal rationale*, als eines durch den Besitz der Vernunft aus dem Tierreich herausgehobenen Lebewesens, erschüttert hatte und eine Neubesinnung auf das Wesen des Menschen notwendig wurde. *Max Scheler*[2] und *Helmuth Plessner*[3] können als ihre Begründer gelten. Bald danach trat auch *Arnold Gehlen*[4] mit einem eigenen (den Menschen als Mängelwesen betrachtenden) Ansatz hervor.

Den methodischen Ansatz einer solchen philosophischen Anthropologie hat vor allem Plessner (in »Macht und menschliche Natur«) herausgearbeitet.[5] Er bezieht die verschiedenen Kulturbereiche, die Religion, die Kunst, die Wissenschaft, das Recht, die Wirtschaft, die Politik usw. zurück auf den Menschen als die »schöpferische Stelle«, aus der sie hervorgegangen sind und von der her sie verstanden werden müssen. Er versteht sie also aus der Funktion, die sie im menschlichen Leben zu erfüllen haben. Man hat diese Rückbeziehung gelegentlich als *anthropologische Reduktion* bezeichnet.[6] Der Ausdruck ist insofern nicht ganz glücklich, als man unter einer Reduktion in der Regel die Zurückführung einer »höheren« auf eine »niedere« Seinsschicht versteht, also beispielsweise der biologischen Erscheinungen auf physikalische und chemische Gesetzlichkeiten, oder auch im menschlichen Leben die Zurückführung geistiger Schöpfungen auf sublimierte Triebe oder auf ideologisch verkleidete wirtschaftliche Interessen. Im Unterschied zu einer solchen entlarvenden Reduktion, die einen äußeren Anschein als bloßen Schein enthüllt, handelt es sich hier darum, daß beide Seiten, das Gebilde der objektiven Kultur und der Mensch, zueinander in ein Verhältnis wechselseitiger Abhängigkeit gesetzt werden. Auf der einen Seite wird das objektive Gebilde, beispielsweise das Kunstwerk, nicht mehr als für sich bestehende Wirklichkeit betrachtet, sondern vom Menschen her verstanden, der es aus einem inneren Bedürfnis hervorgebracht hat und in dessen Leben es insofern eine bestimmte Funktion erfüllt. Auf der andern Seite aber wird der Mensch selbst von dem Werk her, das er hervorgebracht hat, besser verstanden. Die Bereiche der objektiven Kultur dienen so mit einem von Plessner aufgenommenen Wort Schellings als *organon* für die Erkenntnis des Menschen.[7] Und während im ersten Fall von einer gleichbleibenden Grundstruktur der Triebe oder der Interessen ausgegangen wird, erscheint im zweiten Fall der Mensch als das »nicht festgestellte« Wesen (Nietzsche), das im Hervorbringen seiner Werke zugleich sich selbst weiter entwickelt.[8] Der Mensch wird in diesem tieferen Sinn zum geschichtlichen Wesen (Dilthey).[9]

Man kann den anthropologischen Ansatz aber auch noch allgemeiner fassen.[10] Während der Plessnersche Ansatz von vornherein auf den Menschen als ein Kulturwesen bezogen ist, kann man darüber hinaus bei jedem Phänomen, das uns im menschlichen Leben aus irgendeinem Grund interessiert (dem aufrechten Gang, der überlangen Jugendzeit, der mangelhaften biologischen Ausstattung, aber auch der Angst, der Freude, dem Fest und der Feier, dem Bedürfnis zu wandern und dem Wohnen im sicheren Haus), nach seiner Funktion im Ganzen des menschlichen Lebens fragen und es von dieser her zu begreifen versuchen. Dann lautet die *anthropologische Fragestellung*: Wie muß das Wesen des Menschen verstanden werden, damit man in ihm das betreffende Phänomen als sinnvolles und notwendiges Glied begreifen kann? Dabei kann man nicht von einem vorgegebenen Bild vom Menschen ausgehen, in das man das betreffende Phänomen einzuordnen versucht, sondern muß vom einzelnen Phänomen her rückwärts zugleich das Wesen des Menschen im ganzen neu bestimmen.[11]

Um das an einem (beliebig herausgegriffenen) Beispiel zu verdeutlichen: Wir kennen aus der Erfahrung des menschlichen Lebens die *Krisen*[12], die dessen normalen Verlauf in schmerzlicher Weise unterbrechen und die stetige Fortentwicklung, ja den Bestand des Lebens überhaupt in Frage stellen. So gibt es Krisen in der Krankheit, im seelischen Reifungsprozeß, im ehelichen Zusammenleben, in der Wirtschaft, in der Politik usw. Man kann den Verlauf der Krisen verfolgen, ihre Entstehung und ihre Auswirkungen im weiteren Leben untersuchen. Aber die Krise erscheint in dieser Betrachtung zunächst als ein zufälliges Ereignis, gewissermaßen als ein Betriebsunfall in der Entwicklung, den man bei größerer Vorsicht auch hätte vermeiden können. Die anthropologische Dimension erreicht die Fragestellung dagegen erst dann, wenn man erkannt hat, daß die Krise im Reifungsprozeß des menschlichen Lebens eine notwendige Funktion hat, so daß schon der bloße Wille, sie zu vermeiden, am Wesen der Krise vorbeiführt und im Ergebnis auf einen Substanzverlust des menschlichen Lebens hinausläuft.

So erreichen allgemein die verschiedenen Wissenschaften vom Menschen, von der Medizin bis hin zur Soziologie, die anthropologische Dimension, sobald sie die in ihr behandelten einzelnen Phänomene auf das Gesamtverständnis des Menschen zurückbeziehen. Dabei muß immer, wenn auch vorsichtig in der Weise einer Arbeitshypothese, vorausgesetzt werden, daß überhaupt die Gesamtorganisation des Menschen als sinnvoller Zusammenhang betrachtet werden kann, in den die behandelten Einzelphänomene einbezogen werden können. Diese Annahme kann im einzelnen Fall bestätigt oder auch widerlegt werden. Aber wenn sie sich bestätigt, so haben wir es hier mit einem sinndeutenden und sinnverstehenden Verfahren zu tun, also einem Verfahren, wie es in der philologischen Textinterpretation unter dem Namen einer *Hermeneutik* entwickelt ist, und können so die Methode der philosophischen Anthropologie ganz ähnlich, wie auch *Heidegger seine Analytik des menschlichen Daseins als Hermeneutik verstanden hatte, in den Umkreis einer im weiteren Sinn verstandenen Hermeneutik einbeziehen.*[13]

III

Diese Form einer philosophischen Anthropologie erweist sich dann auch in der Pädagogik als fruchtbar. Alle Einzelphänomene, die den Pädagogen aus irgendeinem Grunde beschäftigen (das Lernen, Üben, Arbeiten, Spielen usw.), werden in der anthropologischen Betrachtung aus der isolierenden Behandlung herausgenommen und von ihrer Funktion innerhalb des Gesamtzusammenhangs des menschlichen Lebens her tiefer zu deuten versucht. Die pädagogische Anthropologie kann darum auch nicht durch eine feste Grenze von der philosophischen Anthropologie getrennt werden, sondern jede philosophisch-anthropologische Erscheinung kann auch unter dem pädagogischen Aspekt behandelt werden. Darum ist die pädagogische Anthropologie (in der zweiten, philosophischen Bedeutung) auch keine neue Disziplin der Pädagogik, die zu den bisher bestehenden hinzuträte, sondern ein neuer methodischer Ansatz, der das Ganze der Pädagogik unter einem neuen Gesichtspunkt betrachtet und einem vertieften Verständnis zu erschließen versucht. Man spricht darum vielleicht auch besser nur von einer *anthropologischen Betrachtungsweise* in der Pädagogik.[14]

Um das an einem einfachen Beispiel zu verdeutlichen: Die *Ermahnung* ist als ein »Erziehungsmittel« ein altes Sorgenkind der Erzieher.[15] Man klagt über die Nutzlosigkeit alles Ermahnens und kann doch nicht darauf verzichten, die Kinder, die hinter den Anforderungen zurückbleiben, zu einer verstärkten Anstrengung anzutreiben. Die Anthropologie fragt nun: Was ist das für ein Wesenszug des Menschen, der trotz aller Bedenken eine solche Ermahnung notwendig macht? und wird zu der Antwort geführt, der Mensch sei ein solches Wesen, zu dem es gehört, schuldhaft hinter seinen Anforderungen zurückzubleiben, und zwar nicht nur gegenüber den von außen an ihn herangebrachten Anforderungen, sondern auch gegenüber den Forderungen seiner Selbstverwirklichung, und das darum des immer erneuten Anstoßes bedarf, um nicht hinter sich selbst zurückzubleiben und in einen Zustand unerfüllten und verfehlten Daseins zurückzufallen. Daraus ergibt sich die Notwendigkeit einer »appellierenden« Pädagogik (Jaspers), die den Menschen zur Erfüllung seiner eigensten Möglichkeiten aufruft.[16]

Von hier aus führt der Weg zur *Erweckung*,[17] d. h. der Erziehung als Freilegung der im Menschen bis dahin schlummernden verborgenen Möglichkeiten seines Selbstseins. Alle »emanzipatorische« Erziehung, alle im tieferen anthropologischen Sinn verstandene »Aufklärung« ist in diesem Sinn eine appellierende Pädagogik. Das Ganze der Pädagogik bekommt von hier aus gegenüber der Versuchung, sie im Sinne der Machbarkeit zu verfehlen, einen neuen Aspekt.

Als weiteres verdeutlichendes Beispiel nenne ich die Übung.[18] Die Übungen erscheinen im Leben der Schule zumeist als ein beschwerliches Übel. Sie sind zwar notwendig, aber erscheinen doch als ein »Erdenrest zu tragen peinlich«, als eine Last für Schüler und Lehrer. Man versucht darum auch, die Übungen für die Schüler gewissermaßen zu »versüßen«, indem man sie in spielerische Formen verhüllt oder durch immer neue Einkleidung der Aufgabe dem Kind interessant macht. Aber dabei bleibt die Voraussetzung, daß die Übungen ein unvermeidbares Übel sind, und zudem entsteht die Gefahr, daß durch die spielerische Form der Übungszweck zu sehr aufgeweicht wird. Hier setzt wieder die anthropologische Betrachtung an und fragt, ob die Übung nicht im menschlichen Leben in der Weise als eine sinnvolle Funktion begriffen werden kann, daß sie unabhängig von dem zu erreichenden Zweck in sich selber als eine tiefe Befriedigung gewährende Tätigkeit erscheint.

Dazu fragen wir zunächst, wo überhaupt im Leben die Übung notwendig wird. Das ist nicht beim Lernen im Sinne des Wissenserwerbs der Fall, bei den »Informationen«, die der Mensch erhält und »speichert«, und auch bei den Einsichten, die dem Menschen (etwa beim Verstehen eines mathematischen Satzes) plötzlich einleuchten und die er dann besitzt. Übungen gibt es nur bei praktischen Fertig-keiten (intellektueller wie körperlicher Art), allgemein im Bereich des praktischen Könnens, den wir von dem des Erkennens scharf unterscheiden müssen. In jedem Können[19], über das der Mensch verfügt, liegt aber zugleich das Verlangen nach einem immer besseren Können. Die Unvollkommenheit des jeweils vorhandenen Könnens erweckt notwendig das Verlangen nach einer Vollkommenheit. Und das ist der Punkt, wo die Funktion der Übung, der planmäßig veranstalteten Übung, einsetzt. Der Mensch wiederholt, ehe er weitergeht, die schlecht vollbrachte Leistung, löst die Teilleistung aus dem größeren Handlungszusammenhang, um sie erst einmal in sich zur Vollendung zu bringen. Und ist dabei die größtmögliche Vollkommenheit erreicht, so geht davon eine eigentümliche Beglückung aus, daß sie das Üben selber zu einem tief befriedigenden Tun macht.

Wir kennen die große Bedeutung, die das Üben in der japanischen Kultur bis in den höchsten religiösen Bereich hinein hat. *Herrigel* hat das in seinem Buch über das Bogenschießen anschaulich vorgeführt.[20] Das Entscheidende, was wir daraus entnehmen können, ist, daß es gar nicht um die einzelne technische Fertigkeit geht, sondern um eine innere Haltung, die der Mensch dabei erlernen muß, um die Verwandlung des Übenden selber in seinem Üben, aus der dann die vollkommene Leistung wie von selbst, leicht und mühelos hervorgeht. Es ist die Sammlung des Menschen nach innen hin, die Lösung von der Betriebsamkeit der Welt wie vom eignen ehrgeizigen Willen, das selbstvergessene Aufgehen in einem ganz an die Sache hingegebenen Tun.

Unabhängig von den besonderen Voraussetzungen der japanischen Kultur können wir daraus für unsre Zwecke entnehmen, daß der Erfolg der Übung in erster Linie von der inneren Verfassung des Übenden abhängt, daß diese Verfassung aber, das innere Gesammeltsein des Menschen, nicht die Voraussetzung für den Erfolg der Übung ist, sondern erst ihr Ergebnis: die Verwandlung des Menschen durch die Hingabe an eine bestimmte zu erlernende Fertigkeit. Die immer zu wiederholende Übung wird darum zur Weise, in der sich der Mensch gegenüber aller Zerstreuung des Alltagslebens auf sein inneres Sein besinnt.

Von diesem umfassenden Verständnis der Übung muß dann auch die organisierte Form der Übung im Schulunterricht geformt werden. Auch hier geht es darum, das Üben als ein in der Orientierung an der erreichbaren Vollkommenheit in sich selbst beglückendes Tun zu erfahren. Wie das möglich ist, zeigt das längst nicht tief genug verstandene Beispiel *Maria Montessoris*.[21] Die mit fast religiösen Begriffen von ihr beschriebene tiefe Beseligung und fortwirkende Verwandlung des Kindes, die aus dem gekonnten Umgang mit ihrem oft als rein mechanisch verkannten Material hervorgehen, beweisen den Erfolg eines solchen selbstvergessenen Übens.

Auch das vorher angeführte Beispiel der Krise kann zugleich unter dem pädagogischen Gesichtspunkt betrachtet werden und gewinnt dabei weitreichende Konsequenzen, auf die wir später noch zurückkommen.[22]

IV

Schon aus diesen wenigen Beispielen ist deutlich geworden, daß die pädagogische Anthropologie nicht zu einem geschlossenen »Bild vom Menschen« führt. Die Frage nach einem fertigen »Bild vom Menschen«, das die Erziehung leiten müsse, ist überhaupt unfruchtbar und dient in der Regel dazu, vorwärts drängende Kräfte in der Erziehung in überlieferte Bahnen zurückzulenken. Die pädagogische Anthropologie setzt demgegenüber bei jedem neu zu behandelnden Phänomen völlig neu ein und fragt, was es in der anthropologischen Betrachtung zum Verständnis des Menschen beitragen kann. Jedes neu betrachtete Phänomen ergibt einen neuen, nicht vorauszusehenden Beitrag zum Verständnis des Menschen und insbesondre auch der Erziehung. Wie weit sich die verschiedenen Beiträge dann miteinander vereinbaren lassen, wie weit sie auch zu nicht aufzulösenden Widersprüchen führen, ist eine sekundäre Frage. Auf keinen Fall darf ein falsches Harmonisierungsstreben den Blick für das unersetzlich Einmalige der jeweils neuen Entdeckung verstellen.

Aber wenn die pädagogische Anthropologie auch immer offenbleibt für neu sich bietende Aspekte und darum niemals zu einem geschlossenen System führen kann, so gibt es doch einige Grundzüge, die in der philosophischen Diskussion der letzten Jahrzehnte im Vordergrund gestanden haben und die es als verlohnend erscheinen lassen, sie auf ihre pädagogischen Konsequenzen hin zu untersuchen. Ich nenne (ohne Anspruch auf Vollständigkeit) das Verhältnis zum Raum, zum Leib, zur Zeit, zur Geschichte und zur Sprache, also in einer geläufig gewordenen Ausdrucksweise die Frage nach der Räumlichkeit, der Leiblichkeit, der Zeitlichkeit, der Geschichtlichkeit und der Sprachlichkeit des Menschen[23], wobei ich mich an dieser Stelle aus Raumgründen auf zwei Beispiele beschränken muß.

1. Bei der Betrachtung des *Raums*[24] dürfen wir in der anthropolo-

gischen Fragestellung nicht vom abstrakten Raum der Mathematik ausgehen, sondern vom konkreten, vom Menschen erlebten und gelebten Raum, wie er sich um den Menschen als die natürliche Mitte in einer reichen (hier nicht genauer zu entfaltenden) Gliederung ausbreitet, gegliedert nach Nähe und Ferne, gangbaren Wegen und schwer zu überwindenden Hindernissen. Nur ein einziger Grundzug sei hier als besonders wichtig hervorgehoben: die Gliederung des Raums nach *Innen- und Außenraum*. Das eine ist der Raum des *Hauses*, der Raum der Geborgenheit, in dem der Mensch hinter den schützenden Mauern und unter dem bergenden Dach zusammen mit den »Seinen«, aber abgetrennt von den »Fremden« in Frieden wohnen kann. Das Haus bietet dem Menschen Schutz vor der Welt und »hält den Menschen aufrecht alle Gewitter des Himmels und des Lebens hindurch«[25]. Das andre ist der Raum der *Öffentlichkeit*, der Raum des beruflichen und politischen Lebens, in den der Mensch hinaustreten muß, um in der Welt seine Aufgaben zu erfüllen.

Pädagogisch ist nun von entscheidender Bedeutung, daß beide Räume in gleicher Weise zum menschlichen Leben gehören und daß sie zueinander im richtigen Gleichgewicht stehen müssen. Wer sich hinter den Mauern seines Hauses verkriecht, wird zum Spießer, von dem nichts Großes mehr zu erwarten ist. Wer dagegen ohne festen Halt von Haus und Heimat bleibt, wird zum bloßen Abenteurer, bleibt unstet und flüchtig, ein ewiger Flüchtling auf Erden. Erst wer in seinem Hause den Raum der Geborgenheit gefunden hat, in dem er wieder zur Ruhe und zur Besinnung kommen kann, ist auch imstande, im öffentlichen Raum seine Aufgaben zu erfüllen.

Heute leben wir, wie es scheint, in einer Zeit der Überschätzung der Öffentlichkeit und der Verachtung des Hauses als eines Restes »bürgerlicher« Befangenheit. Darum ist die Pflege der »privaten« Sphäre des Hauses von besondrer Wichtigkeit, auch für die Gesundheit des »öffentlichen« Lebens. Darum ist es gegenüber der verbreiteten äußeren und innerlichen Heimatlosigkeit des modernen Menschen von so großer Bedeutung, daß die Menschen (mit Heidegger zu sprechen) das Wohnen wieder lernen.[26] Das aber bedeutet dann eine wichtige erzieherische Aufgabe.

2. Noch verwickelter ist das Verhältnis zur *Zeit*[27], wobei wir unter Zeit wieder die konkret gelebte und erlebte Zeit im Unterschied zur meßbaren Uhrzeit verstehen. Anders als der statische Raum ist die Zeit das dynamische Element im Leben. Sie ist im immerwährenden Fluß, sie entgleitet beständig, und der Mensch muß mit ihr haushalten, wenn er nicht die Zeit verlieren will. Er ist immer in der

Gefahr, hinter der Forderung des Augenblicks zurückzubleiben und dann in Eile das Versäumte nachholen zu müssen, oder wiederum den Augenblick zu verfehlen, indem er hastig in die Zukunft vorauseilt. Das richtige Verhältnis zur Zeit zu finden, im richtigen Einklang mit der Zeit zu leben, ohne nachlässig hinter ihren Erfordernissen zurückzubleiben und ohne ungeduldig ihrem Lauf vorauszueilen, sondern sich »*gelassen*« in ihren Lauf einzufügen, ist darum ebenfalls eine wichtige und bisher kaum erkannte erzieherische Aufgabe, auf die erst neuerdings *Ballauff* aufmerksam gemacht hat.[28]

Die erlebte Zeit erfüllt sich aber nicht in der Gegenwart, sondern greift über diese hinaus in die *Vergangenheit* und in die *Zukunft*, und der Mensch muß sich auch zu ihnen in das richtige Verhältnis setzen. Auf der einen Seite muß er, wie man sich heute ausdrückt, seine Vergangenheit »bewältigen«, d. h. nicht nur sich kritisch mit ihr auseinandersetzen, sondern zugleich sie als tragenden Grund des gegenwärtigen und des künftigen Lebens anerkennen, sie (mit einem Wort *Kierkegaards*) »übernehmen«. Alle Psychotherapie ist im Grunde die Bereinigung des Verhältnisses zur *Zukunft*. Der Mensch ist verantwortlich für seine Zukunft; er muß sie, verantwortlich planend, in die Hand nehmen. Aber sie ist auf der andern Seite nur zum Teil seiner Planung verfügbar. Immer wieder wird auch die genaueste Planung durch Zufall und Schicksal durchkreuzt. Die Zukunft ist dunkel, und jeden Augenblick kann unerwartet aus ihr in Krankheit und Tod, Krieg und Unfall das Unheil hervorbrechen, jede Planung vereiteln und im letzten sogar den Menschen vernichten. Der Mensch lebt in der beständigen Bedrohung seiner Existenz, und wenn er davor nicht einfach die Augen verschließt, dann ergreift ihn die namenlose *Angst*, wie die Existenzphilosophie sie uns in letzter Schärfe sehen gelehrt hat. Diese Angst aber überwindet der Mensch nur in der *Hoffnung* als der letzten tragenden Grundlage seines Lebens. Diese Hoffnung ist nicht mit der billigen Alltagshoffnung zu verwechseln, die an der Erfüllung irgendwelcher eigner Wünsche hängt und die oft genug enttäuscht wird, sondern ist die große metaphysische Hoffnung, die im Vertrauen auf die Zukunft besteht, in der Gewißheit, daß der Mensch in aller Gefährdung doch irgendwie von einem ihm entgegenkommenden tragenden Grund (wie immer wir ihn auch nennen) aufgefangen wird.

All das konnte nur mit wenigen rohen Strichen angedeutet werden. Es sollte an dieser Stelle nur dazu dienen, deutlich zu machen, wie die anthropologische Erörterung dieser Grundstrukturen – des Raums, der Zeit wie der andern hier nicht weiter behandelten Formen – eine Fülle entscheidend wichtiger und bisher kaum richtig erkannter pädagogischer Aufgaben deutlich macht. Die pädagogische Anthropologie steht dabei in ihrer Betrachtungweise nicht in einem Gegensatz zu den empirischen Methoden, im Gegenteil: Jedes neue und unerwartete Ergebnis der empirischen Forschung ist für die anthropologische Betrachtung eine bereitwillig aufzunehmende Provokation, die es zu deuten und in ihren Folgerungen für das Gesamtverständnis des Menschen, möglicherweise auch mit tiefgreifenden Korrekturen, zu durchdenken gilt. Umgekehrt ist aber auch eine allgemeine anthropologische Besinnung erforderlich, um den Rahmen und die Richtung einer sinnvoll vorzunehmenden empirischen Forschung richtig abzustecken, und kann ihrerseits die Anregung zu neuen empirischen Untersuchungen geben.

V

Die angeführten Beispiele geben zugleich Veranlassung zu einigen abschließenden Bemerkungen. Wie besonders deutlich am angeführten Beispiel der Krise hervorgeht, aber auch allgemein für die Ergebnisse der pädagogischen Anthropologie gilt, kann sich die Pädagogik nicht auf das beschränken, was der Erzieher durch zielbewußtes Handeln planmäßig herbeiführen kann, was er also gewissermaßen »machen« kann. Sie muß auch vieles in den Umkreis ihrer Untersuchungen einbeziehen, was sich ihrer unmittelbaren Beeinflussung entzieht, weil das Verständnis dieser Zusammenhänge notwendig ist, um als »Lebenshilfe« den jüngeren Menschen in seinen Schwierigkeiten richtig beraten und unterstützen zu können. Auch die heute weitgehend kontaktlos neben der Pädagogik stehende Psychotherapie muß als Teil einer umfassenden Pädagogik begriffen werden; denn sie will den Menschen ja nicht nur, wie sonst die ärztliche Kunst, »heilen«, d. h. einen vorherigen gesunden Zustand wiederherstellen, sondern dem Menschen, in die Zukunft weisend, eine bessere Erfüllung seines Daseins ermöglichen, d. h. eben ihn erziehen.

Darum muß die Pädagogik allgemein den ganzen Umkreis dessen, in dem sich menschliche Entwicklung abspielt, d. h. den ganzen Umkreis einer philosophischen und empirischen Anthropologie mit einbeziehen, weil sie nur in diesem Rahmen beurteilen kann, wo und in welchen Grenzen die erzieherische Absicht sinnvoll eingreifen kann, zugleich wo sie wenigstens auf indirekte Weise mitwirken kann, indem sie die für die Entwicklung günstigen Umstände zu befördern und die schädlichen Umstände zurückzudrängen versucht, und endlich wie sie auch da noch zu helfen vermag, wo (wie in der Krise) die Ereignisse gänzlich ihrem Einfluß entzogen sind. Damit sind zugleich die *Grenzen der Planbarkeit* in der Erziehung deutlich geworden. Wie allgemein im menschlichen Leben (wie wir schon bei der Erörterung der Zeitlichkeit bemerkten) die sorgfältigste Planung und beste Voraussicht immer wieder durch Zufall und Schicksal durchkreuzt wird, so daß der Mensch zur ständigen Neuorientierung und Modifikation seiner Absichten gezwungen wird, so ist es auch in der Erziehung. Der Erzieher muß sich hüten, zum Sklaven seines Erziehungsplans zu werden, weil er dann hilflos dasteht, wenn nicht voraussehbare Ereignisse störend in seinen sorgfältig durchdachten Erziehungsplan einbrechen und ihn zum Scheitern bringen. Dabei ist nicht nur an die vernichtenden Schicksalsschläge wie schwere Krankheit oder Unfall zu denken, nicht nur an die trotz aller Sorgfalt eingetretenen und auch durch die größte Sorgfalt nicht zu vermeidenden Fehlentwicklungen, sondern auch an die nicht voraussehbaren und nicht planbaren förderlichen Ereignisse wie fruchtbare Begegnungen mit andern Menschen oder mit Werken der Kunst, die dem Leben einen ganz neuen Impuls geben, oder auch an das plötzliche Erwachen ungeahnter, bisher schlummernder Kräfte.

Die Erziehung ist also nur in einem sehr beschränkten Umfang planbar. Das wirkt sich aus bis in die kleinste Unterrichtsstunde (und Seminarsitzung an der Hochschule) hinein. Die vielen unerwarteten Ereignisse, etwa vom Wege abführende Antworten, dürfen nicht als »Störungen« betrachtet werden, die die Durchführung des Programms nur verzögern. Die große Tugend des Lehrers, die sich in der Durchdringung von Planung und Nichtplanbarem ergibt, ist die *Disponibilität* (Gabriel Marcel)[29], die Verfügbarkeit, die es erlaubt, in überlegener Haltung im Zufall die produktiv weiterführende Chance zu erkennen und zu nutzen.

Hans Rauschenberger

Erziehen und Philosophieren

I

Aus Wissenschaft kann man nicht erziehen. Wissenschaft ist für viele Dinge nützlich und für die Erziehung vielleicht nicht überflüssig, aber als ausschließliche Quelle der Erziehung taugt sie nicht. Würde man die Entscheidungsbefugnis über alle Erziehungsmaßnahmen in die Hände derer legen, die sich Erziehungswissenschaftler nennen, so hätte man Anlaß, das Schicksal der Kinder aufs lebhafteste zu bedauern. Glücklicherweise verhält es sich auch gar nicht so. Der Optimismus junger Eltern, sie kennten ihr eigenes Kind gut genug, um das Beste für es zu tun, bestimmt das Handeln der meisten Väter und Mütter, und sollten sie dennoch einmal nicht weiter wissen, sie kämen gewiß nicht auf den Gedanken, ausgerechnet einen Erziehungswissenschaftler zu fragen. Eigentlich könnte man ihnen dazu auch gar nicht raten; denn die Wahrscheinlichkeit wäre groß, daß der hinzugezogene Experte vielleicht über Pestalozzi oder über den bildenden Gehalt der Lyrik Bescheid wüßte, nicht jedoch darüber, was zu tun ist, wenn ein kleiner Junge immerfort sein Schwesterchen quält.

Wenn man also Erziehungswissenschaft nicht so betreiben kann, daß man von ihr erwartet, sie stelle einen Set von wohlerprobten Handlungsmustern bereit, und zwar geordnet je nach den denkbaren Fällen, dann wird es schwierig mit der Wirkungsfrage dieser Wissenschaft und heikel mit ihrer Legitimation. Die Medizin gibt vor zu heilen, die Jurisprudenz sagt, sie erkenne, was rechtens sei, und beiden Wissenschaften folgt eine Praxis der Anwendung. Was aber bleibt von der Erziehungswissenschaft, wenn sie einen ähnlichen Zusammenhang nicht für sich reklamieren kann? – Offen gestanden weiß ich das auch nicht; es ist für diesen Rahmen glücklicherweise auch nicht mein Problem. Ich frage vielmehr so: Wo ist der Grund, den ein Erziehender unter den Füßen haben kann, wenn es nicht die Wissenschaft ist? Woraus denkt er, wenn er handelt, und worauf geht er zurück, wenn er einen Irrtum einzugestehen hat? – Ich möchte zeigen, daß unter der Voraussetzung der Unumgänglichkeit von Erziehung das philosophische Denken diese Möglichkeit bietet. Es eröffnet meines Erachtens den einzigen Weg, Erziehung so zu betreiben, daß ihr Sinn zum Vorschein kommt.

Zu dieser Einschätzung bin ich nicht durch zwingende Schlüsse gekommen, sondern durch eine beunruhigende Erfahrung. Jedesmal nämlich, wenn ich in dem Bewußtsein gehandelt habe, ich sei soeben als Erzieher tätig und mein Erziehungshandeln werde Folgen haben, hatte ich zugleich den starken Eindruck, ich könnte mich in der Deutung der Situation irren und in den Erziehungsmaßnahmen vergreifen. Nicht so, daß ich gemeint hätte, es komme nicht auf mich an; mich beunruhigte gerade die Erkenntnis, daß ich etwas zu tun im Begriff war, auf das es ankommen würde, im Guten wie im Schlechten; ich war mir aber nicht sicher, die Möglichkeit zum Guten hin ergriffen zu haben. Niemals war ich mir in Erziehungsfragen meiner Sache sicher. Ich fing an, diejenigen zu beneiden, die ihre Kinder in aller Selbstverständlichkeit und ohne jede Anfechtung erzogen, die immer wußten, was das Richtige sei, und für die es immer nur *ein* Richtiges gab, nicht etwa deren mehrere. Da lebten in meiner Umgebung Leute, die nicht ein einziges pädagogisches Buch gelesen hatten, ja die sogar über die Pädagogik spotteten und die doch ihre Kinder mit einer selbstgewissen Bündigkeit erzogen, während ich als der Fachmann in Sachen Erziehung mir bei meinem Umgang mit Kindern ständig selber über die Schulter sah – voller Selbstzweifel und ständig des Irrtums gewärtig. Ich fing an, die Kinder dieser selbstbewußten Erzieher zu beobachten in der leisen Hoffnung, sie würden auf dem schnellsten Wege mißraten und mir so zu heimlichem Triumph Anlaß geben. Aber das taten sie nicht. Vielmehr wurden sie allmählich ihren Eltern immer ähnlicher, und bald argumentierten sie auf dieselbe Weise wie diese, nur viel offener. Ich lernte die Meinung der Eltern aus den Äußerungen der Kinder besser kennen als durch sie selbst und mußte zugeben, daß insoweit die Erziehung dieser Leute erfolgreich war.

Allerdings mengte sich meinem unfreiwilligen Respekt bald ein anderes Motiv bei. Je besser ich die Kinder kennenlernte, desto unabweisbarer beschlich mich ein Gefühl des Mitleids mit ihnen. So fröhlich und gesund sie heranwuchsen, so betrogen erschienen sie mir. Sie waren um ihre Unbestimmtheit gebracht worden. Man hatte sie der Möglichkeit beraubt, sich anders weiterzuentwickeln als bisher. Dadurch, daß die Eltern jede Entscheidungssituation genau einschätzten, um daraus die für sie einzig richtige Konsequenz zu ziehen, hatten sie die lange Zukunft der Kinder an deren kurze Vergangenheit gebunden und so die Kinder selbst gefesselt. Ihre Entwicklung war zu einem frühen Zeitpunkt vorgezeichnet, an eine Abweichung war nicht gedacht, und da die Kinder nichts anderes kannten, konnten sie auch den Mangel nicht empfinden, in dem sie aufwuchsen.

Als ich dies begriffen hatte, begann ich den Vorteil meines von Unsicherheit begleiteten Umgangs mit Kindern einzusehen. Diese Unsicherheit lag übrigens nicht darin, daß ich bei meinen Entscheidungen gezögert hätte oder daß ich mich häufig hätte umstimmen lassen; meine Maßnahmen wirkten vielmehr wie Entdeckungsreisen – was ich von ihnen erwartete, konnte ich selber nicht sagen; jedenfalls sah ich im Befolgen meiner Maßnahmen nicht bereits den Erfolg meiner Erziehung; der wurde in etwas weiterer Entfernung gedacht, und der Weg zu ihm schien von Gefahren gesäumt und von Irrwegen gekreuzt. Ich fand, daß wer als Erzieher in solcher Lage handelt, die Kinder nicht ankettet, sondern ihnen ihre Freiheit zurückgibt – als gestaltete Möglichkeit, die sie ergreifen, erproben, aber auch ausschlagen können. Das Handeln wird zur geformten Anfrage an das Kind, ob hier seine Bestimmung liege oder nicht.

Mir wurde deutlich, daß Erziehung, so verstanden, eine Handlungsform ist, die dem anderen keine Ergebnisse vorschreibt und ihn nicht festlegt auf Eigenschaften. Ihre Struktur ist offen; denn sie sucht nach einer Bestimmung, die ihr nicht im vorhinein verfügbar ist, genauer: Sie hilft dem anderen, nach seiner Bestimmtheit zu suchen, auch dadurch bereits, daß sie ihn bekanntmacht mit der Möglichkeit solcher Suche überhaupt. Sie ist wie eine Schiffahrt, bei der der Erzieher als eine Art Lotse auftritt: Er führt das Schiff ein Stück Wegs und zeigt ihm den Weg in die offene See. Der Weg bis dahin ist seine Sache, aber dann kehrt er um, und der Kapitän bestimmt den weiteren Kurs. Würde man die Struktur dieses Erziehungshandelns im Bereich der Sprache auf eine Kurzformel bringen, so wäre es die einfache Form der Frage. Erziehen ist kein ergebnisfixierendes und eigenschaftsdefinierendes Handeln, sondern Frageform in Handlungsgestalt, und darin ist sie philosophischer Herkunft. Eine gut gestellte Frage kann eine Welt eröffnen; dagegen ist jede noch so präzise Antwort eigentlich ärmlich, weil sie nichts anderes kann als eine Frage zu erledigen. Daraus folgt nun aber nicht, daß Erziehung nach dem Schema verführe »Wie hättest du es denn gerne?«; dies wäre eine korrupte Erziehung. Der Erziehende hat die Aufgabe, gerade solche Fragen anzuschneiden, die der Aufwachsende nicht selbst stellt, und darin kann er nicht mit sich handeln lassen. Wie aber der Edukand mit der Frage umgeht, ob und wie er darauf antwortet, darauf hat der Erzieher wenig Einfluß und gar keinen Anspruch.

Die Forderung, man solle auf Erziehung verzichten, ist kein Desiderat, dem man sich anschließen oder nicht anschließen kann; denn sie ist ohne Wirklichkeit. Ebensogut könnte man fordern, man solle aufs Essen verzichten, man brauche sich nur das Hungerhaben abzugewöhnen. Von manchen wird sie als bloßer Nominalismus vorgebracht, etwa so, daß man das Wort nicht mehr ausspricht und meint, man hätte damit die entsprechende Erfahrung gebannt. Andere wiederum meinen, Erziehung bestehe darin, daß Erwachsene ihre Kinder nach ihren Vorstellungen zu dressieren versuchten, und sie lehnen Erziehung als diese falsche Begegnungsweise ab. Sie haben darin recht, daß es diese verkehrte Auffassung von Erziehung gibt und daß sie auch heute noch verbreitet ist. Aber sie täuschen sich, wenn sie meinen, ihre Sprachregelung sei geeignet, das Problem zu lösen. Es ist wie mit den Vokabeln Wahrheit oder Freiheit: Sooft sie auch verhunzt werden, man muß sich immer wieder mit ihnen auseinandersetzen. – Ich habe vor allem zwei Gründe, an der Erziehung festzuhalten.

Niemand von denen, die die Erziehung ablehnen, bestreitet, daß es so etwas wie Sozialisation gebe, also Einwirkungen, die im Vollzug des gesellschaftlichen Zusammenlebens die Kinder und Jugendlichen formen. Nicht alles aber, was im Wege der Sozialisation das Kind formt, ist gut und vorteilhaft für es. Jeder Erwachsene, der schlechte Sozialisationsergebnisse befürchtet, wird versuchen, sie zu verhindern, indem er ihnen zuvorkommt oder indem er das Kind dagegen immunisiert. Und dies genau sind die Aktionen seiner Erziehung; denn nichts anderes ist Erziehung als tätige Auseinandersetzung mit der ohnehin sich vollziehenden Sozialisation im Interesse des Kindes. Wer dies verstanden hat und täglich mit Kindern zu tun hat, wird den Slogan »Erziehung – nein danke« nicht mehr so leicht in den Mund nehmen.

Der zweite Grund: Man stelle sich vor, es würde einem Elternpaar überzeugend gelingen, die eigenen Erwartungen im Hinblick auf die Kinder zu zügeln; sie würden weder Verantwortung noch Macht noch Einfluß auf sie reklamieren, sie würden die Kinder weder vereinnahmen noch formen, sondern nur mit ihnen auszukommen versuchen als Freunde. Ich behaupte, daß sie gerade dann eine äußerst bedeutsame Erfahrung machen würden, nämlich die, daß die Kinder von *ihnen* etwas erwarten und daß sie ihnen vertrauen. Sie tun das nicht sentimental, sondern ganz realistisch mit einer offenherzigen Eigennützigkeit. Sie bemerken zum Beispiel, daß die Erwachsenen durch ihre körperliche Stärke zu allerlei Hilfsfunktionen taugen; in gewissen Grenzen eignen sie sich sogar als Spielkameraden; außerdem können sie autofahren und sind mithin ganz brauchbare Chauffeure; man kann sie als Anwälte bei den Eltern der Freunde einsetzen. Aber das ist nicht alles. Kinder beobachten ihre

Eltern in Konfliktsituationen und wollen, daß sie stark sind. Manchmal provozieren sie sie und wollen, daß sie nein sagen. Bei Gelegenheiten der Angst und Trauer flüchten sie zu ihnen und wollen nicht nur Trost, sondern auch Mit-Leid und Mit-Trauer. Und dies hört nicht etwa auf, wenn die Kinder erwachsen sind. Am besten kann man dies aus dem defizienten Modus erkennen. Wenn ein Jugendlicher in einer persönlichen Krise von seinen Eltern sagt, mit ihnen könne er darüber nicht reden, weil sie ihn ohnehin nicht verstehen würden, dann drückt sich darin ein Rest von nicht verwundener Enttäuschung darüber aus, daß an ihm eine wichtige Aufgabe verfehlt worden ist. Ich bin der Auffassung, daß es sich auch hier um eine Erziehungsaufgabe handelt.

Denn all diese Erwartungen des Kindes und Jugendlichen gegenüber seinen nächsten Erwachsenen sind ja nicht technisch gemeint, als ob die Erwachsenen Wunscherfüllungsautomaten der Kinder sein sollten; es sind Herausforderungen zum Dialog, und zwar zu einem solchen, in dem der Erwachsene zeigen soll, daß er dem Aufwachsenden etwas geben kann, was er jetzt nicht hat und was er aus sich alleine nicht oder noch nicht hervorbringen könnte. Es ist der Wunsch, daß man sich den Kindern stellt und nicht nur zur Verfügung stellt. Indem sie ihn äußern, belegen sie nicht nur den Erwachsenen mit Beschlag; sie liefern sich ihm zugleich in gewisser Weise aus. Wie er ihnen ihre Wünsche erfüllt oder nicht erfüllt, darin formt er sie, ob er nun will oder nicht, und oft formt er sie in einer Weise, die er selber gar nicht gewollt hat. Auch darin ist Erziehung unvermeidlich.

II

Hier ist nun der Punkt, wo man von mir erwartet, ich möge den Erziehungsbegriff erläutern – inhaltlich, versteht sich. Denn besonders die Erziehungsgegner werden meinen, das eben Dargestellte sei nun doch etwas anderes als Erziehung. Sie werden sagen: Wozu denn hierfür diese altfränkische Vokabel, die vielen Generationen von verklemmten Patriarchen und bitterbösen Steißtrommlern dazu gedient hat, ihre eigenen Hemmungen in die Kinder hineinzuprügeln? Riecht nicht das Wort »Erziehung« nach Zucht und Unterwerfung? Das ist wahr, und es ist besonders wahr für die Zeit seit der Industrialisierung, als die Ungebändigtheit des Mittelalters und der Renaissance keinen Kontrapunkt mehr bot für die Stimmführung der Ordnung. Freilich kann man eine Vokabel verhunzen, und dies ist mit dem Wort Erziehung weidlich versucht worden.

Aber wir sind mit dem Wort nicht fertig, weil wir mit dem Begriff nicht fertig sind, auf den es zurückgeht. Das zeigen alle Versuche, es zu ersetzen. *Ekkehard von Braunmühl*[2] setzt für Erziehung die Vokabel Freundschaft, findet aber dann, daß es gerechtfertigte Restriktionen seitens des erwachsenen Teils dieser Freundschaft geben kann, und bestimmt diesen Teil als »Notwehr«, so daß man sagen kann, der legitime Teil von Erziehung zerfalle nach Braunmühl in die Komponenten Freundschaft und Notwehr. *Alice Miller*, die mit ihren Lesern in einem durchaus belehrenden und moralisierenden Ton umgeht, ersetzt Erziehung durch den Begriff der Begleitung. Andere versuchen, alle Erziehung in der Bildung aufgehen zu lassen. Nur *Ivan Illich* tritt in schöner Klarheit für die ersatzlose Streichung der Erziehung ein. Nun hat er es damit auch am leichtesten, denn wer in seinen persönlichen und beruflichen Beziehungen keine längerfristigen und kontinuierlichen Bindungen an Kinder eingeht, der hat sich ja bereits entschieden im Sinne von »Erziehung – nein danke«. Schwieriger wird es da schon seinen Adepten, sofern sie Kinder haben. Die Einwirkungen, die wir vorhin als Erziehung bezeichnet haben, werden sie mit schlechtem Gewissen oder, falls dies keine Mühe macht, auf versteckte Weise bewerkstelligen.

Beim Erziehen geht es nicht um Freundschaft; denn Freundschaft ist eine Beziehung zwischen Gleichsinnigen und Gleichberechtigten, was besonders bei Belastungssituationen der Freundschaft sich zeigt. Es geht auch nicht um Begleitung; denn dies ist eine völlig leere Bezeichnung. Erziehung hingegen enthält eine Aufgabe, die aus der besonderen Lage der einen Seite sich ergibt. Wo einer aufwächst, der sich in der sozialen Welt nicht allein erhalten oder durchsetzen kann, wo einer aufwächst, der sich in der vorgefundenen Kultur nicht allein zurechtfinden kann, da müssen welche sein, die ihm sozusagen die soziale und kulturelle Geburtshilfe leisten. Der Mensch kann bekanntermaßen nach der Geburt nicht ohne Hilfe existieren, weshalb man bei ihm von einer biologischen Frühgeburt spricht. Dies bedeutet aber, daß die soziale und die kulturelle Geburt später erfolgen; ihr Prozeß dauert zudem viel länger als die physische Geburt. So wie der Geburtshelfer das Kind aus der Mutter herauszieht, um ihm zum physischen Leben zu verhelfen, so erzieht man es, um ihm zum sozialen und kulturellen Leben zu verhelfen. Geburtshilfe ist die Urbedeutung des Wortes »ziehen«. (Das »er–« ist nichts weiter als die Emphase, die auf kulturelle Zusammenhänge deutet.) Wenn dies richtig ist, dann geht Erziehung von einem menschlichen Wesen aus, das mit Lebenskraft ausgestattet ist und seine Individuation und Sozialisation erst sucht, das aber zur

Verwirklichung dieser Bestimmung Hilfe braucht, wenn es nicht beschädigt werden soll. Und da sind die anderen, die ihm nur dann wirklich helfen, wenn sie es auf *seine* Bestimmung hin unterstützen. Die ganze Frage der Erziehung lautet deshalb: Was ist die Bestimmung des Menschen, und was ist die Bestimmung *dieses* Menschen? Wie lange muß er geholfen bekommen, worin und auf welche Weise? Nun ist diese Frage relativ einfach zu beantworten, solange man sozusagen im gattungsspezifischen Rahmen bleibt: wie »der« Mensch durch Erziehung geholfen bekommen soll, darüber kann man sich einigen. Die Schwierigkeit besteht darin, wie »dieser Mensch« in einer bestimmten Situation erzogen werden kann. Ich versuche, ein Beispiel zu bringen.

Im vergangenen Sommer habe ich einem siebenjährigen Nachbarsjungen zugesehen, wie er Regenwürmer ausgrub, sie an kurze Bindfäden band und an einer Wäscheleine aufhing. Er freute sich an ihren Bewegungen und sagte zu mir: »Schau, die werden jetzt trocken.« In mir meldete sich etwas wie Herausgefordertsein und also Antwortenmüssen. Damit ist m. E. die erste Bestimmung von Erziehung genannt: In einer Situation von einem anderen sich als der Stärkere angesprochen wissen. In der Regel geschieht dies zwischen den Generationen, also etwa zwischen Eltern und Kindern, Lehrer und Schüler, Meister und Lehrling. In der erwähnten Situation hatte ich den Wunsch, Verantwortung zu übernehmen und also einzugreifen in die Regenwurmexekution. Darin liegt die zweite Bestimmung des Erziehungsbegriffs: eine Erwartung haben, wie der andere mein Handeln, Sagen oder Unterlassen aufnimmt. Mit den Ausdrücken der sozialen und kulturellen Geburtshilfe würde dies in unserem Fall heißen: Daß der Junge sich an mich gewandt hat mit einem Hinweis auf sein Tun, ist nicht akzidentiell, sondern von integraler Wichtigkeit für den Prozeß. Er will seine Erfahrung sozialisieren. Er fragt mich im Grunde, wie die Sozietät, in die er hereinzuwachsen wünscht, mit Lebewesen umgeht. Und ich habe ihm eine soziale und kulturelle Mitteilung zu machen, auf die er ein Anrecht hat.

Würde ich als Antipädagoge argumentieren, so müßte ich sagen: Wie komme ich dazu, dieses Kind zu beeinflussen? Vielleicht macht der kleine Kerl jetzt wichtige Erfahrungen. Soll ich ihn auf das Leiden der Kreatur aufmerksam machen und hernach beim Essen mein Schnitzel verzehren, ohne zu fragen, was der Schlachter mit dem Tier angestellt hat? – Wenn ich aufgrund derartiger Erwägungen das erzieherische Gespräch mit dem Kind seinlasse, dann muß eben *ich* mich ändern und muß sozusagen den Änderungsanspruch, den ich gegenüber dem Kind nicht durchsetze, zu meiner eigenen Angelegenheit machen.

Wollen wir zunächst die Regenwurmepisode weiter deuten. Nach meiner Auffassung sah der Junge zunächst nur sein documenta-reifes Kunstwerk und freute sich an der Bewegung der Tiere. Er hat mich dann angesprochen, weil er mich als Betrachter, als Jury, als Galeristen gebraucht hat. Er war keineswegs darauf vorbereitet, daß ich sein Opus anders sehen könnte als er selbst. Was also sollte ich tun? Sollte ich ihn herausholen aus seiner kreativen Freude, oder sollte ich so tun, als sei ich vom Anblick der sich krümmenden Würmer genauso begeistert wie er? – Ich habe ihn dann gefragt, ob die Würmer das mögen. Zunächst hat er keine Antwort gegeben und nur gebannt den Würmern zugeschaut. Ich bohrte weiter: »Sieht aus, als ob sie das nicht so gut fänden!« Er, nach einer Pause: »Das tut ihnen nicht weh!« Ich: »Schau, wie sie sich krümmen. Als wollten sie weg.« Er darauf: »Tut ihnen das weh?« Erst jetzt war er soweit, sozusagen einen kritischen Gedanken an sein eigenes Werk zu richten. Aber mir schenkte er nichts; er packte mich vielmehr bei meinem eigenen Unwissen. Deutlich war in seinem Gesicht zu lesen, daß er nicht glaubte, daß ich ausgerechnet über die Schmerzempfindung von Regenwürmern Auskunft geben könnte. Ich zog mich aus der Affäre: »Das weiß ich nicht; sie können es ja nicht sagen.« Es ging eine ganze Weile. Aber dann begann der Stachel zu wirken. Vorsichtig knüpfte er einen der Würmer wieder ab. Der fiel zu Boden und versuchte sofort, sich in die Erde zu bohren. Jetzt war der Junge begeistert. Er knüpfte alle anderen ab und bettete sie in die weiche Erde. Vergnügt gestaltete er sein Kunstwerk zum Happening einer Wurmbefreiung um.

Diese Episode enthält nach meiner Auffassung einen erzieherischen Keim, mehr aber auch nicht. Ihr fehlt nämlich die Komponente der Beziehungskontinuität. Das wäre eine dritte Bestimmung von Erziehung. Der Junge hat mich angesprochen und mich sozusagen seines Vertrauens gewürdigt. Aber der Zufall nachbarlicher Momentanbegegnung reicht in keinem Fall aus, daß man ihn als Erziehung bezeichnen kann. Was wäre gewesen, wenn der Junge die Würmer zu foltern begonnen hätte? Ich wäre mit meiner säuselnden Argumentation vollständig ins Leere gelaufen. Um ihn aber zu bewegen, den humaneren Umgang mit Lebendigem zu vollziehen, hätte ich ein größeres Maß an Basisvertrauen gebraucht, und dies ist eben nur durch kontinuierliche Beziehung zu haben.

Die Geburt des Humanum vollzieht sich in vielen Situationen, in denen der Erwachsene dem Aufwachsenden zeigt, daß er seine Lage und seinen Willen versteht und ihm zugleich zeigt, wer er selbst ist, auch, daß er ihn selbst dann noch in der Sache unterstützt, wenn er sich ihm als Person widersetzt. Solche Situationen öffnen den Menschen für einen Dialog, in dem er auch den Widerstand des anderen ertragen lernt, ohne sich aufgeben zu müssen. Sie machen ihn neugierig auf die Stellungnahme des Erwachsenen, geben ihm Rückhalt, nur das anzunehmen, was er versteht, und machen ihn glücklich, wenn er selbst akzeptiert wird.

Abgesehen von den individuellen Erscheinungsformen können wir festhalten, daß das Aufwachsen in der gegenwärtigen gesellschaftlichen Situation bestimmten Beziehungskrisen unterworfen ist. Hierbei geht es in einem um das Akzeptiertwerden und ums Akzeptieren. Das Wort Krise soll das entscheidende Stadium eines Verlaufs bezeichnen. Meine Vermutung ist, daß der Übergang von der Kindheit zum Erwachsenendasein notwendig in solchen Krisen sich vollzieht, wobei nicht im voraus gesagt werden kann, welche Erscheinungsform sie haben. Das Kind ist derjenige Mensch, der sich in der Situation des Glücks, der Angst, der Trauer oder Bedrohung einem bestimmten Erwachsenen ohne den geringsten Argwohn anvertrauen kann; erwachsen hingegen ist derjenige, der das Vertrauen des Kindes teilnehmend oder tröstend beantworten kann, ohne in eigener Sache dieses felsenfeste Vertrauen aufbringen zu können. Die Tatsache, daß Kinder aufwachsen, die zu keinem mehr Vertrauen haben, widerspricht dieser Feststellung nicht, und wir bezeichnen sie mit Recht als Betrogene um ihre Kindheit. Entsprechend verhält es sich mit dem Erwachsenen; denn der Erwachsene, der sich in einer Krisensituation hemmungslos seinem Schutz- und Tröstungsbedürfnis hingibt, bringt sich gewissermaßen um sein Erwachsensein. Der Jugendliche ist also derjenige, der sich in das Selbstsein als Erwachsener einlebt. Eine der häufigsten Krisen im Übergang dieser Selbstwahrnehmung wird in der Psychoanalyse als Ödipuskonflikt bezeichnet. Dem ist zuzustimmen, wenngleich die Vaterfigur sich in unserer Zeit so weit gewandelt hat, daß weder die Häufigkeit noch die Ausprägungsart des ödipalen Konflikts heute der Freudschen Darstellung entspricht.

Eine andere Form der Krise würde ich als den Abraham-Isaak-Konflikt bezeichnen. Es ist der Versuch des Vaters, den Sohn dem fordernden Gott zu opfern. Wenn wir das Bild nur um ein geringes ändern, so zeigt sich sofort seine Aktualität. Es muß nicht unbedingt der Vater sein, es braucht nicht der Sohn zu sein, und statt der Gottheit können wir das Prinzip setzen, dem die Eltern unbedingt verpflichtet sind, etwa den beruflichen Erfolg des Kindes. Die

Opferungsgeschichte entpuppt sich als die archaische Figur der Eltern, die zurückhaltende Suche nach der Bestimmung des Kindes aufzugeben und an ihre Stelle die Auslieferung des Kindes an das elterliche Unbedingtheitsprinzip zu setzen. Man braucht nicht bis zur Figur Mozarts zurückzugehen, um hierfür Beispiele zu finden. In unseren Tagen zerbrechen viele Schicksale oder wenigstens Eltern-Kind-Beziehungen an einem solchen Konflikt.

Eine dritte Form, wiederum im alttestamentlichen Bild, würde ich den Kain-Abel-Konflikt nennen. Die Geschwister kann man sich ebensowenig aussuchen wie die Eltern. In vielen Fällen bilden sich unter ihnen seit der frühesten Kindheit Rivalitäten, die noch in der kultiviertesten Attitüde des Erwachsenenlebens immer aufs neue durchbrechen. Der Mensch will seinen erfolgreichen Bruder, dem alles in den Schoß fällt und den die Leute lieben, umbringen, oder er wünscht sich wenigstens, daß er stürbe, scheiterte oder aus dem Felde gehen müßte.

Die Erziehungsabsicht aller Eltern oder elternähnlichen Zuwendungspersonen besteht nun darin, die Krise vom Kindsein zum Erwachsenendasein abzuschwächen. Die Trivialform dafür lautet: Mach' es so wie ich oder so, wie ich dir sage! Eine differenziertere Form lautet: Ich weiß ja, daß du dabei keine Enttäuschung oder keine zusätzlichen Konflikte erlebst. – In beiden Fällen ist die Abschwächungsabsicht unverkennbar; sie entspricht unserem besonderen Selbst- und Weltverständnis, das die Auseinandersetzung als Beeinträchtigung der Humanität versteht und gerade vom geliebten Menschen jeden Schmerz abwenden will. Meine Vermutung geht dahin, daß diese erzieherische Haltung unserer Kultur in der Sache eine gegenkulturelle Tönung enthält. Wäre Mozart nicht von seinem Vater abgerichtet worden, wäre er nicht zehn Jahre lang in eine Art doppeltes Autoritätsverhältnis zwischen Vater und Fürstbischof eingesperrt gewesen mit dauerndem Produktionszwang, er hätte wohl kaum die Musik und so viel davon geschaffen, daß wir in ihm den genialen Künstler erkennen könnten. Wäre Hölderlin mit der Erfüllung seiner Liebe belohnt worden, so wissen wir nicht, was aus seiner Dichtung geworden wäre. Die Kulturgeschichte ist voll von Existenzen, die die kritischen Entscheidungsjahre zwischen Jugend und Erwachsensein als Kampf, Entsagung und Enttäuschung erfahren, sie in diesem Stadium sozusagen aufgeschoben und verlängert haben und die Last dieser Auseinandersetzung stückweise in der Form von kulturellen Schöpfungen abgeworfen haben.

Freud sieht diese Entwicklung als sukzessive Sublimation an und weist der Kultur sozusagen die Aufgabe zu, diese Sublimierung zu fordern. Ich bin mir keineswegs sicher, ob er damit recht hat; wir kommen gleich darauf zurück. Immerhin läßt sich die gegenkulturelle Abschwächungsstrategie der modernen Elternschaft, gelegentlich als Narzißmusproblem dargestellt, jetzt etwas deutlicher fassen. Denn der pathologische Narzißmus eines Kindes, dessen Eltern ihm alle Konflikte ersparen wollen, erklärt sich aus dem Wegfallen des Widerlagers, ohne das der Jugendliche nicht autonom werden kann. Er findet kein Gegenprinzip, an dem er sich abarbeiten könnte, und muß zwanghaft seine kindliche Existenz in die Omnipotenz verlängern, aus der er gelegentlich in Depressionen zurückfällt. Das symbiotische Verhalten der Eltern, die dem Kind in allen Dingen willfährig sind, ihr Aus-dem-Felde-Gehen bei jeder konfliktorischen Situation, ihre Meinung, der Prozeß des Erwachsenwerdens müßte sich als glatte Entwicklung ohne jede Turbulenz abspielen, betrügt den Aufwachsenden um das Beste, was er gewinnen könnte: sich selbst zu erfahren und selbst jemand zu werden.

Wie gesagt, habe ich bei dieser Kulturauffassung meine Zweifel. Gibt es nicht Völker, in denen die Eltern ihre Kinder nicht frustrieren? Woher nehmen wir das Recht, die Kultur etwa der Hopis oder der Arapesch als von minderem Wert anzusehen? Ist die Kunst des liebenden Zusammenlebens von geringerer Qualität, gemessen an der Kunst, die unter der Bedingung von Entsagung entsteht? Wir können unseren Hochmut buchstäblich so weit treiben, bis wir zerknallen, und wenn wir bersten, dann buchstäblich auch an unserem Stolz. Ich will diese Alternative nicht leichtfertig aufstellen, schon deshalb nicht, weil ich denke, daß ein Schwenk im Sinne der Kehrtwendung nicht möglich sei. Die Umkehr kann nur über die eigene Geschichte führen. Eine Kultur wirft man nicht weg, sonst wird sie zum Bumerang. Wie schwer es ist, die eigene Geschichte aufzuarbeiten, müssen wir an lebensgeschichtlichen Studien zuerst lernen.

Ich erzähle zu diesem Zweck ein Erlebnis aus unserer Forschungsgruppe und deute es dann. – Ein Mann Ende Siebzig sagte uns, als wir ihn danach fragten, wie er seine Kinder erzogen habe, er habe niemals geschlagen; denn aus seiner eigenen Kindheit wisse er, wie demütigend das Schlagen sei. Statt dessen habe er den einen Sohn dadurch gestraft, daß er ihn in den Keller gesperrt habe. Ein zweites Mal sei diese Strafe nicht mehr nötig gewesen; denn schon die Androhung habe solche Panik ausgelöst, daß der Fall damit bereinigt gewesen sei. – Als Zuhörer haben wir den enormen Widerspruch zwischen der humanen Absage an das Prügeln und der barbarischen Einstellung gegenüber dem Einsperren empfunden, und wir haben versucht, uns darauf einen Reim zu machen. Sollte es sich so verhalten, daß wirklich nur die Erfahrung am eigenen Leib zu einer Veränderung des Handelns führt? Hätte also der Mann, wäre er als Kind selbst eingesperrt worden, das Mittel des Einsperrens verabscheut und statt dessen das Mittel der Körperstrafe angewandt? – Wir haben dann die Söhne des Mannes befragt und zu unserem Erstaunen von keinem von beiden bestätigt bekommen, daß sie je in den Keller gesperrt worden seien. Auch Prügel hätten keine besondere Rolle gespielt; sie seien aber schon eher einmal angewandt worden. – Wie sollten wir dies verstehen? Hier meine Deutung.

Der Mann hat sich verhalten wie seine Nachbarn. Er war, gemessen an ihnen, kein Schläger und kein Rohling, aber er hat schon mal geschlagen. Das meinte er seiner Reputation im Hinblick auf die erzieherische Sorgfalt schuldig zu sein. Sein ältester Sohn ist kurz vor dem Krieg geboren; danach war der Vater Soldat. Als er wieder nach Hause kam, war der Sohn sechs Jahre alt. (Ich erspare mir hier die Interpretation der verspäteten Vater-Sohn-Begegnung.) Jetzt erst hätte die Sache mit dem Keller passieren können. Aber sie ist nicht passiert, höchstens als zornerfüllter Wunsch oder als Drohung. Etwas ganz anderes ist vor sich gegangen. Die Körperstrafe kam zu der Zeit in der Öffentlichkeit allmählich in Mißkredit. Der Mann hat wahrgenommen, daß auch Väter ihre Kinder nicht krankenhausreif schlagen dürfen. Das hat ihn verunsichert; denn er hat diese neue Erziehung nicht völlig verstanden. Verstanden hat er den Schaden, den die Körperstrafe anrichtet. Dazu war seine Einlassung völlig plausibel. Nicht begriffen hat er, was man statt dessen machen soll. Wie bekommt man das Kind zur Raison, wenn man es nicht zwingen darf? Spät im Alter konnte dann er selbst nicht mehr glauben, daß er, der so gut versteht, worin der Schaden des Schlagens besteht, selber geschlagen haben soll. Aber andererseits konnte er seine Vergangenheit nicht so darstellen, als hätten ihm seine Kinder nicht gehorcht. Und da erschien ihm der Wunsch von ehedem wie ein Fakt.

Unsere Erinnerung klittert unsere Lebensgeschichte je nach der gerade vorherrschenden Ideologie. So ähnlich mögen die KZ-Schergen vor ihren Richtern im Brustton der Überzeugung gesagt haben, es sei unmöglich, daß sie selbst diese Untaten vollbracht hätten. Dieser Vergleich mag hart sein, aber er ist nicht abwegig. Der Folterknecht von einst, der mit seinem späteren bürgerlichen Leben auch die Erinnerung an seine grausige Vergangenheit verleugnet, braucht sich vor Gericht gar nicht zu verstellen, wenn er befindet, es sei unmöglich, daß *er* das gewesen sei. Aber das ist nur das Extrem. In logischer Ähnlichkeit gibt es Abertausende von kleinen individuellen

Verleugnungsakten, deren Vergessensleistungen genauso perfekt sind. Wir finden sie besonders im Bereich der Autobiografie des Alltagsumgangs, und hierbei ist die Erziehung ein exemplarisches Feld.

Ich versuche nun diese Erkenntnis anders zu bearbeiten als etwa Alice Miller, wenn ich mir folgendes klarmache: Durch die Ähnlichkeit des Verleugnungsprozesses ist noch keine Ähnlichkeit in der Sache gegeben. Es ist eben doch noch ein Unterschied, ob man Leute zu Tode gefoltert hat oder in Situationen der Ratlosigkeit oder der vermeintlichen Prinzipientreue sein Kind gelegentlich geplagt hat. Im Zusammenleben mit dem Kind kommt es immer wieder auch zu Situationen des Verständnisses, und sie können aufs ganze gesehen die Oberhand behalten. So traurig es ist, wenn einer zum Schläger seiner Kinder wird, so entscheidend ist die Frage, ob er es bleiben muß. Die Kinder selber geben einen Fingerzeig, daß dies nicht so sein muß.

Bei jeder Erziehung kann man Beobachtungen machen wie im folgenden Beispiel: Ein Junge von zehn Jahren neige dazu, seine jüngere Schwester zu malträtieren. Die Eltern machen ihm klar, daß dies nicht gut für die Schwester und nicht gut für ihn selber sei, und er scheint es einzusehen. Aber dann komme es vor, daß er wiederum die Schwester plagt. Zur Rede gestellt, macht er Ausflüchte und leugnet. Es geht ihm im Grunde wie jenem Vater, von dem ich eben berichtet habe: Er möchte die Sache am liebsten ungeschehen machen; er möchte es nicht gewesen sein. Er ist sozusagen an der Umsetzung seiner Einsicht gescheitert. In einem solchen Fall kann es sehr hilfreich sein, wenn der Erzieher es mit einer nochmaligen Aufklärung gut sein läßt. Der Junge kann sich dann bei sich selbst besser auf neue Situationen, die er jetzt meistert, einstellen. Mir selbst ist es als Vater sehr häufig passiert, daß ich mit meinen Kindern über ihr m. E. falsches Verhalten diskutiert habe, und die Kinder haben mir heftig widersprochen, einfach deshalb, weil sie sonst vor der Situation gestanden hätten, etwas ungeschehen machen zu sollen, was sich nicht ungeschehen machen ließ. Dabei habe ich beobachtet, daß in vielen Fällen die Kinder trotz ihres erfolgten Widerspruchs schließlich anfingen, die gewünschte Regel zu erproben. Eines Tages fiel mir auf, daß genau derselbe Prozeß auch auf mich selbst zutrifft. Auch ich bin froh, wenn ich nicht bei jedem Widerspruch sofort ertappt und belangt werde, sondern die Möglichkeit erhalte, mich damit auseinanderzusetzen, damit ich mich am Ende des Prozesses selber ändern kann.

Wenn ich diese Erfahrung auf den alten Mann von vorhin anwende, so folgere ich: Was er im Hinblick auf die Schläge eingesehen hat, ist auch dann zu unterstützen, wenn er sich selber gar nicht daran gehalten hat. Denn seine Wirklichkeit ist die Wirklichkeit des Heute und Morgen. Er hat es mit Enkeln zu tun, wird vielleicht mit Söhnen und Töchtern über die Körperstrafe reden. Die Wirklichkeit im Sinne von Wirksamkeit seiner Erfahrungen ist sozusagen erst heute zu sich selbst gekommen. Viel schwieriger verhält es sich mit seiner Ideologie des Einsperrens; denn sie ist, wie ich vermute, weniger eine Erfahrung als eine falsche Grundstruktur seiner pädagogischen Trivialtheorie, die darin besteht, daß man mit seinen Erziehungsmaßnahmen auf jeden Fall den Erfolg des Parierens der Kinder herbeiführen müsse. Hierin braucht er Widerspruch; denn hier müßte er eigentlich die zureichende Erfahrung erst noch machen. Dies ist freilich noch keine Lösung des Problems, sondern nur ein Modell zur Wahrnehmung der erzieherischen Wirklichkeit.

III

Sollten Sie nun die Hoffnung gehegt haben zu erfahren, wie man denn und wohin erziehen soll, so kann ich nur mit einem sehr allgemeinen Prinzip antworten. Ich sagte zu Beginn, man könne aus Wissenschaft nicht erziehen und habe die Hoffnung, es sei nun klarer, daß man – wenn überhaupt – aus Philosophie erziehen kann. Aber was kann dieses »aus« heißen? Es heißt nicht, daß die Vorstellung einer Umsetzung des Gedankens ins Werk der Fall sei. Erziehen aus Philosophieren, das heißt, Nachdenklichkeit in das Erziehungshandeln hineinzutragen, und zwar so, daß diese Nachdenklichkeit als Möglichkeit noch von dem ergriffen werden kann, auf den die Erziehung sich richtet. Es heißt nicht, daß man nun keine verkehrten Wege mehr geht, aber doch wiederum, daß man die Verkehrtheit eines Wegs erkennen und zugeben kann. Vieles von dem, was er sich für seine Kinder wünscht, verbietet sich dem philosophierenden Erzieher. Er möchte, daß sie sich ein Bild machen können von dem, was es für sie zu denken und zu tun gibt – aber er selbst darf sich kein Bild von seinen Kindern machen. Er möchte, daß sie eine für gut erkannte Sache mit Überzeugung vertreten – aber er selbst darf in seine Erziehungsmaßnahmen nicht zuviel von vorgängigen Überzeugungen hineintragen. Er muß handeln, dazu zwingen ihn nicht nur die Verhältnisse, sondern auch die Kinder selbst immer wieder – aber er muß wissen, daß er mit seinem Handeln Verantwortung für die Folgen auf sich nimmt, und das heißt im negativen Fall: Er wird schuldig werden. Philosophie wird ihm häufig zur Handlungsbremse; sie läßt sein Handeln als unvollendetes Denken erscheinen und siedelt auf diese Weise noch im defizienten Tun das bessere Nachdenken an. Weil dies so ist, deshalb geht der schwerste und verbreitetste erzieherische Irrtum auf eine falsche philosophische Grundannahme zurück. Sie besteht darin, daß der Erzieher glaubt, er könne seine Kinder dazu bringen, das zu erreichen, was er selbst verfehlt hat, statt anzunehmen, er könne ihnen das zeigen, was ihm selber geglückt ist. Daraus folgt dann eine Praxis, die so tut, als führe die beste elterliche Zuwendung zum Berufserfolg, zum immerwährenden Liebesglück und zum ewigen Leben. Enttäuschungen, Trauer und Tod gehören eigentlich nicht zum pädagogisch programmierten Lebensplan des Menschen. Deshalb neigen wir dazu, sie als Betriebsunfälle anzusehen. Welche Mutter und welcher Vater sagt den Kindern, was sie aus ihren eigenen Tränen gelernt haben? Ich weiß wohl, daß es in diesem Leben vermeidbare Tränen gibt und daß man die Nachfolgenden darin bestärken muß, das Vermeidbare zu vermeiden. Aber es gibt auch Unvermeidbares, und dafür haben wir keinen pädagogischen Begriff und im konkreten Fall keine Fähigkeit der Trauer. In diesem Punkt erscheint mir die Pädagogik heute wie früher als naiv; denn sie verlagert die unerfüllten Omnipotenzwünsche der Eltern in die Kinder und ist um so ratloser, wenn diese nicht damit fertigwerden. Nur bei einem einzigen Pädagogen unseres Jahrhunderts habe ich einen Anklang auf dieses Motiv gefunden. Es ist *Janusz Korczak*. Wenn er sagt, jedes Kind habe ein Recht auf seinen eigenen Tod, so verweist er darauf, daß die Erziehung häufig ihre Grenzen verleugnet. Indem wir nämlich dem Gedanken an die Sterblichkeit derer ausweichen, denen wir zu einem menschlichen Leben helfen wollen, nehmen wir eine Haltung ein, als ob der Tod prinzipiell vermeidbar sei. Weil wir nicht wahrhaben wollen, daß zum Leben das Sterbenmüssen gehört, laufen wir dem Leben davon. Wer wie Korczak dieser Dialektik nicht ausweicht, der erzieht aus Philosophie.

Quellenangaben und Anmerkungen

Helen Keller: Am Brunnen

Aus: *H. Keller* u. *A. M. Sullivan*: Geschichte meines Lebens. Bern 1955, S. 31–34 (zuerst Leipzig 1905, S. 20ff.)
Die seit dem zweiten Lebensjahr taubblinde Helen Keller erlernte mit Hilfe ihrer Lehrerin A. M. Sullivan die Zeichen des Fingeralphabetes.

Die Szene am Brunnen schildert in der seltenen Form eines autobiographischen Fallberichtes den Moment, in dem die bislang von Helen Keller nahezu mechanisch ausgeführten Fingerzeichen lebenssinngebende Bedeutung erhalten. Dieser Moment im Leben der Schülerin wird auch für ihre Lehrerin zu einem tiefgehenden Erlebnis. Sie schreibt in einem Brief darüber:

Wir gingen zur Pumpe, wo ich Helen ihren Becher unter die Öffnung halten ließ, während ich pumpte. Als das kalte Wasser hervorschoß und den Becher füllte, buchstabierte ich ihr w-a-t-e-r in die freie Hand. Das Wort, das so unmittelbar auf die Empfindung des kalten, über ihre Hand strömenden Wassers folgte, schien sie stutzig zu machen. Sie ließ den Becher fallen und stand wie angewurzelt da. Ein ganz neuer Lichtschein verklärte ihre Züge. Sie buchstabierte das Wort water verschiedene Male. Dann kauerte sie nieder, berührte die Erde und fragte nach deren Namen, ebenso deutete sie auf die Pumpe und das Gitter. Dann wandte sie sich plötzlich um und fragte nach meinem Namen. Ich buchstabierte ihr teacher (Lehrerin) in die Hand. [...]
Helen stand heute früh wie eine strahlende Fee auf. Sie flog von einem Gegenstand zum anderen, fragte nach der Bezeichnung jedes Dinges und küßte mich vor lauter Freude. Als ich gestern abend zu Bett ging, warf sich Helen aus eigenem Antrieb in meine Arme und küßte mich zum erstenmal und ich glaubte, mein Herz müsse springen, so voll war es vor Freude. (Ebd., S. 183f.; Ausg. v. 1905, S. 224ff.).

Georg M. Rückriem: Ramon und Harald

Aus: *F. Bohnsack* u. *G. M. Rückriem*: Pädagogische Autonomie und gesellschaftlicher Fortschritt. Weinheim, Berlin, Basel 1969, S. 30–36. Hier findet sich auch eine detaillierte Interpretation des Falles (S. 36ff.).

Hartmut v. Hentig: Die Kleinen und die Großen

Aus: *H. v. Hentig*: Schule als Erfahrungsraum? Stuttgart 1973, S. 60–62.

Janusz Korczak: Wer kann Erzieher werden?

J. Korczak: Von Kindern und anderen Vorbildern.
Aus: © Janusz Korczak, Von Kindern und anderen Vorbildern. (GTB 1084).
Gütersloher Verlagshaus. Gütersloh, 3. Auflage 1996.
(Überschrift des Auszugs v. d. Hrsg.)

Maria Montessori: Geordnete geistige Entwicklung

Aus: *M. Montessori*: Kinder sind anders. Il Segreto dell'Infanzia. Bearb. v. Helene Helming. Aus d. Ital. v. Percy Eckstein/Ulrich Weber. Klett-Cotta, Stuttgart 1952, 13. Auflage 1993.
(Überschrift des Auszugs v. d. Hrsg.)

Jakob Muth: Beginn eines Schultages

Aus: *J. Muth*: Von acht bis eins. Essen 1967, S. 9–21.
1 Die Klasse, die beschrieben wird, gehörte zur Volksschule in Mainz-Zahlbach. Sie wurde von G. Velthaus geführt.
2 Vgl. dazu *R. u. A.-M. Tausch*: Erziehungspsychologie. Psychologische Vorgänge in Erziehung und Unterricht. Göttingen ²1965. In diesem Buch werden sozial-integrative Formen in die Mitte empirischer Arbeiten gestellt. Dabei sind die Verfasser weit von einem nur vordergründigen Verständnis sozial-integrativer Arbeit in der Schule entfernt.
3 *P. Petersen*: Führungslehre des Unterrichts. Braunschweig ⁴1953, S. 66ff., 70, 73.
4 *J. F. Herbart*: Allgemeine Pädagogik aus dem Zweck der Erziehung abgeleitet. In: Sämtliche Werke, hrsg. von *K. Kehrbach*, Bd. 2, Langensalza 1887ff., S. 17.
5 *T. Ziller*: Vorlesungen über Allgemeine Pädagogik. Leipzig 1876, S. 92.
6 Vgl. dazu *T. Ballauff*: Systematische Pädagogik. Heidelberg 1962, S. 95. Ballauff schreibt im Blick auf die Maßnahmen der Regierung: »Letztlich ist also erforderlich, den jungen Menschen die Einfügung zu lehren.«
7 *J. F. Herbart*: Umriß pädagogischer Vorlesungen. A. a. O., Bd. 10, S. 81.
8 *J. H. Pestalozzi*: Sämtliche Werke. Hrsg. von *Buchenau, Spranger, Stettbacher*. Bd. 2, Berlin 1927, vgl. bes. S. 103.
9 Zitiert nach einem Aufsatz von *G. Otto*, der unser Thema von der theologischen Seite her aufgreift: Über die Ordnung in der Erziehung. In: Erziehung und Schule in Theorie und Praxis, hrsg. von *G. Geißler* u. *H. Wenke*. Weinheim 1960, S. 9.

10 Zur pädagogischen Bedeutung der Anrede vgl. *J. Henningsen*: Über Jacob Grimms Selbstbiographie. In: Pädagogische Rundschau 18 (1964), S. 1015–1029. Ebenso: *J. Muth*: Pädagogischer Takt. Monographie einer aktuellen Form erzieherischen und didaktischen Handelns. Heidelberg 1962, bes. S. 27 ff.

11 Sehr nachdrücklich bringt das *H. Schelsky* zum Ausdruck: »Als soziales Wesen und als sozialer Wille gehe ich jeden Tag mit meinen Kindern zur Schule, und der Lehrer hat diese soziale Subjekthaftigkeit des Kindes grundsätzlich anzuerkennen; das ist – jenseits aller juristischen Verfügungsregelungen – der Kern des Elternrechts.« Vgl. dazu: Anpassung oder Widerstand? Soziologische Bedenken zur Schulreform. Heidelberg 1961, S. 51.

12 Vgl. *O. F. Bollow:* Die pädagogische Atmosphäre. Untersuchungen über die gefühlsmäßigen zwischenmenschlichen Voraussetzungen der Erziehung. Heidelberg 1964.

13 *I. Rother:* Schulanfang. Frankfurt ²1957, S. 62.

14 *E. Meyer:* Offene Schultür. Worms 1957, S. 32.

Horst-Eberhard Richter: Der Sündenbock

Aus: *H. E. Richter:* Eltern, Kind und Neurose. Psychoanalyse der kindlichen Rolle. Klett-Cotta, Stuttgart 1963, 3. Auflage 1972.
(Überschrift des Auszugs v. d. Hrsg.)
Literaturhinweise:

R. N. Anshen (Ed): The Family, Its Function and Destiny. New York 1959.

Th. Benedek: Elternschaft als Entwicklungsphase. Jb. d. Psychoanal. I, 1960.

S. Bornstein: Unbewußtes der Eltern in der Erziehung der Kinder. Zs. f. psychoanal. Pädagogik VIII, 1934.

E. Erikson: Kindheit und Gesellschaft. Stuttgart ²1965.

S. Freud: Vorlesungen zur Einführung in die Psychoanalyse (1917). G. W. Bd. 11; Studienausgabe Bd. 1.

S. Freud: Massenpsychologie und Ich-Analyse (1921). GW. Bd. 13; St. A. Bd. 9.

A. M. Johnson: Sanctions for Superego Lacunae of Adolescents. In: Searchlights on Delinquency. New York ⁴1950.

G. R. Medinnus (Ed.): Readings in the Psychology of Parent-Child-Relations. New York, London, Sidney 1967.

H. S. Sullivan: The Interpersonal Theory of Psychiatry. New York 1953.

Jürgen Henningsen: Peter stört

Aus: Die Deutsche Schule, 56 (1964), S. 617–632.

1 *R. L. Brackenbury:* Getting Down to Cases. A Problems Approach to Educational Philosophizing. New York 1959, S. 222.

2 Zum Begriff der »pädagogischen Situation« vgl. jetzt *H. Schöneberg*: Situation als pädagogisches Problem. Neue Pädagogische Bemühungen 10, Essen 1963, S. 44.

3 Vgl. *H. G. Gadamer*: Wahrheit und Methode. Grundzüge einer philosophischen Hermeneutik. Tübingen 1960, S. 250 ff., 3361 ff.

4 Vgl. *R. L. Brackenbury*, a. a. O., S. 34.

5 *J.-P. Sartre*: Das Sein und das Nichts. Versuch einer phänomenologischen Ontologie. Bearb., hrsg. und übersetzt von *J. Streller*. Hamburg 1952, S. 384 (»... les jeux sont faits.«).

6 Ebd. S. 102 (»mes actes font lever des valeurs comme des perdrix«).

7 Im Gegensatz zur Situationsschilderung selbst (Abschnitt 1) und den beiden Fortsetzungen II u. III, die frei nachkonstruiert sind, ist diese Fortsetzung I fast wörtlich aus *R. L. Brackenbury*, a. a. O., S. 34–36 übernommen, und zwar bis in die Wortspiele und Namen hinein (»Herr Richter« – »Mr. Law« usw.). Allerdings wäre anzumerken, daß der amerikanische »Principal« eine etwas andere Funktion in der Schule hat als der deutsche »Rektor«.

8 *J. Henningsen*: Ideologie und Wissenschaft, 1. Folge. In: agora, Studentenzeitung an der Universität Kiel. Heft 5, 1961, S. 17; *J. Henningsen*: Die Idee des Glasperlenspiels. In: Die Sammlung, 5 (1960), S. 116–126. Wichtig für den Verf. ein Aufsatz von *Verdenius*, in: Studium Generale, 11 (1958), S. 139 (»instrumental«) und *E. Rothhacker*: Die dogmatische Denkform in den Geisteswissenschaften und das Problem des Historismus. Wiesbaden 1954; Abhdlgn. d. Akad. d. Wiss. und d. Lit. in Mainz: Geistes- und sozialwiss. Kl. Jg. 1954, Nr. 6. Den vorliegenden Ansatz führt weiter: *J. Henningsen*: Erziehungswissenschaft leicht gemacht. Essen 1965, S. 84.

9 Das »Hospitieren« stellt komplizierte methodologische Probleme, die hier der Einfachheit halber ausgeklammert seien.

10 Zum folgenden vgl. vor allem den ausgezeichneten Artikel von *H. H. Groothoff*: Pädagogik, Erziehungswissenschaft. In: Lexikon der Pädagogik, Stuttgart 1961, Sp. 681–695; sowie *W. Flitner*: Das Selbstverständnis der Erziehungswissenschaft in der Gegenwart. Pädagogische Forschungen I. 1957, ⁴1966.

11 *E. Müller-Petersen*: Anleitungstafeln für die pädagogische Tatsachenforschung im Klassenunterricht. Kiel 1952, S. 28; vgl. dazu *G. Slotta*: Die pädagogische Tatsachenforschung Peter und Else Petersens. Studien zur Stellung und Bedeutung der empirischen Forschung in der Erziehungswissenschaft. Diss. phil. Göttingen 1959. Hierher gehören auch die Arbeiten von *A.-M.* und *R. Tausch, U. Wiesenhütter, F. Winnefeld*.

12 *J. Henningsen*: Test, Experiment, Befragung. Ein kritisches Plädoyer. Neue Pädagogische Bemühungen 9, Essen 1963.

13 Vgl. Anm. 10.

14 Merkwürdigerweise ist die hier skizzierte sogenannte »geisteswissenschaftliche« Methode bis heute in methodischer Hinsicht keineswegs gesichert; sie wird vielfach unkritisch praktiziert.

Klaus Mollenhauer: Kinder und ihre Erwachsenen

K. Mollenhauer: Kinder und ihre Erwachsenen. Anmerkungen zur Tradition des pädagogischen »Kolonialismus«. In: Die Deutsche Schule, 6 (1979), S. 338–344.

1 In: *M.-L. Könneker* (Hrsg): Kinderschaukel. Ein Lesebuch zur Geschichte der Kindheit in Deutschland 1775–1860. Bd. 1. Darmstadt, Neuwied 1976, S. 64 f.

2 *T. Bernhardt*: Die Ursache. Eine Andeutung. Salzburg 1975.

3 *J.-J. Rousseau:* Emile oder über die Erziehung. in neuer dt. Fassung besorgt von *L. Schmidts.* Vollständige Ausgabe. Paderborn ⁴1978. III. Buch, S. 192.

4 *Ebd.,* IV. Buch, S. 211.

Erich E. Geißler: Autorität

Der erste Teil dieser Abhandlung ist die Wiedergabe eines geringfügig veränderten Aufsatzes in: Schule und Kirche 2, Frankfurt 1967: Die vermittelnde Funktion der Autorität.

Der zweite Teil ist eine stark veränderte Wiedergabe des Aufsatzes »Autorität« in: Schweizerische Lehrerzeitung, 8 (1965).

1 Vgl. dazu auch den Abschnitt »Grundlagen der Erziehungsmittel« (Überlegungen zum Autoritätsstreit; Autorität; Gehorsam) in dem vom Verfasser veröffentlichten Buch »Erziehungsmittel«, Bad Heilbrunn 1967, ⁶1982, S. 46–105.

2 Vgl. dazu die Bibliographie in der vom Verfasser herausgegebenen Quellensammlung: »Autorität und Erziehung«. Bad Heilbrunn 1965, 5. Aufl. 1977.

Peter Brückner: Zur Pathologie des Gehorsams

Aus: Politische Erziehung als psychologisches Problem (Politische Psychologie, Band 4). Frankfurt 1966, S. 65–78, gekürzt.

[Der vollständige Text, zusammen mit weiteren Texten des Verfassers, jetzt in: *P. Brückner:* Zerstörung des Gehorsams. Aufsätze zur politischen Psychologie. Berlin 1983.]

Der Verfasser hat diesen Beitrag – die erweiterte Niederschrift seines Referates anläßlich der von der Friedrich-Ebert-Stiftung veranstalteten Tagung »Politische Bildung als psychologisches Problem« – A. Mitscherlich gewidmet, dessen virtuelle Mit-Urheberschaft sich der Dokumentation durch noch so viele Literaturnachweise entzieht.

Vgl. insbesondere *A. Mitscherlich:* Auf dem Weg zur vaterlosen Gesellschaft. München 1963. Ferner: *R. F. Behrendt:* Der Mensch im Licht der Soziologie. Stuttgart 1962; *H. Marcuse:* Über den affirmativen Charakter der Kultur. In: Kultur und Gesellschaft I. Frankfurt 1965; *P. Brückner:* Fortschritte der analytischen Sozialpsychologie in Deutschland. In: Kölner Zeitschrift für Soziologie und Sozialpsychologie, 8 (1963).

1 *P. J. Tschaadajev.* Zit. nach: Briefe der Weltliteratur. Rußland im 19. Jahrhundert. München 1964.

2 Überhaupt hat die bürgerliche Gesellschaft die Individuen nur als Personen befreit, »die sich selbst in Zucht halten sollen. Die Freiheit hing von Anfang an davon ab, daß der Genuß verpönt blieb« (H. Marcuse).

3 Ein von jedermann erfahrenes Faktum, wie das des Gewissens, macht beträchtliche Wandlungen durch, wenn es nicht mehr in Theologie, Morallehre und Pädagogik, sondern auch in den Sozialwissenschaften und in der Psychoanalyse behandelt wird. Dieses Organ, das uns zu erkennen gestattet, was bestimmten Imperativen zufolge sein sollte, verliert einige seiner Merkmale, die in Wider-

spruch zu gewissen Annahmen jener treten. Die Sozialwissenschaften sind sich darin einig, daß Steuerungszentren sozialen Verhaltens in der sozialen Mitwelt erworben werden, und finden in ihrer Entwicklungsgeschichte nichts, was nicht eindeutig irdischen, »hiesigen«, sehr menschlichen Ursprungs wäre. Die Theologie wird, ebenso wie die normative Pädagogik, solchen Thesen nur mit Vorbehalten zustimmen und der Ansicht sein, das Gewissen sei durch die Geschichte seiner sozialen Ursprünge noch nicht zu Ende definiert.
4 So der Titel eines 1937 im Zentralverlag der NSDAP erschienenen Romans von *H. Zöberlein.*
5 Vgl. *R. Walser:* Jakob von Gunten. München 1964.
6 Wobei, was dem Psychoanalytiker nicht zu Unrecht wichtig erscheint, auch sexuelle Verhältnisse soziale sind.

Günther Bittner: Gehorsam und Ungehorsam

Aus: *G. Bittner:* Tiefenpsychologie und Kleinkinderziehung. Paderborn (München) 1979, S. 61–70.
1 *E. Geißler:* Die Erziehungsmittel. Bad Heilbrunn 1967, S. 44 f. Vgl. dagegen jedoch die stark erweiterten und überarbeiteten Neuauflagen seit 1973, zuletzt ⁶1982, wo E. Geißler S. 80 ff. auch auf die Relativierungen und Dämonisierungen des Gehorsamsbegriffs im Zusammenhang mit der jüngeren Emanzipationsdebatte eingeht und seine Position differenziert und modifiziert, ohne sie aufzugeben.
2 *S. Milgram:* Einige Bedingungen des »Autoritätsgehorsams« und seiner Verweigerung. In: Die politische und gesellschaftliche Rolle der Angst, hrsg. von *H. Wiesbrock.* Frankfurt 1967, S. 170.
3 *S. Milgram,* a. a. O., 191 f. Zur Interpretation dieses u. a. Experimente vgl. E. Fromm: Anatomie der menschlichen Destruktivität. Reinbek 1977, S. 67 ff.
4 *D. Sölle:* Phantasie und Gehorsam. Stuttgart ²1968, S. 13.
5 *C. G. Salzmann:* Konrad Kiefer. In: Pädagogische Schriften, hrsg. von *R. Bosse* u. *J. Meyer.* I. Teil. Wien, Leipzig 1886, S. 406.
6 *J. H. Pestalozzi:* Wie Gertrud ihre Kinder lehrt. In: Schriften III. Erlenbach, Zürich 1946, S. 346.
7 *J. H. Pestalozzi,* a. a. O., S. 348.
8 *F. März:* Hören, Gehorchen und personale Existenz. München 1962, S. 62.
9 *E. Plattner:* Weg des Vertrauens. Stuttgart 1957, S. 38 ff.
10 *O. Dürr:* Ist gehorchen so schwer? Stuttgart 1962, S. 27.
11 *A. Mitscherlich:* Auf dem Weg zur vaterlosen Gesellschaft. München 1963, S. 257.
12 *E. Geißler,* a. a. O., S. 46.
13 *J. Piaget:* Das moralische Urteil beim Kinde. Zürich 1954.
14 *P. Kuiper:* Die Abwehr neurotischer Schuldgefühle in der Gegenwart. In: Psyche, 22 (1968).
15 *S. Freud:* Gesammelte Werke, Bd. IX. London 1940 ff., S. 27, 42, 30 f.
16 *L. Röhrich:* Tabus in Volksbräuchen, Sagen und Märchen. In: Festschrift für Werner Neuse. Berlin 1967.

17 W. *Loch*: Bemerkungen zur Rolle des Sexualtabus. In: Psyche, 22 (1968), S. 734.

18 W. *Loch*, a. a. O., S. 736.

19 H. *Stellwag*: Die erzieherische Funktion des Kindes. Neue Sammlung, 3 (1963).

20 A. *Balint*: Liebe zur Mutter und Mutterliebe. In: M. *Balint*: Die Urformen der Liebe und die Technik der Psychoanalyse. Bern, Stuttgart 1966, S. 128, 130.

21 R. *Spitz*: Nein und Ja. Stuttgart o. J. (1960).

22 H. E. *Richter*: Eltern, Kind und Neurose. Stuttgart 1963, S. 85. Vgl. S. *Bornstein*: Unbewußtes der Eltern in der Erziehung der Kinder. In: G. *Bittner* u. W. *Rehm* (Hrsg.): Psychoanalyse und Erziehung. Bern, Stuttgart 1964.

23 S. *Freud/O. Pfister*: Briefe. Frankfurt 1963, S. 114.

24 F. u. W. *Oursler*: Pater Flanagan von Boy's Town. Konstanz, Stuttgart ³1961, S. 77.

Heinrich Roth: Begabung und Begaben

Aus: Die Sammlung, 7 (1952), S. 395–407, gekürzt.

1 R. *Meili*: Lehrbuch der psychologischen Diagnostik. Bern 1951.

2 L. M. *Terman/M. Oden*: The Gifted Child Grows Up. Stanford 1947, Ch. X.

3 G. *Just*: Probleme der Persönlichkeit. Berlin 1941.

4 P. R. *Hofstätter*: Die Psychologie und das Leben. Wien 1951.

5 A. H. *Maslow*: The Dynamics of Psychological Security – Insecurity. 1942.

Wolfgang Kramp: Überforderung als Problem und Prinzip pädagogischen Handelns

1 Überarbeitete Fassung eines Vortrages vor Studenten und Mentoren der Pädagogischen Hochschule Lüneburg, gehalten am 28. 01. 1961. Aus: Westermanns Pädagogische Beiträge, 13 (1961), S. 390–401.

2 Vgl. u. a. M. *Wagenschein*: Zur Selbstkritik der Höheren Schule. In: Die Sammlung, 7 (1952), S. 142 ff.; W. *Flitner*: Der Kampf gegen die Stoffülle ... In: Die Sammlung, 10 (1955), S. 556 ff.; W. *Jäkel*: Das Beispielhafte. In: Die Sammlung, 12 (1957), S. 86 ff.; H. *Scheuerl*: Die exemplarische Lehre. Tübingen 1958, bes. S. 1 ff.

3 Vgl. dazu u. a. K. *Mierke*: Entwicklungsanomalien als Folgeerscheinungen seelischer Überforderung. In: Zeitschrift für Kinderpsychologie, 2 (1953), S. 33 ff.; ders: Die Überforderung von Letztgrenzen der seelisch-geistigen Leistungs- und Belastungsfähigkeit. In: Praxis der Kinderpsychologie, 3 (1954), S. 275 ff., 4 (1955), S. 15 ff.; ders.: Wille und Leistung. Göttingen 1955, S. 134 ff.; J. *Rutenfranz*: Verlangt die Schule zuviel von unseren Kindern? Westfälisches Ärzteblatt, Juli 1957; U. *Undeutsch*: Die Überforderung der Kinder durch die Schule. In: Der überforderte Schüler, Das öff. päd. Gespräch 4/5, Essen 1958, S. 7 ff.

4 Vgl. dazu W. *Kramp*: Die Pädagogik des J. A. Comenius und das Problem der

Verfrühung. Diss. Göttingen 1957 (Bibl.) ; ders.: Verfrühung und Vorwegnahme. In: *Groothoff, Stallmann*: Pädagogisches Lexikon. Stuttgart 1962.
5 *U. Undeutsch* a. a. O., S. 7.
6 a. a. O.
7 Zur Geschichte und Literatur des »Überbürdungsstreites« vgl. u. a. *R. Tümpel*: Überbürdung. In: Encyklopädisches Handbuch der Pädagogik, hrsg. von *W. Rein*, Bd. VII, Langensalza 1899, S. 175 ff.; *A. Buseman*: Überbürdung. In: Lexikon der Pädagogik, Bd. IV, Freiburg 1955, Sp. 669 ff.
8 *A. Dumke*: Der pädagogische Standpunkt im Leistungsgespräch. In: Die Deutsche Schule, 48 (1956), S. 35.
9 *U. Undeutsch*, a. a. O., S. 11.
10 *H. Schelsky*: Schule und Erziehung in der industriellen Gesellschaft. Würzburg ²1959, S. 18 f.
11 *U. Undeutsch*, a. a. O., S. 8.
12 *J.-J. Rousseau*: Emil oder Über die Erziehung. Hrsg. von *H. Denhardt*, Bd. I, Leipzig o. J. (1910), S. 101.
13 *L. Lang*: Erziehung in dieser Zeit. Wien 1955, S. 29.
14 *E. Bosshart*: Entscheidende Augenblicke in der Erziehung. Zürich 1944; *M. Pflegler*: Der rechte Augenblick. Erwägungen über die entscheidenden Zeiten im Bildungsvorgang. Wien ⁷1957.
15 Vgl. insbes. *O. Kroh*: Revision der Erziehung. Heidelberg ³1957, S. 93 ff., 128 ff.; *G. Kerschensteiner*: Theorie der Bildung. Leipzig, Berlin ³1931, S. 417 ff., 471 ff.
16 Artikel, auf welchem fürnehmlich die Lehrkunst beruhet (1617), § 9, in: Ratichianische Schriften II, hrsg. von *P. Stötzner*. Leipzig 1893, S. 16.
17 Vgl. *A. Busemann*: Pädagogische Verfrühung. In: Lexikon der Pädagogik, Bd. IV. Freiburg 1955, Sp. 772; *A. Fischer*: Verfrühung. In: Lex. d. Päd. d. Gegenwart, Bd. II, Freiburg 1932, Sp. 1185.
18 *E. Spranger*: Kultur und Erziehung. Leipzig ⁴1928, S. 204; vgl. *O. Groh*, a. a. O.; *G. Kerschensteiner*, a. a. O.
19 Vgl. u. a. *W. Flitner*: Theorie des pädagogischen Wegs und der Methode. Weinheim ²1953, S. 40 (bes. Anm. 8); *U. Undeutsch*: Somatische Akzeleration und psychische Entwicklung der Jugend der Gegenwart. In: Studium Generale, 5 (1952), S. 286 ff.
20 Vgl. u. a.: Deutscher Ausschuß für das Erziehungs- und Bildungswesen, Empfehlungen und Gutachten, 1. Folge. Stuttgart 1955, S. 38 f.
21 *O. Wichmann*: Erziehungs- und Bildungslehre. Halle, Berlin 1935, S. 162; vgl. *M. Rösner*: Unterrichtstechnik. Hannover 1951, S. 64, 70, 83 ff., 110, 238, 255.
22 Vgl. *E. Spranger*: Pädagogische Perspektiven. Heidelberg ²1952, S. 93 ff., bes. S. 117 ff.
23 *H. Heimpel*: Die halbe Violine. Stuttgart 1949, S. 13, 58, 61, 156, 191 f., 201, 249 f.; vgl. ferner *T. Mann*: Doktor Faustus. Berlin, Frankfurt o. J. (1948), S. 93 ff., 116; vgl. ferner *W. Flitner*: Zum Begriff der pädagogischen Autonomie. In: Die Erziehung, 3 (1928), S. 366 f.
24 *O. Kroh*: Revision der Erziehung, a. a. O., S. 129, 124 u. ö.

25 Vgl. *R. Bergius*: Entwicklung als Stufenfolge, In: Entwicklungspsychologie. Handuch der Psychologie, Bd. III, hrsg. von *H. Thomae*, Göttingen ²1959, S. 104–195 (Bibl.).

26 *E. Krieck*: Philosophie der Erziehung. Jena ²1925, S. 31.

27 Vgl. *W. Stern*: Psychologie der frühen Kindheit. Leipzig ⁶1930, S. 25 ff.

28 *L. Schenk-Danzinger*: Begabung und Entwicklung. In: Entwicklungspsychologie, hrsg. von *H. Thomae*, a. a. O., S. 358 (ff.).

29 *H. Roth*: Begabung und Begaben. In: Die Sammlung, 7 (1952), S. 399. (In diesem Band S. 113 ff.). Vgl. *T. Litt*: Führen oder Wachsenlassen. Stuttgart ⁴1949, S. 105 f.; ders.: Individuum und Gemeinschaft. Leipzig, Berlin ³1926, S. 207 ff. (»Anlage und Welt«).

30 *R. Meister*: Beiträge zur Theorie der Erziehung. Wien ²1947, S. 18.

31 *W. Flitner*: Allgemeine Pädagogik. Stuttgart o. J. (³1953), S. 90; vgl. *M. Rang*: Das Problem der Bildsamkeit. In: Westermanns Pädagogische Beiträge, 6 (1954), S. 105 ff.; *U. Freyhoff*: Untersuchungen zu einer pädagogischen Theorie der Bildsamkeit. Diss. Göttingen 1956.

32 Vgl. u. a. *F. Blättner*: Probleme einer Theorie des Lernens, Beitrag zu einer historischen Jugendkunde. In: Die Erziehung, 9 (1934), S. 551 ff.

33 Vgl. bes. das »Nachwort 1948« *E. Sprangers* zur 19. Auflage seiner »Psychologie des Jugendalters«. Heidelberg ²¹1949, bes. S. 323 f.

34 *M. J. Langeveld*: Studien zur Anthropologie des Kindes. Tübingen 1956; *J. H. van den Berg*: Metabletica – Über die Wandlung des Menschen. Göttingen 1960, bes. S. 21 ff.

35 *H. Roth*: Psychologie und Pädagogik und das Problem einer Pädagogischen Psychologie. In: *J. Derbolav* u. *H. Roth* (Hrsg): Psychologie und Pädagogik – Neue Forschungen und Ergebnisse. Heidelberg 1959, S. 77 ff., bes. S. 117; ders.: Auftrag und Problemstand der Pädagogischen Psychologie. In: Die Deutsche Schule 48 (1956), S. 13 ff., bes. S. 20.

36 *F. Blättner*: Geist und Tat im Wechsel der Generationen. Leipzig 1943, S. 153.

37 Hier sei auf den schönen, bisher unveröffentlichten Aufsatz »Pädagogik des Zutrauens« von *G. Kudritzki* verwiesen.

38 Vgl. *G. Geißler*: Die Aufgabe im Leben des Menschen und ihre Bedeutung für die Erziehung. In: Die Sammlung, 5 (1950), S. 673 ff.

39 Vgl. *H. Roth*: Kind und Geschichte. München 1955, S. 108 f.

40 Vgl. *H. Nohl*: Charakter und Schicksal. Frankfurt ⁴1949, S. 54 f.; *F. Blättner*: Vom Selbstverständlichen in der Erziehung. In: Vierteljahresschrift für wissenschaftliche Pädagogik, 30 (1954), S. 81 ff.; ders.: Jugend in Familie, Schule und Beruf. In: Z. f. Päd., 2 (1956), S. 207 ff., 217.

41 Vgl. *H. Nohl*: Die pädagogische Bewegung in Deutschland und ihre Theorie. Frankfurt ³1949, S. 194 ff., bes. S. 197.

42 Vgl. *Schleiermacher*: Pädagogische Schriften. Hrsg. Von *C. Platz*. Langensalza ²1876, S. 298 f.

43 Vgl. dazu *M. J. Langveld*: Die Schule als Weg des Kindes. Braunschweig 1960, S. 41 ff., 50 ff.

44 Ders.: Einführung in die Pädagogik. Stuttgart 1951, S. 24 f.

45 *J. Göttler:* System der Pädagogik. Hrsg. von *J. B. Westermayr.* München
⁹1950, S. 35; vgl. *J. Cohn:* Befreien und Binden. Leipzig 1926, S. 38 ff., 46;
A. Fischer: Leben und Werk. Hrsg. von *K. Kreitmair.* Bd. II, München 1950,
S. 358 ff.
46 *W. Stern:* Psychologie der frühen Kindheit. Leipzig ⁶1930, S. 188 ff.
47 Vgl. *J. F. Herbart:* Pädagogische Schriften. Hrsg. von *Bartholomäi* und *Sall-
würk.* Bd. I, Langensalza ⁶1896. S. 135; *H.-D. Raapke:* Das Problem des freien
Raumes im Jugendleben. Göttinger Studien zur Pädagogik – Neue Folge, Bd. 7,
Weinheim o. J., S. 132 ff., 144 ff.
48 *F. Hölderlin:* Dichtungen und Briefe, hrsg. von *H. Geiger.* München o. J.,
S. 139; vgl. *J. F. Herbart,* a. a. O., S. 126 f., 268.
49 Der Verfasser gedenkt hier mit besonderer Dankbarkeit seines verstorbenen
Lehrers Erich Weniger, dem er sich gerade in der vorliegenden Arbeit auch über
Ansatz und Methode hinaus verpflichtet weiß.
50 Vgl. *W. Stern.* a. a. O.; *O. Wichmann:* Eigenrecht und bildender Wert der
Lehrfächer. Halle 1930, S. 8 ff., bes. 26 ff., 52 ff.; ders.: Der pädagogische Sub-
jektivismus und seine Überwindung. In: Neue Jahrbücher für Wissenschaft und
Jugendbildung, 6 (1930), S. 154 ff.
51 Vgl. *W. Flitner:* Theorie des pädagogischen Wegs und der Methode. Weinheim ²1953, S. 31, 34 f., 45 ff.; ders.: Allgemeine Pädagogik. 3. Aufl, Stuttgart
o. J., S. 144 ff., 151.; *E. Weniger:* Die Theorie der Bildungsinhalte und des Lehr-
plans. Weinheim ²1956, S. 65 f., 72 ff., 93, 98; ders.: Die Eigenständigkeit der
Erziehung in Theorie und Praxis. Weinheim o. J., S. 63 f., 83, 139, 372, 428 u. ö.
52 Vgl. auch Anm. 4.
53 Vgl. *G. Joppich:* Die Theorie des pädagogischen Naturalismus. In: Z. f. Päd.,
2 (1956), S. 154 ff.
54 *E. Weniger:* Die Eigenständigkeit der Erziehung in Theorie und Praxis,
a. a. O., S. 367; *W. Flitner:* Allgemeine Pädagogik, a. a. O., S. 150 f.
55 *Schleiermacher:* Pädagogische Schriften. Hrsg. von *C. Platz.* Langensalza
²1876, S. 75 ff., 111 ff., 429 ff.
56 Vgl. *T. Litt:* Führen oder Wachsenlassen. Stuttgart ⁴1949, S. 48 ff., 63 ff., bes.
80 ff.; *H. Nohl:* Die Polarität in der Didaktik. In: Pädagogik aus dreißig Jahren.
Frankfurt 1949, S. 86 ff.; *E. Weniger,* a. a. O., S. 372.

Jean Piaget: Der Gerechtigkeitsbegriff des Kindes

Aus: *J. Piaget:* Das moralische Urteil beim Kinde. Vorw. v. Hans Aebli. Aus d.
Franz. von Lucien Goldmann. Klett-Cotta, Stuttgart, 2. veränderte Auflage
1983.

1 Dieser Beitrag wird den Lesern manche Schwierigkeiten bereiten. Sie sind einmal dadurch bedingt, daß die vorausgehenden Untersuchungen Piagets hier
nicht mitgeboten werden können. Zum andern liegen sie darin, daß die französi-
schen Begriffe »juste« und »justice« eine Weite der Bedeutung haben, die »recht«
und »Rechtschaffenheit« ebenso umfaßt wie »gerecht« und »Gerechtigkeit« (sogar Rechtsprechung, Gericht) und im deutschen Text nicht wiedergegeben werden kann.

Die Untersuchung des moralischen Urteils hat im Anschluß an Piaget besonders der amerikanische Psychologe Lawrence Kohlberg weitergeführt. Über Piaget hinaus konnte Kohlberg dabei unter anderem zeigen, daß die moralische Entwicklung in der Kindheit noch nicht zum Abschluß kommt, sondern daß sich auch in der Adoleszenz und sogar noch im Erwachsenenalter weitere Entwicklungsschritte vollziehen (vgl. *L. Kohlberg*: Zur kognitiven Entwicklung des Kindes. Drei Aufsätze. Frankfurt 1974; ders.: The Philosophy of Moral Development. Essays on Moral Development. Vol. 1. San Francisco: Harper & Row 1981). Neuerdings richtet sich das Interesse besonders auf den Zusammenhang zwischen der moralischen Entwicklung und der Ich-Entwicklung (vgl. dazu den Überblick bei *F. Schweitzer*: Moral, Verantwortung und Ich-Entwicklung. In: Zeitschrift für Pädagogik 26 (1980), S. 931–942) und auf das soziale Verstehen (vgl. *W. Edelstein / M. Keller* [Hrsg.]: Perspektivität und Interpretation. Beiträge zur Entwicklung des sozialen Verstehens. Frankfurt 1982).

2 Piaget verweist hier auf § 1 seines 2. Kapitels »Das Problem der Strafe und der vergeltenden Gerechtigkeit«, S. 225 ff.

3 P. Bovet: Le setiment réligieux et la psychologie de l'enfant. Neuchâtel / Paris 1927.

4 E. Durkheim: L'éducation morale. Paris 1925.

Andreas Flitner: Unterstützung der Leistungsfähigkeit

Aus: *A. Flitner*: Konrad sprach die Frau Mama ... Über Erziehung und Nicht-Erziehung. Berlin ²1983, S. 106–111.

1 *E. Cloer*: Menschenwürde und Leistungsbegriff in einer humanen Schule. In: Liberal. Beiträge zur Entwicklung einer freiheitlichen Ordnung 23 (1981), S. 736.

2 Zum Leistungsbegriff und seiner Bedeutung für die Erziehung vgl. *Max Müller* (Hrsg.): Sinn und Unsinn des Leistungsprinzips. Ein Symposion. München 1974. Darin insbes. der Beitrag von *W. Klafki*: Sinn und Unsinn des Leistungsprinzips in der Erziehung.

3 *J. Jegge:* Dummheit ist lernbar. Erfahrungen mit »Schulversagern«. Bern 1976 (²München 1980).

4 Vgl. dazu: P. Fauser / K. Fintelmann / A. Flitner: Lernen mit Kopf und Hand. Berichte und Anstöße zum praktischen Lernen in der Schule. Weinheim / Basel 1983.

Günter Schreiner: Sinn und Unsinn der schulischen Leistungsbeurteilung

Aus: Die Deutsche Schule, 62 (1970), S. 226–237.

1 *H. Roth*: Einleitung und Überblick. In: *H. Roth* (Hrsg): Begabung und Lernen. Deutscher Bildungsrat. Gutachten und Studien der Bildungskommission. Bd. 4. Stuttgart 1969, S. 49.

2 *H. Heckhausen*: Förderung der Lernmotivierung und der intellektuellen Tüchtigkeiten. In: *H. Roth* (Hrsg): Begabung und Lernen. Deutscher Bildungsrat. Gutachten und Studien der Bildungskommission. Bd. 4. Stuttgart 1969, S. 193–228.

3 E. *Weingardt*: Der Voraussagewert des Reifezeugnisses für wissenschaftliche Prüfungen. In: *H. Roth* (Hrsg): Begabung und Lernen. Deutscher Bildungsrat. Gutachten und Studien der Bildungskommission. Bd. 4. Stuttgart 1969.

4 A. *Flitner*: Das Schulzeugnis im Lichte neuerer Untersuchungen. In: Zeitschrift für Pädagogik, 12 (1966), S. 511–538.

5 W. *Dohse*: Das Schulzeugnis, sein Wesen und seine Problematik. Weinheim 1963. Vgl. ferner: *A. Flitner* 1966.

6 Erläuterungen zur Normalverteilung siehe z. B. bei *O. W. Haseloff* u. *H. J. Hoffmann*: Kleines Lehrbuch der Statistik. Berlin 1965, S. 80.

7 F. *Biglmaier*: Leistungsmessung durch informelle Lehrertests. In: betrifft erziehung 3 (1969), S. 22–26 und 4 (1969), S. 26–28.

8 Vgl. *Dohse* 1963, S. 64.

9 *Dohse* 1963, S. 122.

10 H. *Schelsky*: Schule und Erziehung in der industriellen Gesellschaft. In: Weltbild und Erziehung. Würzburg 20 (1957), S. 17 f.

11 zitiert nach E. *Bloch*: Freiheit und Ordnung, Abriß der Sozialutopien, rde 318/19, Reinbek 1969.

12 Vgl. H. v. *Hentig*: Ein Gesamtplan für die Schule. Die Zeit Nr. 43 (1969), S. 70–72.

Der Verfasser ist sich bewußt, daß diese schöne Forderung, von ihm als Denkempfehlung intendiert, die Beziehung zwischen schulischem Angebot und gesellschaftlicher Nachfrage etwas vereinfacht darstellt. Die Schule kann allein durch ihr Begabungsangebot sicher nicht die gesellschaftlichen Bedürfnisse verändern. Aber sie kann sich bemühen, individuell zu begaben und so die gesellschaftliche Aufmerksamkeit auf vernachlässigte Begabungen lenken.

13 A. *Flitner* 1966, S. 537.

14 Daß Erwartungen die Wahrnehmung selektiv beeinflussen können, ist in zahlreichen Untersuchungen, die unter dem Titel »social perception« oder »person perception« liefen, als allgemein gültiges psychisches Phänomen herausgestellt worden.

Vgl. D. *Österreich*: Wie Menschen über Menschen urteilen. In: betrifft erziehung 11 (1969), S. 13–19, und 12 (1969), S. 22–26.

15 R. *Rosenthal* u. L. *Jacobson*: Pygmalion in the classroom. New York u. a. 1968.

16 E. *Höhn*: Der schlechte Schüler. München 1967.

Vgl. ferner: G. *Steinkamp*: Lehrer voller Vorurteile? Die Deutsche Schule 60 (1968), S. 802–816.

17 R. *Weiß*: Zensur und Zeugnis. Linz 1965.

18 W. *Knoche*: Jungen, Mädchen, Lehrer und Schulen im Zensurenvergleich. DIPF. Untersuchungen zum in- und ausländischen Schulwesen. Bd. 4. Weinheim 1969.

19 *Knoche* 1969, S. 115.

20 P. *Orlik*: Kritische Untersuchungen zur Begabtenförderung. Bd. II in der Reihe Psychologia Universalis. Meisenheim 1967.

21 A.-D. *Hopp* u. G. A. *Lienert*: Eine Verteilungsanalyse von Gymnasialzensuren. Schule und Psychologie 12 (1965), S. 139–150.

22 Nicht einsichtig ist in diesem Zusammenhang die Forderung Orliks (1967,

S. 45), die »Existenz solcher fachimmanenter Urteilsschemata« zu respektieren und dem Lehrer die diesbezügliche »Unbefangenheit« zu lassen, weil dies »aller Wahrscheinlichkeit der Sachlichkeit des Urteils ... zugute« komme.

23 Diese Gefahr wird besonders deutlich, wenn man bedenkt, daß Latein zu den Fächern zählt, die am strengsten zensiert werden und die eine zentrale Rolle bei der Versetzung spielen.

24 *K. Ingenkamp*: Untersuchungen zur Übergangsauslese. Weinheim und Berlin 1968.

25 *U. Undeutsch*: Zum Problem der begabungsgerechten Auslese beim Eintritt in die Höhere Schule und während der Schulzeit. In: *H. Roth* (Hrsg): Begabung und Lernen. Deutscher Bildungsrat. Gutachten und Studien der Bildungskommission. Bd. 4. Stuttgart 1969.

26 *K. Ingenkamp*: Sind Zensuren aus verschiedenen Klassen vergleichbar? In: betrifft erziehung 3 (1969a), S. 11–14.

27 *Ingenkamp* 1969a, S. 14.

28 siehe auch: *K. Ingenkamp*: Möglichkeiten und Grenzen des Lehrerurteils und der Schultests. In: H. Roth (Hrsg), Begabung und Lernen. Deutscher Bildungsrat. Gutachten und Studien der Bildungskommission. Bd. 4. Stuttgart 1969.

29 *Weingardt* 1969, S. 436.

30 *S. Marklund*: The predicitive value of school marks and tests for Higher Education in Sweden. In: *J. A. Lauwerys* u. *D. G. Scanlon* (eds.: Examinations. The World Yearbook of Education. London 1969.

31 Orlik bat 372 Exmatrikulanten der Universität Tübingen und der TH Stuttgart brieflich um Reifezeugnis und Examensergebnisse. 198 (= 53,2 %) lieferten verwendbare Antworten Orlik 1967, s. Anm. 20).

32 *A. Flitner* 1966, S. 531.

Martin Wagenschein: Verdunkelndes Wissen

Aus: *M. Wagenschein*: Verstehen lernen. Weinheim u. Berlin 1968, S. 42–46. (7. durchges. Aufl. 1982).

1 *R. Kühn*: Astronomie populär. München 1958.

2 Eine sehr vorsichtige Schätzung. Wahrscheinlich muß man für einen beliebigen Personenkreis sagen: jeder Zweite. (So versicherten einige von Wagenscheins Studenten, die diese Befragung, wenn auch unsystematisch, unterderhand fortgesetzt haben.)

3 *S. Weil*: Die Einwurzelung. München 1956, S. 75. (Hervorhebung hinzugefügt.)

4 Zu einer genetischen Didaktik der Himmelskunde s.: *M. Wagenschein*: Die Erfahrung des Erdballs. In: Der Physikunterricht, Heft 1. Stuttgart 1967.

Hermann Bausinger: Sprachbarrieren

Aus: *H. Bausinger*: Deutsch für Deutsche. Dialekte, Sondersprachen, Sprachbarrieren. Frankfurt 1972, S. 49–57. (Überarb. Neuausgabe 1983)

Literaturhinweise:

B. Bernstein: Soziokulturelle Determinanten des Lernens. In: Soziologie der Schule. 4. Sonderheft der Kölner Zeitschrift für Soziologie und Sozialpsychologie, hrsg. von *P. Heintz.* Köln 1959, S. 52–79.

B. Bernstein: Soziale Struktur, Sozialisation und Sprachverhalten. Amsterdam 1970.

B. Bernstein: Der Unfug mit der »kompensatorischen« Erziehung. In: betrifft erziehung, 3 (1970), S. 15–19.

U. Oevermann: Sprache und soziale Herkunft. Ein Beitrag zur Analyse schichtspezifischer Sozialisationsprozesse und ihrer Bedeutung für den Schulerfolg. Berlin 1970.

W. Niepold: Sprache und soziale Schicht. Berlin 1970.

Sprachbarrieren, hrsg. von Mitgliedern des Seminars für Soziolinguistik Bochum. Hamburg 1970.

M. Hartig u. *U. Kurz:* Sprache als soziale Kontrolle. Neue Ansätze zur Soziolinguistik. Frankfurt 1971.

G. Fischer: Sprache und Klassenbindung. Die Bedeutung linguistischer Kodes im Sozialisationsprozeß. Hamburg 1971.

U. Ammon: Dialekt, soziale Ungleichheit und Schule. Weinheim, Berlin, Basel 1972.

W. Labov: Sprache im sozialen Kontext. Königstein 1980.

Hans Scheuerl: Der Dialog in Erziehung und Unterricht

Aus: Pädagogische und didaktische Reflexionen. Festschrift für Martin Rang, hrsg. von *H.-M. Elzer* und *H. Scheuerl.* Frankfurt 1966, S. 90–100.

1 *M. Buber:* Rede über das Erzieherische (1925). In: Dialogisches Leben. Zürich 1947, S. 281.

2 *W. Brezinka:* Die Pädagogik und die erzieherische Wirklichkeit. In: Z. f. Päd., 5 (1959), S. 11.

3 A. a. O., S. 10; das Makarenko-Zitat nach *A. S. Makarenko:* Ausgewählte pädagogische Schriften. Berlin 1952, S. 166. Vgl. auch die leicht variierte Wiederholung dieser Kritik durch *W. Brezinka* in seinem Aufsatz: Der erziehungsbedürftige Mensch und die Institutionen: In: Weltweite Erziehung. Festschrift für Friedrich Schneider. Freiburg 1961, und in: Die Deutsche Schule, 54 (1962), S. 2.

4 Vgl. *F. Belke:* Dialogischer und pädagogischer Bezug in Martin Bubers Konzeption des Relationalen. In: Vierteljahresschrift für wiss. Päd., 39 (1963), S. 265–299.

5 Vgl. *H. Nohls* Theorie der Bildung in seinem Buch: Die pädagogische Bewegung in Deutschland und ihre Theorie. Frankfurt ³1949, S. 130ff.

6 *E. Essen:* Methodik des Deutschunterrichts. Heidelberg ⁵1965.

7 *W. Loch:* Das Gespräch in der Schule. In: Bildung und Erziehung, 9 (1956), S. 527–541; ders.: Beiträge zu einer Phänomenologie von Gespräch und Lehre. In: Bildung und Erziehung, 15 (1962), S. 641ff.

8 *G. Hausmann:* Didaktik als Dramaturgie des Unterrichts. Heidelberg 1959.

9 *M. Buber,* a. a. O., S. 285.

10 Vgl. *O. F. Bollnows* Lehre von den »unstetigen Formen« der Erziehung in seinem Buch: Existenzphilosophie und Pädagogik. Stuttgart 1959.
11 *W. Brezinka*: Die Pädagogik und die erzieherische Wirklichkeit, a. a. O., S. 4.

Otto Friedrich Bollnow: Pädagogische Anthropologie als Integrationskern der allgemeinen Pädagogik

Aus: *K. Giel* (Hrsg.): Studienführer Allgemeine Pädagogik. Freiburg 1976, S. 59–70.

1 Vgl. *H, Roth*: Pädagogische Anthropologie. 2 Bde. Hannover 1966/71.
2 *M. Scheler*: Die Stellung des Menschen im Kosmos. Darmstadt 1928.
3 *H. Plessner*: Die Stufen des Organischen und der Mensch. Einleitung in die philosophische Anthropologie. Berlin 1928.
4 *A. Gehlen*: Der Mensch. Seine Natur und seine Stellung in der Welt. Berlin 1940.
5 *H. Plessner*: Macht und menschliche Natur. Ein Versuch zur Anthropologie der geschichtlichen Weltansicht. Berlin 1931. Aufgenommen in: *H. Plessner*: Zwischen Philosophie und Gesellschaft. Bern 1953, S. 241–317.
6 Vgl. *O. F. Bollnow*: Die anthropologische Betrachtungsweise in der Pädagogik. Essen 1965, S. 30–32.
7 Vgl. *H. Plessner*: Macht und menschliche Natur, a. a. O.
8 Vgl. *F. Nietzsche*: Gesammelte Werke. Musarion-Ausgabe, XIV 210, XV 83 (Jenseits von Gut und Böse. Vorspiel einer Philosophie der Zukunft) und XVI 301.
9 Vgl. *W. Dilthey*: Gesammelte Schriften. Leipzig, Berlin 1923 ff.
10 Zum Folgenden vgl. *O. F. Bollnow*: Die anthropologische Betrachtungsweise in der Pädagogik, a. a. O.
11 Vgl. dazu *O. F. Bollnow*: Das Wesen der Stimmungen. Frankfurt ⁵1974, S. 13 ff.; und *W. Loch*: Die anthropologische Dimension der Pädagogik. Essen 1963, S. 14 u. 83.
12 Vgl. *O. F. Bollnow*: Krise und neuer Anfang. Heidelberg 1966.
13 Vgl. *M. Heidegger*: Sein und Zeit. Halle a. d. Saale 1927; *H.-G. Gadamer*: Wahrheit und Methode. Grundzüge einer philosophischen Hermeneutik. Tübingen 1960.
14 *O. F. Bollnow*: Die anthropologische Betrachtungsweise in der Pädagogik, a. a. O.
15 Vgl. *J. Spieler* u. a.: Die Erziehungsmittel. Olten 1944; *O. F. Bollnow*: Existenzphilosophie und Pädagogik. Stuttgart 1965, S. 60–77.
16 Vgl. *K. Jaspers*: Philosophie. 2. Bd.: Existenzerhellung. Berlin 1932, S. 429 ff.; ders.: Die geistige Situation der Zeit. Leipzig 1931 (Sammlung Göschen Band 1000); *O. F. Bollnow*: Existenzphilosophie und Pädagogik, a. a. O., S. 64 ff.
17 Zum pädagogischen Begriff der »Erweckung« vgl. *E. Spranger*: Kultur und Erziehung. Leipzig ²1923; ders.: Pädagogische Perspektiven. Heidelberg ⁴1956; ders.: Der geborene Erzieher. Heidelberg 1958; *J. Derbolav*: Vom Wesen geschichtlicher Begegnung. In: Z. f. Päd. 2 (1956); ders.: Erkenntnis und Entschei-

dung. Philosophie der geistigen Aneignung in ihrem Ursprung bei Platon. Wien, Stuttgart 1954; *O. F. Bollnow*: Existenzphilosophie und Pädagogik, a. a. O., S. 42–59.

18 Zur »Übung« vgl. *F. Schleiermacher*: Pädagogische Schriften. Die Vorlesungen aus dem Jahr 1826. Düsseldorf, München 1966; *M. Weise*: Pädagogische Übung. Dresden 1932; *O. F. Bollnow*: Übung als Weg des Menschen. In: Universitas 29 (1974), S. 825 ff; *Ders.:* Vom Geist des Übens. Freiburg 1978.

19 Dazu *J. König*: Das spezifische Können der Philosophie als εὖ λέγειν. In: Blätter für deutsche Philosophie Bd. 10, Heft 2. Berlin 1937, S. 120 ff.

20 *E. Herrigel*: Zen und die Kunst des Bogenschießens. München 1954.

21 *M. Montessori*: Selbsttätige Erziehung im frühen Kindesalter. Stuttgart 1920; dies.: Mein Handbuch. Grundsätze und Anwendungen meiner neuen Methoden der Selbsterziehung der Kinder. Stuttgart 1922.; dies.: Kinder sind anders. Stuttgart 1964; dies.: Die Entdeckung des Kindes. Freiburg 1969; dies.: Das kreative Kind. Der absorbierende Geist. Freiburg 1972.

22 Vgl. u. S. 206 f.

23 Vgl. *O. F. Bollnow*: Selbstdarstellung. In: Pädagogik in Selbstdarstellungen, Bd. 1. Hrsg. von *L. J. Pongratz*, Hamburg 1975.

24 Vgl. *O. F. Bollnow*: Mensch und Raum. Stuttgart 1963.

25 *G. Bachelard*: Poetik des Raumes. München 1960, S. 39.

26 *M. Heidegger*: Bauen, Wohnen, Denken. In: *M. Heidegger*: Vorträge und Aufsätze. Pfullingen 1954, S. 145 ff.

27 Vgl. *M. Heidegger*: Sein und Zeit, a. a. O.; *O. F. Bollnow*: Das Wesen der Stimmungen. Frankfurt ²1956.

28 *T. Ballauff*: Systematische Pädagogik. Heidelberg 1962, s. 150 ff.

29 *G. Marcel*: Homo Viator. Philosophie der Hoffnung. Düsseldorf 1949; ders. Sein und Haben. Paderborn 1954. Vgl. *O. F. Bollnow*: Gabriel Marcel (Christlicher Existentialismus). In: Französischer Existentialismus. Stuttgart 1965.

Hans Rauschenberger: Erziehen und philosophieren

Aus: Neue Sammlung, Heft 3, 23 (1983), S. 216–227 (geringfügig verändert).

1 Zur Diskussion um die Antipädagogik vgl. E. v. Braunmühl: Antipädagogik. Studien zur Abschaffung der Erziehung. Weinheim/Basel 1975; A. Miller: Am Anfang war Erziehung. Frankfurt 1980; I. Illich: Erziehung am Ausgang des Industriezeitalters. In: Z. f. Päd. Beih. 17 (1981), S. 41–48; A. Flitner: Konrad sprach die Frau Mama . . . Über Erziehung und Nicht-Erziehung. 2. Aufl. Berlin 1983.

2 Vgl. die Literaturangaben in der vorigen Anmerkung.

3 J. Korczak: Wie man ein Kind lieben soll. 6. Aufl. Göttingen 1978, S. 40 ff.

Einführung und Nachwort der Herausgeber

Mit diesem Band haben die Herausgeber den Versuch unternommen, in das Studium der Pädagogik auf andere Weise einzuführen als durch deren Darstellung in einem vereinfachten System. Eine Systematische Pädagogik kann eher am Ende als am Anfang des Studiums stehen. Sie setzt Übung in pädagogischem Denken und Umgang mit wissenschaftlichen Analysen schon voraus. Das Nachdenken über pädagogische Tatbestände und Zusammenhänge kann aber schon am einfachsten Geschehen beginnen. Es kann anknüpfen an die Erziehungslehre, die jeder schon hat, die den eigenen Traditions- und Erfahrungsbeständen innewohnt und dem Handeln jeder Person zugrundeliegt. Diese alltägliche Erziehungslehre gilt es bewußt zu machen und zu bearbeiten. Welche Vorstellungen und Wertungen bestimmen unser pädagogisches Handeln? Wie sammeln wir Erfahrungen und warum läßt uns unsere Erfahrung immer wieder im Stich? Warum bringen jede Generation, jede Schulklasse, jedes Kind neue und andere Probleme, die unsere bisherigen Rezepte und Erziehungsregeln immer wieder in Frage stellen? Welche Überlieferungen und Erwägungen sind bei unseren Erziehungsentscheidungen mit im Spiel?

Wir beginnen in diesem Bande mit der Betrachtung einfacher erzieherischer Vorgänge, die zu der Frage anregen sollen, was sich denn darin abspielt, wie man dieses Geschehen recht beobachten und wie man es sachgemäß pädagogisch durchdenken und deuten kann. Statt von einer Systematik wird also von Alltagserscheinungen ausgegangen, werden Fälle und Phänomene aufgezeigt. Wie erzieherische Phänomene beschrieben, wie sie analysiert und pädagogisch erörtert werden können, das soll mit Hilfe der hier zusammengestellten Texte verständlich werden.

Was aber sind pädagogische »Phänomene«? Was sind solche Fälle und Situationen, die typisch sind und exemplarische Bedeu-

239

tung haben, die in vielfachen Abwandlungen immer wieder auftauchen und eine ähnliche Struktur zeigen?

Da ist einmal die ursprüngliche Beziehung zwischen den Erwachsenen und dem Kind, das Erziehungsverhältnis, das darin besteht, daß Erwachsene die Aufgabe haben und wahrnehmen, sich um das Kind zu kümmern, ihm zu helfen, es zu verstehen, ihm Anregungen und Forderungen entgegenzutragen und mit ihm einen Dialog zu führen. Welcher Art dieser »pädagogische Bezug« ist, welcher Art das Verstehen, die Autorität der Erzieher, der Austausch mit dem Kind, die Anforderungen, die zu stellen sind – das bildet eine erste Gruppe von »Phänomenen« und von Fällen, die ihrer Veranschaulichung dienen.

Eine zweite wird durch die sozialen Ordnungen gebildet, die im Namen der Erziehung geschaffen werden und sich fördernd oder aber konflikterzeugend auf die Erziehung auswirken. Hier ist in erster Linie an die Ordnung der Schule zu denken und an ihre Versuche, die Arbeit der Kinder anzuregen, zu organisieren, zu bewerten. Es ist aber auch an den weiteren Horizont von Sozialordnungen der politischen, kulturellen und sprachlichen Gemeinschaften zu erinnern, in den die Schulen ebenso wie andere Erziehungseinrichtungen eingelagert sind.

Eine dritte Gruppe von Phänomenen ergibt sich aus den Denk- und Erlebnisweisen der Kinder. Kinder haben eigene Gefühle, Bedürfnisse, Formen des Denkens. Diese kennenzulernen, sie zu achten, zu nutzen, behutsam und förderlich mit ihnen umzugehen, ist unerläßlich für alle Erziehenden.

Freilich werden sie bald erfahren, daß es wissenschaftliche Richtungen und Schulmeinungen gibt, welche die einzelnen Phänomene auf verschiedene Weise wahrnehmen und deuten. Zwischen einem behavioristischen Lernforscher und einer nicht-direktiven Erziehungsberaterin, zwischen Erwachsenen, die eher auf die seelische Entwicklung des Kindes und solchen, die vor allem auf Konkurrenz- und Leistungsfähigkeit schauen, klaffen Abgründe. Und es ist für die Studierenden der Pädagogik nicht leicht, sich in der Vielzahl oft gegensätzlicher Theorien und Wertsetzungen zurechtzufinden. Gerade deshalb aber scheint es uns möglich und nützlich, zunächst einmal mit Fallanalysen und Phänomenbeschreibungen zu beginnen. Erzieher und Erzieherinnen müssen ja täglich handeln und dafür nachdenken und abwägen, auch ohne daß die großen anthropologischen und wissenschaftstheoretischen Fragen entschieden sind, über die sich die Gelehrten streiten. Sie werden sehr bald spüren, daß sie sich nicht rasch dieser oder jener

Betrachtungsweise anheimgeben können, sondern daß sie von verschiedenen theoretischen Ansätzen in unterschiedlicher Weise vorangebracht – oder aber unbefriedigt gelassen – werden, wenn ihnen ein besonderes Problem entgegentritt, etwa die Widersetzlichkeit eines Kindes oder auch der eigene Zorn. So wird man bemerken, daß sich aus der unendlichen Zahl der Beobachtungen, Erfahrungen und Daten je nach der Fragestellung, mit der die verschiedenen Wissenschaften an das Kind und an die Erziehung herangehen, unterschiedliche Reliefs herausheben. Vom Erfahrungsbereich und von der Beobachtungsrichtung, aber auch vom theoretischen Konzept, ja vom Stil der einzelnen Autoren werden Akzente gesetzt und Deutungen beeinflußt; die Vielfalt und Verschiedenheit solcher theoretischen Positionen, solcher Blick- und Interessenrichtungen wird man sich auch anhand der vorgelegten Texte klarmachen.

In der Lehrtradition der deutschen Pädagogik sind die einfachen Fallbeschreibungen, das Beobachten von Ereignissen und Zusammenhängen, aus denen das pädagogisch Wichtige herausgehoben wird, wenig geübt worden. So gibt es bei uns, wenn man von den Büchern zur Erziehungsberatung einmal absieht, auch kaum eine kasuistische Literatur: Man möchte pädagogisch denken lernen, aber man fürchtet das Zufällige des Konkreten, das ja in der Tat nicht ohne weiteres verallgemeinert werden kann. Und doch läßt sich gerade an Fällen und Unfällen des Erziehungsalltags, wenn man dort keine Rezepte sucht, das pädagogische Sehen lernen und auch das systematische Denken auf die Probe stellen.

In allen drei Richtungen, in denen wir Phänomene der Erziehung gesucht und gruppiert haben, gibt es Themen und Begriffe, die durchaus an die Stelle der hier gewählten treten, zumindest aber sie ergänzen könnten. Im Umkreis des pädagogischen Bezugs gehören etwa so elementare Begriffe und Phänomene wie »Lohn und Strafe«, »Lob und Tadel«, »Ermutigung« und »Grenzziehung« zu den Grundproblemen aller Erziehung. Im Bereich der sozialen Ordnungen und Bedingungen der Erziehung rechnen wir zu den wichtigsten Begriffen den der »Anpassung«, wie auch die Gegenbegriffe »Widerstand«, »Verwöhnung« und »Abweichendes Verhalten«. Als ein umstrittenes Prinzip, das neben dem der «Leistung« unser Schulwesen und das Jugendvereinsleben stark bestimmt, verdient der «Wetteifer« eine pädagogische Erörterung. Wenig vertreten sind in diesem Band die Denk- und Erlebensformen der Kinder: das Spiel, die Auseinandersetzung mit der Dingwelt, das sprachliche Verstehen des Kindes, die Entdeckung kausaler Zusammenhänge und schließlich die psychischen Schwierigkeiten, die Kinder in der Auseinandersetzung mit der Erwachsenenwelt haben. Es wäre also leicht möglich, einen oder zwei weitere Bände zu solchen grundlegenden Themen zusammenzustellen, die einer »Einführung in pädagogisches Sehen und Denken« dienen könnten.

Die jetzige Textauswahl ist 1984 durch Neubearbeitung einer früheren Fassung zustande gekommen, auf Grund einer Rundfrage bei Kolleginnen und Kollegen nach den Erfahrungen, die sie mit den einzelnen Beiträgen gemacht haben. Einige Texte, die uns als Alternativen oder zur Ergänzung unserer Auswahl nützlich scheinen, führen wir auf den folgenden Seiten auf. Es sind auch solche dabei, die in der früheren Fassung dieses Bandes enthalten waren und die wir nur ungern preisgegeben haben. Für die Neuausgabe im Beltz Verlag (insgesamt die 14. Auflage) wurde nur der Anhang überarbeitet, nicht aber der Textbestand angetastet. Zwar hat sich die Pädagogik als Wissenschaft auch weiterhin verändert, hat sich neuen Fragestellungen, neuen Theorien, neuen Auffassungen vom sozialen Umfeld der Erziehung zugewandt. Auch die Sprech- und Denkweisen der benachbarten Sozialwissenschaften haben sich gewandelt; Gewinne und Verluste dieser Veränderungen sind noch nicht abzusehen. Aber der Anfang der pädagogischen Studien, das Eintreten in disputierendes und mehr und mehr methodisches, theoriegeleitetes Nachdenken über Erziehung ist an vielen Studienorten und Ausbildungsstätten so geblieben, daß das Textangebot dieses Bandes sinnvoll bleibt.

Herzlichen Dank an Gershon Biermann in Netanya, der uns erlaubt hat, das Foto von Aenne Biermann auf den Titel zu setzen.

Andreas Flitner und Hans Scheuerl

Tübingen/Hamburg, im Juni 2000

*Aus dem Umkreis des pädagogischen Bezugs nennen wir als
weitere Studientexte:*

G. Picht: Unterwegs zu neuen Leitbildern? Würzburg 1957.

A. Flitner: Autorität und Erziehung. In: Jahrbuch Bildung und Arbeit 97, Transformation und Tradition in Ost und West. Opladen 1997, S. 268–280.

A. Aichhorn: Lohn oder Strafe als Erziehungsmittel? In: H. Röhrs (Hrsg.): Die Disziplin in ihrem Verhältnis zu Lohn und Strafe. Frankfurt 1968, S. 271–284.

K. Lewin: Strafandrohung im Erleben des Kindes. In: A. Flitner/ H. Scheuerl (Hrsg.): Einführung in pädagogisches Sehen und Denken. München 1967 (= erste Fassung dieses Buches, im folgenden abgekürzt: EpSD), S. 112–122.

E.E. Geißler: Formen des Lobes. In: Erziehungsmittel, 6. Aufl. Bad Heilbrunn 1982, S. 108–131.

E.E.Geißler: Der Tadel. Ebd. S. 132–145.

A. Reble (Hrsg.): Das Strafproblem in Beispielen. Bad Heilbrunn, 5. Aufl. 1980 (darin besonders die Beiträge von H. Zulliger, A.S. Makarenko, A. Reble).

F. Redl: Grenzziehung und Strafen aus der Perspektive der Ich-Psychologie. In: F. Redl: Erziehung schwieriger Kinder. München 1971, S. 203–223.

W. Metzger: Stimmung und Leistung. In: EpSD, S. 134-141; aus: W. Metzger: Stimmung und Leistung, Münster 4. Aufl. 1967, S. 13ff.

O.F. Bollnow: Die Ermahnung. In: EpSD, S. 236-253; aus: Erziehung zur Menschlichkeit, Festschrift für E. Spranger. Tübingen 1957, S. 173–190.

Zum sozialen und gesellschaftlichen Kontext der Erziehung:

H. Netzer (Hrsg.): Der Wetteifer in der Erziehung (Kleine pädagogische Texte, H. 10) Weinheim 1961 (darin besonders die Beiträge von B. Russel, Th. Erismann, H. Nohl).

K. Mollenhauer: Anpassung. In: EpSD, S. 270–281; Z.f.Päd. 7(1961), S. 347–362.

H.-E. Richter: Unterschätzte Anpassungsmechanismen. In: Bedenken gegen Anpassung. Hamburg 1995, S. 141–150.

K. Mollenhauer: Verwahrlosung. In: EpSD, S. 281–287; K. Mollenhauer: Einführung in die Sozialpädagogik, Weinheim 1964, S. 43–48.

H. Thiersch: Stigmatisierung und Verfestigung abweichenden Verhaltens. In: H. Thiersch: Kritik und Handeln. Interaktionistische Aspekte der Sozialpädagogik. Neuwied 1977, S. 24–33.

W. Klafki: Sinn und Unsinn des Leistungsprinzips. In: Max Müller (Hrsg.): Sinn und Unsinn des Leistungsprinzips. Ein Symposion. München 1974 (auch in: W. Klafki: Neue Studien zur Bildungstheorie und Didaktik. 2. Aufl. Weinheim 1991).

B. Bernstein: Sprache und Lernen im Sozialprozeß. In: EpSD, S. 253-281; aus: Journ. Child Psychology and Psychiatry 1961, übers. v. R. Fietz u. A. Flitner.

K. Schneider (Hrsg.): Das verdrängte Disziplinproblem. Langenau-Ulm 1985.

Zur Phänomenologie der Kindheit:

M.J. Langeveld: Das Ding in der Welt des Kindes. In: Zeitschrift für Pädagogik 1(1955), S. 69–83 (auch in: Studien zur Anthropologie des Kindes. Tübingen 1956).

G. Bittner: Zur pädagogischen Theorie des Spielzeugs. In: A. Flitner (Hrsg.): Das Kinderspiel. 5. Aufl. München 1988, S. 228-241.

J.S. Bruner: Wie das Kind lernt, sich sprachlich zu verständigen. In: Z.f.Päd. 23(1977), S. 829–845.

H. Zulliger: »Sangoi-Land«, eine Kinder-Kollektiv-Phantasie. In: H. Zulliger: Heilende Kräfte im kindlichen Spiel. Stuttgart 1952, Kap. 3.

R. Fatke (Hrsg.): Ausdrucksformen des Kinderlebens. Bad Heilbrunn 1994.

A. Flitner: Spielen – Lernen. Praxis und Deutung des Kinderspiels. 10. Aufl. (Neubearb.) 1996.

Zur erziehungswissenschaftlichen Theoriebildung:

W. Flitner: Das Selbstverständnis der Erziehungswissenschaft in der Gegenwart (Pädagogische Forschungen, Veröffentlichungen des Comenius-Instituts, H. 1). Heidelberg 1957, 4. Aufl. 1966.

W. Klafki: Erziehungswissenschaft als kritisch-konstruktive Theorie: Hermeneutik – Empirie – Ideologiekritik. In: Z.f.Päd. 17(1971), S. 351–385 (auch in: W. Klafki: Aspekte kritisch-konstruktiver Erziehungswissenschaft. Gesammelte Beiträge. Weinheim 1976).

D. Benner: Hauptströmungen der Erziehungswissenschaft. München 1973.

H.-H. Krüger/W. Helsper (Hrsg.): Einführung in Grundbegriffe und Grundfragen der Erziehungswissenschaft. 2. Aufl. Opladen 1996.

Die Herausgeber haben sich zu diesem Fragenkreis u.a. an folgenden Stellen geäußert:

A. Flitner: Eine Wissenschaft für die Praxis? In: A. Flitner: Für das Leben – Oder für die Schule? Pädagogische und politische Essays. Weinheim/Basel 1987, S. 167–181 (aus: Z.f.Päd. 24(1978), S. 183–193).

H. Scheuerl: Probleme einer systematischen Pädagogik. In: Erziehungswissenschaftliches Handbuch, hrsg. v. Th. Ellwein, H.-H. Groothoff, H. Rauschenberger, H. Roth. Band 4, Berlin 1975, S. 13–88.

Autorenverzeichnis

Hermann Bausinger, Ludwig-Uhland-Institut für empirische Kulturwissenschaft in Tübingen, verfaßte u.a.: Volkskultur in der technischen Welt (1961); Formen der Volkspoesie (1968/1980); Grundzüge der Volkskunde (1978); Deutsch für Deutsche – Dialekte, Sprachbarrieren, Sondersprachen (Tb 1972/1983); Märchen, Phantasie und Wirklichkeit (1987); Der blinde Hund. Anmerkungen zur Alltagskultur (1991); Typisch deutsch (2000).

Günther Bittner lehrt Pädagogik und Tiefenpsychologie an der Universität Würzburg. Er veröffentlichte u.a.: Sprache und affektive Entwicklung (1969); Das andere Ich. Rekonstruktionen zu Freud (1974); Tarnungen des Ich (1977); Tiefenpsychologie und Kleinkinderziehung (1979); Erziehung in früher Kindheit (1963/1985); Kinder in die Welt, die Welt in die Kinder setzen. Eine Einführung in die pädagogische Aufgabe (1996).

Otto Friedrich Bollnow (1903–1991) war Professor für Philosophie und Pädagogik in Tübingen. Von seinen zahlreichen, in vielen Sprachen erschienenen Büchern (zur philosophischen Anthropologie, Erkenntnislehre, Existenzphilosophie) seien hier nur einige pädagogische Titel genannt: Die Pädagogik der deutschen Romantik (1952/1977); Existenzphilosophie und Pädagogik (1959/1977); Anthropologische Pädagogik (1972); Vom Geist des Übens (1978); Zwischen Philosophie und Pädagogik (1988).

Peter Brückner (1922–1981) war Professor für Psychologie an der Technischen Hochschule Hannover, zeitweise Symbolfigur der marxistischen Studentenbewegung. Veröffentlichungen: Freiheit, Gleichheit, Sicherheit (1966); Zur Sozialpsychologie des Kapitalismus (1972); Das Abseits als sicherer Ort (1980); posthume Aufsatzsammlung: Zerstörung des Gehorsams (1983).

Andreas Flitner, siehe die Angaben über die Herausgeber, Seite 2 dieses Bandes.

Erich E. Geißler lehrte Pädagogik an den Universitäten Bonn und Leipzig, Veröffentlichungen u.a.: Der Gedanke der Jugend bei Gustav Wyneken (1963); Die Erziehungsmittel (1967/1982); Herbarts Lehre vom erziehenden Unterricht (1970); Allgemeinbildung in einer freien Gesellschaft (1977); Allgemeine Didaktik (1981); Bildung und Erziehung (1982); Die Schule – Theorien, Modelle, Kritik (1984); Welche Farbe hat die Zukunft ? (1986).

Jürgen Henningsen (1933–1983) war nach Tätigkeit im Volksschulwesen, in der Lehrerbildung und in der Kultusverwaltung seit 1972 Pädagoge an der Universität Münster. Veröffentlichte u.a.: Erziehungswissenschaft leicht gemacht (1967); Kommunikation zwischen Fußnote und Feuilleton (1972); Erfolgreich manipulieren (1974); Sprachen und Signale der Erziehungswissenschaft (1980).

Hartmut von Hentig, Pädagoge und homme de lettres, war Gründer und wissenschaftlicher Leiter der Laborschule und des Oberstufenkollegs der Universität Bielefeld. Veröffentlichte zahlreiche Bücher über Probleme der Bildungs-, der Politik- und der Gesellschaftstheorie, u.a.: Systemzwang und Selbstbestimmung (1969); Cuernavaca (1971); Die Krise des Abiturs (1980); Die entmutigte Republik (1980); Aufwachsen in Vernunft (1981); Aufgeräumte Erfahrung (1983); Arbeit am Frieden (1987); Die Schule neu denken (1993); Bildung (1996); Rückblick nach vorn (1999).

Helen Keller (1880–1968), die im Alter von 19 Monaten Gehör und Augenlicht verlor, wurde von ihrer Lehrerin Anne M. Sullivan zur Schreib- und Lesefähigkeit geführt. Nach einem erfolgreichen Studium wurde sie Präsidentin der Amerikanischen Blinden-Stiftung. Sie verfaßte mehrere Bücher: The Story of my Life (1904, dt. 1905); The World I Live in (1908); My Religion (1927).

Janusz Korczak (1878–1942), der polnische Arzt und Erzieher, der mit seinen Kindern in die Gaskammern von Treblinka zog, ist den deutschen Lesern bekannt durch seine Kindergeschichten (König Hänschen; Wenn ich wieder klein bin) und durch Erziehungsbücher: Wie man ein Kind lieben soll (dt. 1967); Das Recht des Kindes auf Achtung (dt. 1979); Von Kindern und anderen Vorbildern (dt. 1979); Sämtl. Werke (1997 ff.).

Wolfgang Kramp (1927–1983) war Professor der Erziehungswissenschaft an der Universität Düsseldorf. Veröffentlichungen: Die Pädagogik des J.A. Comenius und das Problem der Verfrühung (1957); Beiträge in Sammelwerken, u.a. Theorie der Schule, in: Speck/Wehle: Handbuch der päd. Grundbegriffe (1968); Schulpädagogik, in: Th. Ellwein u.a.: Erziehungswissenschaftliches Handbuch (1968); Studien zur Theorie der Schule (1973).

Klaus Mollenhauer (1928–1998) lehrte Pädagogik an der Universität Göttingen und arbeitete besonders auf dem Gebiet der pädagogischen Theorie, der ästhetischen Bildung und der Sozialpädagogik. Er veröffentlichte u.a.: Einführung in die Sozialpädagogik (1964); Erziehung und Emanzipation (1968); Jugendhilfe (1968);

Theorien zum Erziehungsprozeß (1972); Methoden der Erziehungswissenschaft (mit Ch. Rittelmeyer, 1977); Vergessene Zusammenhänge. Über Kultur und Erziehung (1983); Grundfragen ästhetischer Bildung (1996).

Maria Montessori (1870–1952). Von den Schriften der bekannten italienischen Ärztin und Pädagogin nennen wir hier nur: Selbsttätige Erziehung im frühen Kindesalter (dt. 1913); Montessori-Erziehung für Schulkinder (1962); Kinder sind anders (1952/Tb 1980). Lit.: Rita Kramer: Maria Montessori. Leben und Werk einer großen Frau (1977, Tb. 1983).

Jakob Muth (1927–1995) war Professor für Schulpädagogik und Allgemeine Didaktik an der Pädagogischen Hochschule Ruhr, Abteilung Duisburg. Veröffentlichungen: Pädagogischer Takt (1962/1967); Fünf Fibeln aus fünf Jahrhunderten (1962); Schülersein als Beruf (1966); Akzente der Grundschulreform (1971); Schulpädagogik (1978); Integration von Behinderten (1986).

Jean Piaget (1896–1982) hat mit seinen Mitarbeitern eine große Zahl umfangreicher Untersuchungen über die Entwicklung der Denkformen und einzelner Fähigkeiten des Kindes veröffentlicht. In deutscher Sprache liegen u.a. vor: Psychologie der Intelligenz (1948); Das moralische Urteil beim Kinde (1954, Tb 1981); Die Entwicklung des Zahlbegriffs beim Kinde (1963); Das Erwachen der Intelligenz beim Kinde (1969); Nachahmung, Spiel und Traum (1969); Jean Piaget über Jean Piaget (1981); Über Pädagogik (1999).

Hans Rauschenberger, em. Pädagoge der Gesamthochschule Kassel. Veröffentlichungen: Wissenschaftlich-technische Zivilisation und Erziehung. In: Erziehungswissenschaftliches Handbuch I (1969); Zum Verhältnis von Pädagogik und Soziologie. In: Erziehungswissenschaftliches Handbuch II (1971); Unterricht in der Sekundarstufe I (mit U. Dörger, H. Keitel, 1976); Erzieherisches Denken und Handeln (1999); Leistung und Kontrolle (m. B. Grünig u.a., 1999).

Horst-Eberhard Richter, em. Prof. in Gießen, Sigmund-Freud-Institut Frankfurt. Von seinen zahlreichen Veröffentlichungen sind für Pädagogen besonders zu nennen: Eltern, Kind und Neurose (1963, Tb 1980); Patient Familie (1970, Tb 1972); Flüchten oder Standhalten (1976); Lernziel: Solidarität (1974); Der Gotteskomplex (1979); Zur Psychologie des Friedens (1982); Die Chance des Gewissens (1986); Bedenken gegen Anpassung (1995); Wanderer zwischen den Fronten. Gedanken und Erinnerungen (2000).

Heinrich Roth (1906–1983) war Professor in Frankfurt und Göttingen und hat die Arbeit des Deutschen Bildungsrats stark beeinflußt. Bekannt u.a. durch seine Pädagogische Psychologie des Lehrens und Lernens (1957/1973); Pädagogische Anthropologie (I 1966; II 1971) und durch die von ihm initiierten Sammelbände des Deutschen Bildungsrats: Begabung und Lernen (1969); Bildungsforschung, 2 Bde. (1975).

Georg M. Rückriem, Professor der Hochschule der Künste in Berlin, hat Beiträge zur Lehrer- und Erwachsenenbildung und zur Bildungsberatung publiziert, u.a.: Die Situation der Volksschule auf dem Lande (1965); Pädagogische Autonomie und gesellschaftlicher Fortschritt (mit F. Bohnsack, 1969); Funkkolleg Erziehungswissenschaft (mit W. Klafki u.a., 1970 ff.); Lernbedingungen Erwachsener (1975); Die Technik wiss. Arbeitens (6. Aufl. 1990); Jugend heute (1996).

Hans Scheuerl, siehe die Angaben über die Herausgeber, Seite 2 dieses Bandes.

Günter Schreiner lehrt Pädagogik und Psychologie an der Universität Göttingen. Er verfaßte mehrere Beiträge zur Problematik der Leistungsbeurteilung, zum sozialen Lernen in der Schule (Schule als sozialer Erfahrungsraum, 1973), zur Friedenserziehung (Friedensfähigkeit statt Friedlichkeit, 1986), und hat sich in jüngerer Zeit besonders intensiv dem Bereich «Moralische Entwicklung und Erziehung» (1993) gewidmet.

Martin Wagenschein (1896–1988) war als Lehrer der Physik und als Lehrerbildner ein unermüdlicher Streiter für das exemplarische und genetische Lernen, Prof. in Darmstadt, Hon.prof. der Univ. Tübingen. Von seinen Veröffentlichungen sind besonders bekannt geworden: Natur physikalisch gesehen (1953, Tb 1975); Die Erde unter den Sternen (1955); Ursprüngliches Verstehen und exaktes Denken (I 1965; II 1970); Naturphänomene sehen und verstehen. Genetische Lehrgänge (1980); Verstehen lehren (1968/1999); Kinder auf dem Wege zur Physik (1973/1990); Erinnerungen für morgen (1983); Die Sprache zwischen Natur und Naturwissenschaft (1983).

»Lasst uns die Kinder leben lassen« Ellen Key

ELLEN KEY

Das Jahrhundert des Kindes

BELTZ
Taschenbuch

Ellen Keys flammendes Plädoyer für eine neue Pädagogik rief bei seiner Veröffentlichung zu Beginn des Jahrhunderts, das die schwedische Sozialreformerin als das »Jahrhundert des Kindes« gefeiert haben wollte, vernichtende Kritik und begeisterte Zustimmung hervor. Für viele markiert es den Auftakt der Reformpädagogik. Keys Forderung, die Entwicklung des einzelnen Kindes in den Mittelpunkt von Erziehung zu stellen und ihr Plädoyer für eine demokratische Erziehung sind bis heute wesentlicher Bestandteil reformpädagogischer Konzepte.

»Dieses Buch, in seiner stillen, eindringlichen Art, ist ein Ereignis, ein Dokument, über das man nicht wird hinweggehen können. Man wird im Verlaufe dieses begonnenen Jahrhunderts immer wieder auf dieses Buch zurückkommen, man wird es zitieren und widerlegen, sich darauf stützen und sich dagegen wehren, aber man wird auf alle Fälle damit rechnen müssen.«
Rainer Maria Rilke

Ellen Key
Das Jahrhundert des Kindes
Aus dem Schwedischen von Francis Maro
Nachwort von Ulrich Herrmann
Beltz Taschenbuch 28, 266 Seiten
ISBN 3 407 22028 6

BELTZ
Taschenbuch

Die Aktivität des Lernenden

JEAN PIAGET

Über Pädagogik

BELTZ
Taschenbuch

»Über Pädagogik«, 1998 erstmals erschienen, vereinigt bisher unveröffentlichte und völlig unbekannte Aufsätze von Jean Piaget zur Pädagogik des Kindes und wurde in Frankreich als wissenschaftliche Sensation gefeiert.

Der bekannte Entwicklungspsychologe beschäftigt sich darin mit der Formulierung von Grundsätzen einer »modernen Pädagogik«, welche die Aktivität des Kindes und seine Wissensbedürfnisse in den Vordergrund stellt, was der Autor »self government« des Kindes nennt. Er geht davon aus, daß im Rahmen der kognitiven Entwicklungsstufen des Kindes nur die selbständige geistige Aktivität zu wirklichen Lernerfolgen führt und wendet sich damit gegen eine einseitige Wissensvermittlung von seiten des Lehrers. Aktuell und bisher weitgehend unbekannt ist sein Plädoyer für eine national übergreifende und Feindbilder abbauende Pädagogik, die er im Rahmen seiner Arbeit für die UNESCO propagiert hat: Eine Erziehung zum Frieden ist für ihn nur möglich, wenn die Pädagogik auf Strukturen gegenseitiger Achtung und länderübergreifender Kooperation auch der Kinder zurückgreift.

Jean Piaget
Über Pädagogik
Deutsche Erstausgabe
Beltz Taschenbuch 1, 288 Seiten
ISBN 3 407 22001 4

BELTZ Taschenbuch

Schule als Modell für Demokratie

Jürgen Oelkers (Hrsg.)

JOHN DEWEY

Demokratie und Erziehung
Eine Einleitung in die
philosophische Pädagogik

BELTZ
Taschenbuch

»Demokratie und Erziehung« ist ein Schlüsselwerk der internationalen Reformpädagogik. Systematisch begründet der amerikanische Philosoph, Pädagoge und Psychologe Erziehung und Demokratie als Formen »gemeinsamer und miteinander geteilter Erfahrung«. Die Schule als Modell für Demokratie wird zur Grundlage des Lehrens und Lernens in modernen Gesellschaften.

»Dewey regt nicht auf, er regt an. Als demokratischer Denker ist er egalitär durch und durch. Deshalb konnte er bei uns nicht in dem Maße rezipiert werden, wie sich die Bundesrepublik – die »alte«, wie man heute sagt – von den jungkonservativen Stimmungslagen einer exaltierten Vergangenheit löste. Auch für die Berliner Republik wäre er der bessere Patron.«

Jürgen Habermas

John Dewey
Demokratie und Erziehung
Eine Einleitung in die philosophische Pädagogik
Herausgegeben von Jürgen Oelkers
Beltz Taschenbuch 57, 517 Seiten
ISBN 3 407 22057 X

BELTZ
Taschenbuch

John Holt

Kinder
lernen selbstständig

PÄDAGOGIK

ODER GAR NICHT(S)

BELTZ
Taschenbuch

Kindliche Lernfähigkeit entfalten

John Holts Buch gilt als Klassiker der Reformpädagogik. Basierend auf seinen langjährigen Erfahrungen als Lehrer und seiner geradezu genialen Verhaltensbeobachtung von Kindern entwickelt er sein Lern- und Erziehungsmodell und seine Kritik am bestehenden Schulsystem. An vielen Beispielen stellt er dar, wie seiner Meinung nach ein Unterricht aussehen müßte, der die Lernfähigkeit der jungen Schüler auch auf unkonventionelle Weise zur Entfaltung bringt. Seine Unterrichtsvorschläge setzen dabei auf Selbständigkeit, Spontaneität und den eigenen, nahezu unerschöpflichen Wissensdurst der Kinder.

John Holt gilt als Wegbereiter einer Pädagogik, die von der Weltsicht des Kindes ausgeht. Wie auch in diesem Buch hat er Zeit seines Lebens die emotionale Intelligenz der Kinder in den Vordergrund gestellt, ohne die keine wirklichen Lernerfolge erzielt werden können. Der amerikanische »Lehrer-Philosoph« (Ute Andresen) hat sich immer wieder gegen starre Erziehungsprinzipien gewandt ohne einem anti-autoritären Habitus das Wort zu reden.

John Holt
Kinder lernen selbständig
oder gar nicht(s)
In neuer Rechtschreibung
Beltz Taschenbuch 9, 304 Seiten
ISBN 3 407 22009 X

BELTZ
Taschenbuch

Aus eigener Wahrnehmung lernen

Martin Wagenschein

Verstehen lehren

MIT EINER EINFÜHRUNG VON
HARTMUT VON HENTIG

BELTZ
Taschenbuch

Wagenschein fragt nach dem, was wir alle wissen wollen, aber nicht zu fragen wagen. Zum Beispiel, woher man so etwas, wie weit der Mond entfernt ist, eigentlich wissen kann:»Man braucht fast keine Mathematik zu können, um das Ergebnis selber nachzuprüfen. Jedes Kind von etwa 12 Jahren an kann das: Ein Apfel, ein Ball, ein Globus, das soll die Erde sein. Auf ihm bezeichnen wir Kapstadt und Berlin. Ein Streichholz zeigt den Berliner, ein zweites Streichholz den Kapstädter. Beide sehen nun den Mond …«

Wissen, zu dem es keinen Vergleich, keine Erfahrung, keine Anschauung gibt, bleibt leer. Mathematische und physikalische Entdeckungen sollen aufgehen dürfen, nicht vorgesetzt werden. Dieses Buch zeigt an ausgearbeiteten Beispielen, wie Schüler und Lehrer *exemplarisch-genetisch-sokratisch* gemeinsam Entdecken, Denken und Verstehen lernen und lehren können.

Martin Wagenschein
Verstehen lehren
Mit einer Einführung von Hartmut von Hentig
Beltz Taschenbuch 22, 180 Seiten
ISBN 3 407 22022 7

BELTZ
Taschenbuch